Beck-Wirtschaftsberater

Work-Life-Balance

Beck-Wirtschaftsberater

Work-Life-Balance

Wie Sie Berufs- und Privatleben
in Einklang bringen

Von Manfred Cassens
unter Mitarbeit von Rolf Dollase
und Ingo Eikelmann

Deutscher Taschenbuch Verlag

Im Internet:
dtv.de
beck.de

Originalausgabe
Deutscher Taschenbuch Verlag GmbH & Co. KG,
Friedrichstraße 1a, 80801 München
© 2003. Redaktionelle Verantwortung: Verlag C. H. Beck oHG
Druck und Bindung: Druckerei C. H. Beck, Nördlingen
(Adresse der Druckerei: Wilhelmstraße 9, 80801 München)
Satz: Fotosatz Otto Gutfreund GmbH, Darmstadt
Umschlaggestaltung: Agentur 42 (Fuhr & Partner), Mainz,
unter Verwendung eines Fotos von Getty Images
ISBN 3 423 50872 8 (dtv)
ISBN 3 406 51278 X (C. H. Beck)

Vorwort

„Work-Life-Balance" – die Bedeutung dieses Begriffs erkannte ich während und nach dem Studium, als ich vor allem im Karwendel-Gebirge beruflich und nebenberuflich tätig war. Der aus Beobachtungen und Überlegungen entstandene Grundgedanke – Leben, Lebensumgebung und Arbeit in Einklang zu bringen – verfolgte mich über meinen Studienabschluss hinaus weiter bis in die unternehmensberatende Handlungspraxis hinein.

In dieser Zeit, die von Rezession, knapper werdender Ressourcen, ja von Insolvenzen geprägt ist, erscheint es notwendiger denn je, dass sich Führungskräfte, Manager und Mitarbeiter auf diese intrapersonalen Kompetenzen konzentrieren. Work-Life-Balance ist basierend auf unserer abendländischen Kultur im Rahmen dieses Werkes individuell versteh- und erfassbar.

Das Autorenteam will Ihnen keine Pauschallösungen darbieten, sondern vielmehr interfakultativ dazu anregen, individuelle Alternativen aufzuzeigen, die Sie, die Leser zu einem individuellen Aufbruch stimulieren. Links und rechts Ihres Lebensweges nach Alternativen zu suchen und somit Ihr eigenes langfristiges Balance-Konzept zu entwickeln, ist somit das Thema dieses Buches, zu dem wir Sie herzlich einladen.

Ganz besonderer Dank gilt nach der Fertigstellung dieses Buches meinen kritischen Freunden *Christine Prasch* und *Manfred Zimmermann* sowie den Bergkameraden, die mir durch konstruktive Kritik und Gespräche bei der Umsetzung von Work-Life-Balance zur Seite stehen.

Starberg, im August   Manfred Cassens

Inhaltsübersicht

Vorwort V
Inhaltsverzeichnis IX

Einleitung 1
1. Work-Life-Balance: Ganzheitlichkeit in abendländischer und fernöstlicher Entwicklungstradition 7
2. Mögliche psychische Folgen von dauernder Überlastung 29
3. Veränderte psychische Disposition durch Work-Life-Balance 59
4. Physische Erkrankungen als Folge dauernder Voll- und Fehlbelastung 89
5. Veränderte physische Disposition durch Work-Life-Balance 115
6. Work-Life-Balance im Rahmen unternehmerischer Organisationsentwicklung 149
7. Rechtliche Aspekte von Work-Life-Balance 165

Literaturhinweise 195
Stichwortverzeichnis 199

Inhaltsverzeichnis

Vorwort V
Inhaltsübersicht VII

Einleitung 1

1. Work-Life-Balance: Ganzheitlichkeit in abendländischer und fernöstlicher Entwicklungstradition . 7
1.1 Ganzheitlichkeit und Gesundheit in historisch-abendländischem Verständnis 10
1.1.1 Entstehung im antiken Griechenland 10
1.1.2 Weiterentwicklung im hellenisierten Rom 11
1.1.3 Körperlichkeit im christlich geprägten Mittelalter . . 12
1.1.4 Humanismus, Absolutismus und Aufklärungszeit . . 13
1.1.5 Die Zeit Friedrich Jahns 14
1.1.6 Ausbreitung und Weiterentwicklung von Körperlichkeit 15
1.1.7 Das 20. Jahrhundert 15
1.2 Fernöstliches Verständnis von Ganzheitlichkeit . . 16
1.2.1 Ganzheitlichkeit in chinesisch-traditionellem Verständnis 17
1.2.2 Ganzheitlichkeit in tibetanisch-traditionellem Verständnis 19
1.3 Aktuelle wissenschaftliche Positionen im ganzheitlichen Verständnis 20
1.3.1 Christlich-theologisches Verständnis 21
1.3.2 Gesundheitspsychologischer Ansatz 23
1.3.3 Ganzheitlich-medizinischer Ansatz 25
1.3.4 Gesundheitssportlicher Ansatz 26

2. Mögliche psychische Folgen von dauernder Überlastung 29
2.1 Stress als Auslöser von psychischen Dysfunktionen 32
2.2 Psychosomatische Störungen 36
2.2.1 Geänderter Schlafrhythmus 36
2.2.1.1 Schlaflosigkeit (Nicht-organische Insomnie) 38

2.2.1.2 Exzessive Schläfrigkeit (Nicht-organische Hypersomnie) ... 38
2.2.1.3 Nicht-organische Störungen des Schlaf-Wach-Rhythmus ... 39
2.2.1.4 Schlafwandeln (Somnambulismus) und weitere Parasomnien ... 39
2.2.2 Essstörungen ... 41
2.2.2.1 Esssucht (Bulimie oder Hyperorexie) ... 41
2.2.2.2 Ess-Brech-Sucht (Bulimia nervosa) ... 42
2.2.2.3 Magersucht (Anorexia nervosa) ... 42
2.3 Affektive Psychosen ... 44
2.3.1 Depression ... 45
2.3.2 Manie ... 48
2.4 Aggression ... 50
2.4.1 Herkunft und Ursachen ... 50
2.4.2 Formen der Aggression ... 52
2.5 Neue Folgeerscheinungen psychischer Überbelastungen ... 53
2.5.1 Burnout-Syndrom ... 54
2.5.2 Chronic Fatigue Syndrom (CFS) ... 58

3. Veränderte psychische Disposition durch Work-Life-Balance (Rolf Dollase) ... 59
3.1 Korrelationen innerhalb des Work-Life-Balance-Pentagramms ... 61
3.1.1 Wechselwirkungen von Berufsleben und Anerkennung ... 61
3.1.2 Wechselwirkungen von Berufsleben und Gesundheit ... 61
3.1.3 Wechselwirkungen von Berufsleben und Familie, Freunden, festen sozialen Bindungen ... 62
3.1.4 Wechselwirkungen von Berufsleben und Religion, Philosophie, Ideologie ... 63
3.1.5 Wechselwirkungen von Gesundheit und Anerkennung ... 65
3.1.6 Wechselwirkungen von Gesundheit und Familie, Freunden, festen sozialen Bindungen ... 65

3.1.7	Wechselwirkungen von Gesundheit und Religion, Philosophie, Ideologie	66
3.1.8	Wechselwirkungen von Familie, Freunden, festen sozialen Bindungen und Anerkennung	67
3.1.9	Wechselwirkungen von Familie, Freunden, festen sozialen Bindungen und Religion, Philosophie, Ideologie	68
3.1.10	Wechselwirkungen von Anerkennung und Religion, Philosophie, Ideologie	68
3.2	Praktische Prävention durch gelebte Work-Life-Balance	69
3.2.1	Ein formaler Ansatz zu Dysbalancen im Work-Life-Balance-Pentagramm	69
3.2.2	Autogenes Training	72
3.2.3	Yoga	74
3.2.4	Die fünf Tibeter	76
3.2.5	Qigong	77
3.2.6	Progressive Muskelrelaxation nach Jacobson	78
3.2.7	Sauna	82
3.2.8	Meditation	82
3.2.9	Beten	84
3.2.10	Schlafen	84
3.2.11	Musizieren	86
4.	**Physische Erkrankungen als Folge dauernder Voll- und Fehlbelastung**	**89**
4.1	Gefährdung des Herz-Kreislauf-Systems durch Folgen von Arteriosklerose	91
4.1.1	Angina Pectoris	93
4.1.2	Herzinfarkt	94
4.1.3	Schlaganfall	95
4.2	Tumorkrankheiten	96
4.3	Schäden und Schädigungen des Haltungs- und Bewegungsapparates	98
4.3.1	Wirbelsäulenschäden und Wirbelsäulenschädigungen	99

4.3.1.1	Altersbedingte Abnützungen (Degeneration) von Wirbeln und Bandscheiben	101
4.3.1.2	Bandscheibenschaden (Prolaps)	101
4.3.1.3	Bandscheibenvorwölbungen (Protrusion)	104
4.3.2	Arthrose	105
4.4	Beeinflussbare Risikofaktoren – Ihre präventive Interventionschance	106
4.4.1	Übergewicht	109
4.4.2	Bewegungsmangel	111
4.4.3	Rauchen	112
4.4.4	Alkohol	114
5.	**Veränderte physische Disposition durch Work-Life-Balance**	**115**
5.1	Gesundheitstraining als Work-Life-Balance-Intervention	119
5.1.1	Beispiele für geeignete Work-Life-Balance-Sportarten	120
5.1.1.1	Jogging	121
5.1.1.2	Langlauf (Sommervariante Skirollern), klassischer Stil	123
5.1.1.3	Inline-Skaten (Wintervariante Schlittschuhlaufen)	124
5.1.1.4	Schwimmen	125
5.1.1.5	Aquagymnastik und Aquajoggen	126
5.1.1.6	Radfahren	127
5.1.1.7	Wandern (Walking, Power-Walking, Bergwandern)	128
5.1.1.8	Generelle Anmerkungen zu Sportarten im Work-Life-Balance-Verständnis	129
5.1.2	Hinzukommende Alternativen für ganzheitliches Work-Life-Balance-Training	129
5.1.3	Ergänzende Empfehlungen zum Gesundheitstraining	136
5.2	Ernährung als Work-Life-Balance-Intervention	137
5.2.1	Einige Vorinformationen über die Ernährung	138
5.2.2	Gelebte Work-Life-Balance-Ernährung auf Kreta	141

6.	**Work-Life-Balance im Rahmen unternehmerischer Organisationsentwicklung**	149
6.1	Work-Life-Balance als integrale Funktion nachhaltigen Wirtschaftens	149
6.1.1	Ökonomisches Handeln als Komponente nachhaltigen Wirtschaftens	151
6.1.2	Soziales Agieren als Komponente nachhaltigen Wirtschaftens	155
6.1.3	Ökologisches Handeln als Komponente nachhaltigen Wirtschaftens	158
6.2	Work-Life-Balance im Rahmen von Organisationsentwicklung	159
7.	**Rechtliche Aspekte von Work-Life-Balance** (Ingo Eikelmann)	165
7.1	Allgemeine Bestimmungen zum Arbeitnehmerschutz	165
7.1.1	Bürgerliches Gesetzbuch (BGB)	165
7.1.2	Gesetz über Teilzeit und befristete Arbeitsverträge (TzBfG)	166
7.1.3	Bundesurlaubsgesetz (BUrlG)	167
7.2	Betrieblicher Arbeitsschutz	168
7.2.1	Arbeitsschutzgesetz (ArbSchG)	168
7.2.2	Arbeitsstättenverordnung (ArbStättV)	174
7.2.3	Bildschirmarbeitsverordnung (BildscharbV)	176
7.2.4	Betriebssicherheitsverordnung (BetrSichV)	177
7.3	Besonderer Schutz für spezielle Personengruppen	179
7.4	Arbeitszeitschutz	181
7.5	Derzeitige Bedeutung der Work-Life-Balance im Personalwesen unter rechtlichen Aspekten	186
7.5.1	Telearbeit	187
7.5.2	Arbeitszeitkonten	189
7.5.3	Vertrauensarbeitszeit	192
Literaturhinweise		195
Stichwortverzeichnis		199

Einleitung

Die mittlerweile Jahre lange Rezessionslage in Deutschland einerseits und die allgemeinen globalen weltwirtschaftlichen Entwicklungstendenzen andererseits zeigen, dass die individuellen Belastungen momentan deutlich steigen. Der harte Verdrängungswettlauf um die geringer werdenden Absatzmärkte betreffen alle: sowohl die Unternehmen im Positionierungskampf um Marktstellungen als auch die Mitarbeiter in der Karriereperspektive oder im Kampf um den Erhalt des eigenen Arbeitsplatzes. Generell sind diese Tendenzen von folgenden Teilaspekten gekennzeichnet:
- Verbleib nur weniger Langzeitangestellter,
- Weitere Forcierung der sog. „Gründerszene" in neuen Marktnischen,
- Anstieg der „High-Skill-Workers",
- Optimale Nutzung dieser Potentiale der Mitarbeiter,
- Anstieg von Zeitarbeitstätigkeiten und befristeten Arbeitsverträgen,
- Weiterer Anstieg von Arbeitslosigkeit und Randgesellschaften,
- Verstärkung des globalen Gegensätze von Haben-, Weniger-Haben- und Nicht-Habenstaaten.

Sowohl auf der Unternehmens- als auch auf der Mitarbeiterebene lässt sich somit der Wandel vom einstmaligen Verkäufer- zu Käufermärkten festmachen, dies betrifft Deutschland deutlicher als andere europäische Staaten. In den letzten Jahrzehnten wurden deshalb einige Ansätze unternommen, japanische bzw. amerikanische Führungsprinzipien in den Unternehmen des deutschsprachigen Raumes zu verankern. Die Akzeptanz seitens der Mitarbeiter dieser Unternehmen war weniger groß als erhofft, was wahrscheinlich auf die Methoden, vor allem aber die Mentalität zurückzuführen sein dürfte.

Wenngleich im Lauf dieses Prozesses in den Unternehmen der Begriff des Global Players seit dem vorläufigen Ende des Börsenbooms deutlich kritischer betrachtet wird, als es in der Zeit davor der Fall war, so bleibt festzuhalten: Globalisierung, Share-Holder-Value und die technischen Innovationen fordern immer stärkere Globalorientierung von uns als Einzelpersonen in weltweit vernetzten Unternehmen. Um die individuelle Lebensqualität weiter steigern zu können, ist es notwendig, durch ständige Lernprozesse „auf dem neuesten Stand der Technik" zu sein, flexibel und mobil bis zum Eintritt in die Nacherwerbsphase zu sein.

Als Folge dieser Tendenz werden nicht nur die Mitarbeiter von Unternehmen, sondern auch deren direkte Angehörige mit steigender Tendenz zu Global Playern. Die Parameter Qualität, Effizienz und Rationalität sind ausschlaggebend für individuellen Erfolg, der majoritär unter dem Aspekt zunehmendem ökonomischen Wohlstandes (z. B. durch gestiegenes Einkommen) bemessen wird. Die Folge davon ist, dass Führungskräfte und Mitarbeiter sowie deren Angehörige immer häufiger mit individuellen Lebenskrisen konfrontiert werden, die durch Brüche hervorgerufen werden. Berufs-, Orts-, Arbeitgeber- und/oder der Wechsel der sozialen Umgebung (z. B. durch Umzug oder Scheidung) sollen hier nur als stellvertretende Beispiele genannt sein. Den Belastungsspitzen dieses Trends versuchen ganz fortschrittliche Unternehmen durch Life-Coaches oder Work-Balance-Agenturen ihre Brisanz zu nehmen, indem wichtige Mitarbeiter oder diejenigen, die eine Tätigkeit im Ausland annehmen, über einen Zeitraum hinweg begleitet werden. In den Vorzug einer solchen systematischen, professionellen Begleitung kommen somit nur wenige Mitarbeiter eines Unternehmens. An das Gros sind eher flexible Arbeitszeitmodelle, Fitnessangebote, Kindertagesstätten, Weiterbildungen oder Incentive-Seminare (zur Belohnung) gerichtet. Der dissonante Spannungsbogen zwischen individuellen Krisen und in-/extrinsischen Anforderungen kann somit maximal gelindert, kaum jedoch reduziert werden. Kurz-, oft sogar mittelfristig sind Psyche und Physis des Menschen auf diese einseitig im Sinne des eigenen ökonomischen und den Wohlstand des Unternehmens ausgerichtete Lebensführung adaptier- und lebbar.

Daraus resultierende Probleme zeigen sich aufgrund einer dissonant ausgerichteten Lebensführung mit großer Wahrscheinlichkeit. Daher legen wir im Rahmen dieses Buches einen thematischen

Schwerpunkt auf die vielfältigen psychischen Einflussfaktoren, die über diverse Ausdrucksmomente wie beispielsweise Aggression/Depression verarbeitet werden und zu späteren gesundheitlichen Schädigungen und Schäden führen können. Stress und Überstunden führen häufig zu falscher und zu üppiger Ernährung, die ein Korrelat mit Bewegungsmangel bildet. Wurde Stress in den neunzehnhundertachtziger Jahren noch als Managermode bezeichnet, die en vogue war, bildet er mit der Ernährung, Bewegungsmangel und einigen weiteren Krankheiten eine sehr häufige Ursache für die Volkskrankheiten unserer westlichen Industriegesellschaft, von denen wir vorläufig nur Burnout, Herzinfarkte und Schlaganfälle nennen möchten.

Für die genannten und weitere Auslöser einer multiplen Gruppe von Krankheiten, die wir als Bewegungsmangelkrankheiten zusammengefasst haben, gibt es häufig einen großen Trost: Die Entstehungsgeschichte ist oft beeinflussbar, Sie haben sie selbst in der Hand und bestimmen die Entwicklungsgeschichte Ihrer eigenen Gesundheit. Work-Life-Balance soll als Hybrid zwischen thematischem Diskussionsbeitrag und konkreter Anregung dabei helfen, diesen dissonanten Spannungsbogen zwischen dem beruflichen Eingespannt-Sein und den individuell notwendigen Forderungen in ein Wohlverhältnis zu bringen.

Mehr als in unserer abendländischen Kultur westlicher Industrieländer werden in anderen Regionen des Global Villages Versuche unternommen, Arbeit, Freizeit, Familie, Gesunderhaltung und weitere Spannungsfelder miteinander zu vernetzen. Im deutschsprachigen Raum sind es erst Ansätze, die unter dem positiven Reizwort Ganzheitlichkeit diesen Anforderungen tatsächlich nahe kommen. Ganzheitliche Medizin und Psychologie sind hierfür tradierte Beweise, deren Ursprünge bereits im alten Griechenland verifiziert werden können und ihre Fortsetzungen von Hippókrates über Rousseau und Kant bis in die Neuzeit finden. Disziplinen übergreifende Arbeit ist aber derzeit im Bereich der Medizin und Psychologie noch eher die Seltenheit. Ein weiterer Aspekt: Die christliche Religionen westlicher Herkunft hegen denn kaum Ansprüche und unterstützen kaum systematisch ein gesundheitsförderndes Denken ihrer Gläubigen, wie es in einigen fernöstlichen Kulturen ver-

Einleitung

gleichsweise der Fall ist, hier ist somit von Ganzheitlichkeit ausgehend ein weiteres Isolativ lokalisierbar, was das langfristige Halten von Spitzenposition der Mitarbeiter unserer abendländischen Herkunft im Konkurrenzbewerb der Personalentscheidungen der Global Economy erschweren dürfte.

Work-Life-Balance kann ein zukünftiger und wegweisender Ansatz sein, die verschiedenen Komponenten miteinander zu integrieren und somit einen systemisch und Disziplinen übergreifenden Ansatz zu wagen, der sowohl uns als einzelne Menschen in unseren Lebenszusammenhängen ansprechen soll, als auch im Rahmen von Unternehmensentwicklung eine zunehmend starke Rolle einnehmen kann. Im Rahmen dieses Buches versuchen wir, medizinische, psychologische, sportliche, pädagogische, theologische, ernährungswissenschaftliche und juristische Aspekte so zusammenzufassen, dass sie einen Überblick über die derzeitige Situation geben, Ihnen mögliche Gefahrenquellen aufzeigen können und darüber hinaus auf der individuellen Ebene pragmatische Tipps geben, die Ihnen bei der Umsetzung von Work-Life-Balance in den Alltag helfen können.

Im ersten Kapitel möchten wir Ihnen den Begriff der Work-Life-Balance von zwei Seiten her nahe bringen. Zum einen über den historischen Zugang mit der Vorgeschichte dieses Begriffs seit der Zeit des antiken Griechenland, der dem fernöstlicher Kulturen exemplarisch gegenübergestellt wird. Darüber hinaus wird Work-Life-Balance in der derzeitigen wissenschaftlichen Disziplinen übergreifenden Diskussion beleuchtet. Die verschiedenen, für unseren Ansatz relevanten Wissenschaften stellen wir hierbei unter dem Aspekt der Ganzheitlichkeit in den Vordergrund des Erkenntnisinteresses.

Das zweite Kapitel befasst sich mit den möglichen psychischen Folgen dauernder Überlastung. Dabei werden Stress, psychosomatische Krankheiten, Depression und Aggression beispielhaft genauso im Zusammenhang von Work-Life-Balance in ihrer Entstehung, ihren Erscheinungsbilder und – möglichen – Auswirkungen thematisiert, wie neue Erkrankungen wie Burnout und das Chronische Müdigkeitssyndrom (CFS = Chronic Fatigue Syndrom).

Der erste Teil des dritten Kapitels befasst sich mit den verschiedenen Beziehungsgeflechten innerhalb von Work-Life-Balance, das wir Ihnen als unser Work-Life-Balance-Pentagramm vorstellen möchten. Im zweiten Abschnitt des Kapitels 3 beschäftigen wir uns mit den Möglichkeiten des Einzelnen, den beschriebenen möglichen Folgen vorzubeugen und persönlich leistbare Wege zur Prävention anhand der aufgezeigten Varianten zu finden. Im Sinne von Work-Life-Balance werden alltagstaugliche und handlungsorientierte Optionen vorgestellt, die zur Früherkennung und Vermeidung der im vorangegangenen Kapitel dargestellten Formen und Ausprägungen von dauernder Überlastung aktive Hilfestellung leisten können.

Körperliche Aktivitäten werden von vielen beanspruchten Menschen als zusätzliche Be- und nicht Entlastung empfunden. Die Folge ist, dass Work-Life-Balance in Form von gelebter Körperlichkeit förmlich auf der Strecke bleibt. Die Konsequenz dieser mentalen Einstellung einem wesentlichen Bereich von Work-Life-Balance gegenüber sind oftmals vermeidbare Krankheiten, die als Bewegungsmangelkrankheiten bezeichnet werden. Einige davon sind bereits während ihrer Entstehung vermeidbar, die Minderzahl genetisch bedingt. Einen Teil physischer Erkrankungen, die sich in den letzten Jahren zu sog. Volkskrankheiten entwickelt haben, beschreiben wir im vierten Kapitel und geben teilweise Tipps zu deren Früherkennung.

Viele Menschen erfahren den unvermeidbaren Zustand der physischen Alterns erst durch das Auftreten im vorhergehenden Kapitel genannter Krankheiten. Im fünften Kapitel zielen wir darauf ab, Alterungsprozesse seriös und in innerer und äußerer Harmonie zu durchlaufen. Wesentliche Komponenten, die Wahrscheinlichkeit hohen Alters in guter Vitalität zu erreichen, sehen wir in den beeinflussbaren Faktoren Bewegung und Ernährung. Im Rahmen dieses Kapitels stellen wir Ihnen einige Sportarten mit Empfehlungen vor, die wir unter dem Begriff Gesundheitssport zusammengefasst haben. Es sind vor allem Ausdauersportarten, die wir durch kleine Programme ergänzt haben. Die Alternativen haben wir unter dem Anspruch ausgesucht, dass sie für Sie unter Betrachtung temporärer Aspekte realisierbar sein können. Neben dem Gesundheitssport haben wir den zweiten Schwerpunkt auf der individuellen Ebene die Ernährung genannt, mit der Sie ohne viele Umstellungen viel bewirken können. Neben Grundsätzlichem zur Ernährung haben wir auch in dem zweiten Teilabschnitt des Kapitels Tipps für Sie aufbereitet, die leicht praktisch umsetzbar sind.

Work-Life-Balance hat auf zwei Ebenen Umsetzungschancen: Auf der bereits geschilderten individuellen und auf der organisatorischen Ebene. Einen Großteil des Tages verbringen wir in unseren Unternehmen, sind dort fest eingebunden und verplant. Im sechsten Kapitel gehen wir daher der Frage nach, welchen Beitrag Unternehmen leisten können und welcher sinnvoll ist, um den Gedanken der Work-Life-Balance noch stärker zu fördern, die Verbindung zwischen den einzelnen individuellen und unternehmerischen Schnittstellen zu intensivieren, um den Unternehmenswert durch hoch motivierte, gesunde und vitale Mitarbeiter weiter zu steigern. Unter anderem schildern wir aus der Beratungspraxis heraus ein auf zwei Jahre angelegtes Projekt zur Integration von Work-Life-Balance mit dem Ziel der Dynamisierung der Corporate Identity eines Unternehmens.

In einem Exkurs gehen wir im abschließenden siebten Kapitel auf einige mögliche juristische Aspekte ein. Über die rechtlichen Möglichkeiten und Voraussetzungen, Mitarbeiter und Arbeitsplatz betreffend, geht es hier vor allem um die Diskussion verschiedener Arbeitszeitmodelle, die in Zukunft weiter an Bedeutung gewinnen werden.

Wir zielen mit diesem Buch darauf ab, einen Beitrag zu einer neuen Definition der Begriffe „Lebenszufriedenheit", „Arbeitszufriedenheit" und „Gesundheitskompetenz" zu leisten, den Sie individuell interpretieren und vor allem auch leicht umsetzen können.

1. Work-Life-Balance: Ganzheitlichkeit in abendländischer und fernöstlicher Entwicklungstradition

Die wirtschaftswissenschaftliche Literatur beinhaltet im deutschsprachigen Raum eine Vielzahl von Anglizismen, bei denen es uns aufgrund des hohen Integrationsgrades in unseren persönlichen Sprachfundus oft schwerfällt, spontan passende deutsche Synonyme zu finden. Work-Life-Balance ist hierfür ein allzu typisches Beispiel. Es geht ganz allgemein vom Begriff her darum, das eigene Leben und die Arbeit in einen Einklang, in ein harmonisches Verhältnis zu bringen. Diese Aussage eines immer mehr in Mode kommenden Begriffs allein impliziert bereits oberflächlich, dass Dysbalancen und Disharmonien auf individueller und organisatorischer Ebene bei vielen Menschen unserer westlichen Industriegesellschaft seit geraumer Zeit feststellbar sind.

In der politischen Tradition Europas gibt es einen Begriff, der im übertragenen Sinn zum zentralen Terminus dieses Buches führt: „Balance of Power" meinte seit dem 16. Jahrhundert (bis zum Scheitern durch den Ersten Weltkrieg) das maßgebliche außenpolitische Konzept der europäischen Staatensysteme, die Hegemoniebestrebungen einzelner Staaten verhindern zu wollen. Wir sind auf unserer Individualebene vergleichbar verschiedenen Kräften ausgesetzt, die es täglich in Einklang zu bringen gilt. Die tibetische Lehre, die – wie die meisten fernöstlichen Lebensphilosophien – die Umwelt sehr stark in Bezug zum Individuum setzt, lehrt über ein Spannungsfeld, das als „Weisheitspentagramm" oder auch als „tibetisches Pentagramm" bezeichnet wird (Abb. 1). Es ist unseres Erachtens sehr gut geeignet, um auf unser europäisch-abendländisches Verständnis von Work-Life-Balance übertragen werden zu können:

Familie/Partnerschaft

Positiv gelebte Lebensgemeinschaften und Familien sind im Rahmen dieses Verständnisses von großer Bedeutung, um in innerer und äußerer Harmonie und Balance leben zu können und somit die

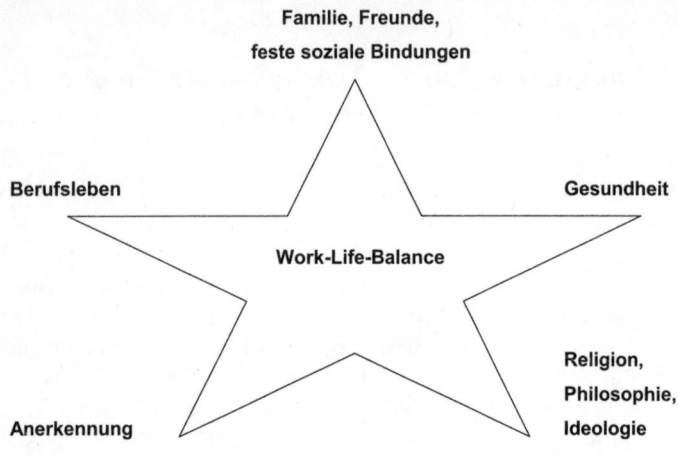

Abb. 1: Das Work-Life-Balance-Pentagramm

multiplen wechselseitigen Sozialprozesse wie Anerkennungsstreben und Zuwendung leben zu können. Wichtige Voraussetzung hierfür ist Authentizität.

Berufsleben

Um Arbeit und Leben in Einklang bringen zu können, ist es von zentraler Bedeutung, einen Beruf in einer Branche, einem Unternehmen und einem beruflich-sozialen Umfeld auszuführen, in dem das Arbeiten (meistens) Freude macht und Sie sich mit dem Produkt, der Dienstleistung und der Marke identifizieren. Zu diesem Bereich des Pentagramms zählen wir weiterhin monetäre Aspekte (Wohlstand, Vermögen und Altersvorsorge). Work-Life-Balance wird von uns bezüglich des Berufslebens sehr eng verstanden: Identifikation mit dem Beruf und ökonomische Grundlagen sind unbedingte Voraussetzung, um den Zustand von Balance zu erreichen.

Gesundheit

Zur Gesundheit gehört nach unserem Verständnis eine dem Alter entsprechende möglichst hohe Vitalität und Zufriedenheit. Mit dieser Aussage setzen sich zwangsläufig immer wieder Menschen mit irreversiblen psychischen und physischen Problemen auseinander.

Die Aspekte der Ernährung, Entspannung, Erholung, Fitness und Lebenserwartung betreffen aber uns alle. Gesundheit reflexiv und bewusst – so weit es geht – zu leben, ist eine weitere zentrale Komponente unseres Work-Life-Balance-Verständnisses.

Religion, Philosophie, Ideologie

Unseren eigenen religiösen Standpunkt zu definieren, ist ein sehr schwieriges, wenngleich notwendiges Moment von Work-Life-Balance, das nicht auf dem Niveau der durch Polarisierung von Emotionen bedingte Institutionenwertung verbleiben sollte. Allein durch das ständige Aktualisieren von Testamenten, Patienten- und Betreuungsverfügungen oder Lebensversicherungen dokumentieren wir bereits Weitsichtigkeit über das „Danach". Im Rahmen dieses Buches möchten wir nicht intensiver auf religiöse Aspekte eingehen. Wichtig ist für uns jedoch im Zusammenhang von Work-Life-Balance, dass die meisten von uns im kulturellen Kontext des christlichen Abendlandes erzogen wurden und somit im Rahmen dieser Philosophien und Ideologien bewusst denken und handeln. Im Rahmen von Work-Life-Balance erachten wir es für wichtig, dass wir bewusst positiv und dankbar mit dem „Diesseits" umgehen und einen positiven Erwartungshorizont für das „Jenseits" haben oder entwickeln.

Anerkennung

Selbst und fremd gesetzte Ziele zu erreichen, ist berufliche und private Leistung, die jedoch noch viel mehr zählt, wenn sie aus unserer sozialen Umgebung und uns selbst heraus maßvoll honoriert wird. Gerade das richtige Maß ist von entscheidender Bedeutung bei dieser schwierigen Gratwanderung im Sinne von Selbst- und Fremdwahrnehmung. Authentizität ist bei der Anerkennung Ihrer eigenen und der Leistungen von Angehörigen und Mitarbeitern eine wichtige Voraussetzung, um langfristig mit dem richtigen Maß handeln zu können.

Hoffentlich denken Sie jetzt nicht gleich, dass das mit der Work-Life-Balance eine so schwierige Sache ist, dass es sich empfiehlt, die Finger davon zu lassen. Sabine Asgodom (2002) hat einen Weg zum Work-Life-Konzept entwickelt und ihn in sieben Etappen unterteilt.

Wir verfolgen zwar einen anderen Ansatz, das Bild der Etappen ist in diesem Zusammenhang jedoch gut geeignet, sich selbst Zwischenziele zu setzten, ehe Sie an revolutionäre Änderungen denken sollten, die nach kurzer Zeit – wie so viele Radikaldiäten – im „Jojo-Effekt" enden.

> **Tipp:** Erstellen Sie sich doch einfach einmal Ihnen wichtige Punkte zu den fünf Teilbereichen des Work-Life-Balance-Pentagramms und überlegen dann, in welchen Schritten Sie in Richtung gewollter Veränderung vorgehen können, um über kleine Zwischenziele im Laufe längerer Zeit tatsächliche Veränderungen zu bewirken.

1.1 Ganzheitlichkeit und Gesundheit in historisch-abendländischem Verständnis

Um die Begriffe Work-Life-Balance und Ganzheitlichkeit in der derzeitigen wissenschaftlichen Diskussion erfassen zu können, erachten wir es für sinnvoll, im Vorfeld das abendländische Gesundheitsverständnis zu erörtern, da es sich deutlich von dem anderer Kulturen unterscheidet. Die Entwicklung der Sportgeschichte mit den Varianten des Trainings erachten wir dabei als Indikator und verfolgen hierbei vor allem den Aspekt der Früh- und Vorformen des Gesundheitssports, mit dem wir uns in der Folge im Kapitel 5 in seiner Relevanz für Work-Life-Balance näher befassen werden.

1.1.1 Entstehung im antiken Griechenland

Bereits für die mykenische Zeit (1600 bis 1200 v. Chr.) – als erste europäische Hochkultur – kann Körper- und Leibeskultur nachgewiesen werden. Es war vor allem die Herrscherschicht, die die materiellen Voraussetzungen besaß, zu trainieren und sich im (agonalen) Wettkampf mit anderen zu messen. Neben den frühen Sportarten wie Faustkampf, Ringen und Wagensport ist vor allem von Kreta her die Präferenz für Einzel- und Gruppentänze zu verschiedensten Anlässen bekannt. Durch diese kretischen Einflüsse eröffneten sich neben den an Krieg und Jagd orientierten Sportarten Optionen für Frauen, an der mykenischen Leibeskultur teilzuhaben. Mit dem

Zerfall der archaischen Adelsgesellschaftsstruktur und der Bildung der Stadtstaaten (gr.: polis) ging eine neue Philosophie einher. Unter Einfluss der Pythagoräer entwickelte sich die griechische Medizin weiter: Die zweckmäßige Verhaltensweise (Diätetik) – Grundlage hierfür waren unter anderem Bewegung und Ernährung – ist in der Lage, das psychosomatische Befinden zu beeinflussen.

In der klassischen Epoche des antiken Griechenlands (ca. 500–300 v. Chr.) kam es zur Systematisierung von Erziehung (gr.: paideía) der jungen Polisbürger. Neben den Elementarfächern (Lesen, Schreiben, Grammatik, Rechnen, Zeichnen) kam es zur Einführung von musischer und Leibeserziehung (gr.: gymnásion; gymnós = nackt) an den Schulen. Hierzu zählten Tanz, Singen, Saiten- und Flötenspiel sowie Ringen, Laufen, Speerwurf, Diskuswurf, Faustkampf usw. Somit ist in dieser Epoche erstmals ein ganzheitliches Menschenbild erkennbar, welches aus der Erziehung der Polisbürger ableitbar ist. Dieses klassische Bildungsideal wurde durch den großen Philosophen Platon durchbrochen, indem er zwischen höherwertigen göttlichen (Weisheit, Gerechtigkeit, Besonnenheit und Tapferkeit) und niederwertigeren menschlichen Gütern (u. a. Gesundheit, Schönheit, Kraft) unterschied. Sokrates und Platon verstanden Gymnastik als eine auf Wohlbefinden ausgerichtete sportliche Aktivität. Von großer Bedeutung war in der klassischen Epoche die Diätetik (gr.: díaita = Lebensweise), die in der individualistischen Grundhaltung dieser Zeit begründet lag. Allergrößte Bedeutung hatte somit die gesunde Lebensweise, mit der Krankheiten vorgebeugt und Alterungsprozesse verlangsamt wurden. Bestandteile der Diätetik waren unter anderem Nahrungsauswahl, das Verhältnis zwischen Belastungs- und Ruhephasen, Gymnastik, Massagen, Bäder, Schwitzkuren. Die Diätetik bekam bald Bedeutung für die Medizin und kam beispielsweise in „Über die Lebensweise" des Hippókrates v. Kos vor.

1.1.2 Weiterentwicklung im hellenisierten Rom

Die Diätetik wurde in der klassischen Epoche des antiken Griechenlands zu einem Phänomen, das alle gesellschaftlichen Schichten erfasste. In Verbindung mit den Gymnasien entstanden später

Wasserbecken, Übungs- und Massageräume sowie Dampfbäder – Einrichtungen, die wir auch von Rom her kennen. Die Errungenschaften der Griechen wurden während und nach den Feldzügen nach Rom „importiert" und veränderten das ganzheitliche Weltverständnis der Römer spätestens ab 200 v. Chr. Im letzten Jahrhundert vor unserer Zeitrechnung entstanden die ersten Großbadeanlagen (lat.: thermae), die sogar beheizt waren. Bereits im dritten Jahrhundert n. Chr. gab es Badeanlagen, die Platz für bis zu 3000 Besucher boten (Diokletiansthermen).

Wie in Griechenland, so gab es im antiken Rom ebenfalls Berufsathleten, bekannt sind vor allem die Gladiatoren. Bei vielen der römischen Spiele wurden in späterer Zeit die Christen auf brutale Art hingerichtet. Daher und aus dem christlichen Weltverständnis heraus wurden Berufssport und die Spiele, letztlich auch die Gymnastik der antiken Welt, für heidnisch erklärt. Das negative Leibverständnis führte zu starken Einschränkungen der gymnastischen Bewegungen, dass nur mehr wenige gesundheitliche und hygienische Aspekte verfolgt wurden. Im Jahr 313 n. Chr. wurde das Christentum im Toleranzedikt von Mailand im Römischen Reich zur gleichberechtigten Religion, 62 Jahre später zur Staatsreligion. Somit retardierte das ganzheitliche Gesundheitssystem mit den positiven diätetischen Erscheinungen.

1.1.3 Körperlichkeit im christlich geprägten Mittelalter

Von den germanischen Stämmen, die während der Völkerwanderung unter anderem den Zerfall des Römischen Reichs bedingten, ist bekannt, dass die freien jungen Bauernkrieger an Jagd und Krieg angelehnte Sportarten betrieben. Aus diesen „Wanderkriegern" entwickelte sich im frühen Mittelalter die duale Gesellschaftsordnung mit Nähr- und Wehrstand. Etwaige gesundheitliche Gedanken, hierunter fiel auch der Sport, waren im frühen Mittelalter somit der Oberschicht vorbehalten. Aufgrund des augustinischen Weltverständnisses wurde das irdische Sein als Pilgerfahrt zur himmlischen Heimat betrachtet, auf dem Gymnastik und Diätetik keine Toleranz entgegengebracht wurde.

Im Hochmittelalter bildete sich durch das Rittertum ein adelig privilegiertes Weltverständnis heraus, das – wie die sieben Künste (septem artes) des antiken Bildungsbildes – sieben Frömmigkeiten einforderte: Reiten, Schwimmen, Bogenschießen, Fechten, Jagen, Schachspielen und die Dichtung. Wenngleich hier die Elementarfächer der antiken Welt fehlen, kommt es zur Renaissance eines auf Eliten begrenzten Körperbewusstseins.

Im späten Mittelalter zerfiel das Ritterwesen durch die veränderten Kriegsformen (z. B. Erfindung des Schießpulvers) und durch Verarmung; dem hingegen blühten die Städte mit ihrem Handel auf. Ein neues Bildungssystem konnte damit einhergehend implementiert werden, nahm aber kaum Einfluss auf die Veränderung zu gesundheitsförderndem Sport und diesbezüglichen ganzheitlichen Kausalitäten.

1.1.4 Humanismus, Absolutismus und Aufklärungszeit

Der Humanismus suchte eine deutliche Anlehnung an die Antike. Das humanistische Bildungsideal inkludiert einen allseitig – somit auch körperlich – gebildeten Menschen. Einerseits wurden hierbei antike Gedanken wieder aufgegriffen, in der schulischen Erziehung wurde darüber hinaus aber die Forderung nach kindgemäßer Erziehung deutlich. Der Humanismus durchdrang die Gesellschaftsstrukturen jedoch nicht in der Form, dass es zur Reimplementierung von Gymnastik in den regelmäßigen Tagesablauf der Menschen führte. Sportspiele erfreuten sich jedoch immer größerer Beliebtheit.

Im Absolutismus vertraten bedeutende Pädagogen wie Comenius, Ratke und Francke die Auffassung, dass körperliche und sportliche Betätigung notwendiger Bestandteil der Unterrichtung sein soll. Die Schule erreichte allerdings nur einen sehr kleinen Teil der Gesellschaft. Sport und schöngeistliches Denken waren auf den Adel und die Ritterakademien beschränkt, die es in dieser Epoche gab.

In der Zeit der Aufklärung waren es vor allem die Philanthropen, die die Körperlichkeit in die Gesellschaft des 18. Jahrhunderts zurückbrachten. Die Pädagogik der Philanthropen orientierte sich am sensualistischen Menschenbild der Aufklärung, bei dem der Geist seine Erkenntnisse über leibliche Erfahrungen macht. Zu den

Übungsformen zählten diejenigen, welche den Menschen im alltäglichen (Er-) Leben von mehrwertigem Nutzen waren (z. B. Heben, Klettern, Zielwerfen, Schwimmen, Schlittenfahren). Aus diesen Vorformen heraus bildete sich allmählich die Elementargymnastik als Vorstufe vieler heutiger Bewegungsformen.

1.1.5 Die Zeit Friedrich Jahns

Die Französische Revolution (ab 1789) und die industrielle Revolution (1769 erfand James Watt die Dampfmaschine) brachten ein neues, das idealistische Menschenbild mit sich. Dieses war geprägt von Neuhumanismus und dem entstehenden Volkstumsgedanken und wandte sich gegen die Vernunftherrschaft. Unter anderem bewirkte vor allem Pestalozzi ein neues Erziehungsbild, bei dem die harmonische Entfaltung des ganzen Menschen im Zentrum stand (also auch seine Leiblichkeit). Die im Zeichen des Idealismus heranwachsenden Menschen wurden im Rahmen des von Pestalozzi geschaffenen Kontextes durch Gymnastik – hier widerfuhr dem Begriff eine Renaissance – sittlich-sozial erzogen. In den vom Schweizer Pädagogen eingeführten Schulheimen wurden neben Buben auch Mädchen erzogen; zu den gymnastischen Übungen gehörten kleine Ballspiele, Laufen, Springen, Schwimmen, Wandern, Reiten usw., also eine Vielzahl von sportlichen Alternativen. In Deutschland – unter Napoleons Herrschaft – waren es vor allem Johann Gottlieb Fichte und Wilhelm v. Humboldt, die die Gedanken Pestalozzis auf Preußen als einem der Kernstaaten Deutschlands übertrugen.

Im Zusammenhang mit der Bildungsreform von 1809 wurde der Begriff des ganzheitlichen Menschenbildes wieder aufgegriffen, bei dem das Erziehungsideal wiederum erhöhte Ansprüche an die Körperschulung richtete. Friedrich Ludwig Jahn, ein in Berlin Lehrender, war u. a. aus nationalem Antrieb heraus ein großer Befürworter der Bildungsreform. Er konzipierte – zur Rettung der Nation – ein Bildungskonzept für Leibesübungen, die er „Turnen" nannte. In diese Überlegungen wurden Frauen mit einbezogen.

1.1.6 Ausbreitung und Weiterentwicklung von Körperlichkeit

Die Turner hatten an den Befreiungskriegen von 1813 teilgenommen; als Folge dieses siegreichen Unterfangens erlebte das Turnen eine Blütezeit, die durch die Restauratoren in Deutschland 1820 plötzlich gestoppt wurde. In dieser kurzen Zeit zwischen den Kriegen und dem Verbot avancierte das Turnen zu einer politischen Organisation, die nicht im Sinne des Staates operierte. Das Verbot wirkte für zirka 20 Jahre (in Preußen bis 1842). Auf multiplen Druck hin ließen die deutschen Herrscherhäuser Turnen wieder zu, weil es vor allem von Ärzten und Pädagogen eingefordert wurde und diese Phase parallel mit einer Etappe der vorübergehenden Liberalisierung der Herrscherhäuser einherging. Die Revolution von 1848/49 spaltete die Turnerbewegung und die Verfechter eines ganzheitlichen Ansatzes auf längere Zeit hin. In der zweiten Hälfte des 19. Jh. widerfuhr dem Turnen eine neue Blütezeit, da sich die in dieser Zeit gegründete Deutsche Turnerschaft deutlich an den Nationalstaat anlehnte; Sozialisten und Juden wurden dabei diskriminiert. Aufgrund pragmatischer Zielvorstellungen wurde Sport an den Schulen zu einer festen Größe. Ziele waren die Gesundheitsförderung, der Ausgleich zur geistigen Arbeit, aber auch die Vorbereitung auf den Kriegsdienst, was die Erziehung zu Disziplin und Ordnung beinhaltete. Die ab 1850 einsetzende Emanzipationsbewegung verhalf den Frauen zum Zugang zu Turnen, Gymnastik und sonstigen Leibesübungen.

1.1.7 Das 20. Jahrhundert

Zu Beginn des 20. Jh. Entwickelte sich die Reformpädagogik, die die Erziehung „vom Kinde her" forderte. Wichtige Bestandteile waren Natürlichkeit, Selbständigkeit, Spontaneität und Kreativität, basierend auf einem ganzheitlichen Menschenbild. Die Landeserziehungsheime (Hermann Lietz), die Arbeitsschulbewegung (Georg Kerschensteiner) und die Kunsterziehungsbewegung (Alfred Lichtwark) waren Stellvertreter dieser neuen Denkansätze. Die Sportspiele und die Gymnastik wurden jetzt anstatt ihrer starren Vorläufer (die mehr an einen Exerzierplatz erinnerten) forciert. Natur und sportliches Erleben wurden ideal in den sich gründenden Alpenvereinen vernetzt.

Nach dem Ersten Weltkrieg widerfuhr dem Sport ein starker Aufschwung, hierfür gab es viele Gründe: Die reformpädagogischen Tendenzen wurden zu dieser Zeit umgesetzt, die Erweiterung der Freizeit wurde gesetzlich verankert und materielle Defizite wurden kompensiert. Sport diente aber auch als Ersatz für die wehrwilligen jungen Bürger, die Frauenemanzipation entwickelte sich weiter: Sport wurde in Deutschland und Österreich immer mehr durch Parteien instrumentalisiert. Eine der Konsequenzen war die Gleichschaltung des Sports in der Zeit des Nationalsozialismus. Sport wurde zu Wehrsport, verlor seinen elitär-individuellen Gedanken und wurde mit den uns bekannten Konsequenzen entgegen seiner ursprünglichen Idee entartet.

Dementsprechend bedeutete das Kriegsende des Zweiten Weltkrieges nicht nur den militärischen, sondern auch den Zusammenbruch des gesundheitlichen Gedankens „vom Leibe her", wie ihn die Nazis propagiert hatten. In den fünfziger und sechziger Jahren des 20. Jh. nahm der Sport einen deutlichen (auch gesamtgesellschaftlichen) Aufschwung, der in vielerlei Kampagnen wie „Jugend trainiert für Olympia" oder der „Trimm-dich"-Bewegung zum Ausdruck kam. Gerade in den letzten beiden Dekaden des Jahrhunderts bekamen Sport und Körperlichkeit durch den Fitness-Boom wieder einen zusehends individualistischen Charakter. Derzeit ist es weniger das „Im Verein organisierte Sport Treiben" als das individuelle Bestreben nach Gesundheit oder körperlicher Perfektion, was viele Menschen zum Sport Treiben motiviert. Die präventive Komponente von Sport ist aufgrund von Bewegungsmangelkrankheiten jedoch aus dem Sportunterricht und dem Rehabilitationssport nicht mehr wegzudenken. Wesentliche Professionalisierungen in allen sportwissenschaftlichen Disziplinen trugen zu dieser gesamtgesellschaftlich positiven Tendenz entscheidend bei.

1.2 Fernöstliches Verständnis von Ganzheitlichkeit

Kritiker halten unserer abendländischen Medizin vor, dass sie zu einseitig auf materiell fassbaren Konzepten bei der Diagnose und

Histologie von Krankheiten beharrt. Erst in den letzten Jahrzehnten begannen europäische und amerikanische Mediziner, sich mit alternativen Medizinlehren zu befassen. Hierbei haben wir exemplarisch zwei ausgesucht, da sie den vergleichsweise starken Anspruch erheben ganzheitlich zu sein. In der Tat werden in der chinesischen und tibetanischen Medizin seit sehr langer Zeit kontinuierlich bei der Diagnose Bezugsgrößen hinzugezogen, die – entscheidend mitbestimmt durch die Religion des abendländischen Europas – hierzulande außer Acht gelassen wurden.

1.2.1 Ganzheitlichkeit in chinesisch-traditionellem Verständnis

Die chinesische Medizin baut auf dem Verständnis der „Lebensenergie (Chi)" der Patienten auf. Diese, so der Ansatz, erschafft den Körper und erhält ihn am Leben; diese Lebensenergie fließt entlang den Meridianen (daraus ergeben sich die Akupunkturlinien) durch den Körper. Das chinesische Verständnis von Medizin ist zugleich ein philosophischer Ansatz, weil dieser energetische Prozess innerhalb des „Lebensweges (Tao)" geschieht, der den gegensätzlichen Kräften Yang und Yin ausgesetzt ist. Diesen Grundpolaritäten werden die Phänomene der Natur zugeordnet wie Sommer – Winter, hell – dunkel oder Rücken – Bauch. Das individuelle und Gesamtgeschehen sind von den Wechselwirkungen Yings und Yangs abhängig. Dieser Ansatz stellt einen erheblichen Unterschied zum uns bekannten Ursache-Wirkungs-Prinzip dar, indem die Grundannahme die von der ständigen Wechselwirkung immer gleichzeitig aktiver Kräfte ist. Insofern ist der Mensch Teil des Gesamttaos von Universum, Makro- und Mikrokosmos, für die es generell gültige Gesetzmäßigkeiten gibt. Leben nach den Gesetzmäßigkeiten des Tao bedeutet für den Einzelnen: Im Gleichgewicht mit der Ordnung der Natur zu leben; geschieht dies nicht, kann es zu psychischen und physischen Folgen und Krankheiten kommen. Der freie Fluss und die ausreichende Stärke des „Chi" entlang der Meridiane sind die entscheidenden Parameter für Gesundheit. Mit Hilfe der Akupunktur wird im Krankheitsfall (Zustand einer Disbalance) versucht, wieder einen Zustand des Gleichgewichts zu erzielen.

Konkret arbeitet das chinesische Medizinverständnis im Zusammenwirken von Natur und Mensch. Bei diesem ganzheitlichen Ansatz sind fünf Naturgegenstände (Wasser, Holz, Feuer, Erde und Metall) Ausgangselemente, die jeweils paarweise Lebensphasen (z. B. Aktivphasen oder Passivphasen) durch innere Funktionskreise beeinflussen. Diesen Kreisen werden u. a. im Heilungsprozess festgelegte Leitbahnen (die Meridiane) zugeschrieben, auf denen sich Reizpunkte (Akupunkturpunkte) befinden. Diese sind von ihren Eigenschaften her energetisch stimulierend oder haben sedierende Eigenschaften.

Über dieses in groben Zügen dargestellte ganzheitliche Verständnis bei der praktischen Umsetzung hinaus ist bereits der diagnostische Ansatz sehr unterschiedlich zu dem uns bekannten und vertrauten Prinzipien, die bekanntlich vom Ursache-Wirkungs-Prinzip ausgehen. Die chinesische Diagnostik bezieht sich unter anderem auf acht Leitkriterien (Yin/Yang; Außen/Innen; Hitze/Kälte; Erschöpfung/Fülle) sowie auf weitere Faktoren: diätische, emotionale, klimatische, körperliche oder emotionale Einflüsse. Von besonderer Wichtigkeit ist für die traditionellen chinesischen Mediziner der Faktor Puls bei der Diagnostik. Im Gegensatz zum westlichen Ansatz gibt es über dreißig verschiedene Pulsfrequenzen, die gemessen werden.

Die Diagnostik an sich besteht dann aus mehreren Schritten:
- In Augenschein Nehmen (Zunge, Gesicht, Haut, Gliedmaßen, Bewegungen)
- Prüfung von Geruch, Gehör, Mundgeruch, Schweiß, Sprache, Stimme
- Befragung der Patienten
- Tastung von Pulsen, Akupunkturpunkten und Körper

Heilung und Therapie verfolgen das Bestreben, einen neuen Zustand von Gleichgewicht von Yin und Yang herzustellen, der durch eine Krankheit ins Ungleichgewicht gekommen war. Durch Akupunktur, die Anwendung natürlicher Heilmittel und physikalische Therapie soll der Heilserfolg erzielt werden.

Derweil in China seit geraumer Zeit nützliche Teile der westlichen Medizin übernommen worden sind, befasst sich die klassische

Schulmedizin unseres Kulturraumes erst in den letzten Jahrzehnten intensiver mit dem ganzheitlichen chinesischen Ansatz, wobei insbesondere die Übernahme von Akupunktur zu großen Erfolgen beitragen konnte. Der zunehmenden Vernetzung unserer abendländischen Wissenschaften nach Vorbild dieses ganzheitlichen Ansatzes kann bei den Anforderungen zukünftiger medizinischer, geistiger, körperlicher und beruflicher Herausforderungen von großem Wert sein. An dieser Stelle möchten wir erwähnen, dass in Anlehnung an das chinesische Medizinverständnis ebenfalls Diätmodelle entworfen wurden, die die Ganzheitlichkeit dieses Ansatz von seiner präventiven und therapeutischen Funktion her unterstreichen (vgl. Telelie/Trebuth, 1999).

1.2.2 Ganzheitlichkeit in tibetanisch-traditionellem Verständnis

Etwa zeitgleich zu der Epoche des Hippókrates von Kos im antiken Griechenland entstanden Vorläufer der tibetischen Medizin. Mit dem Buddhismus und der Entwicklung der tibetischen Schrift kam es im 7. Jahrhundert unserer Zeitrechnung zur Ausprägung des ganzheitlichen Ansatzes, der Heilkunde, Religion und viele weitere Aspekte verbindet. Im 17. Jh. verfügte der große 5. Dalai-Lama die „vier großen Bücher der Heilkunde", die auch noch heute von großer Bedeutung für den ganzheitlichen Ansatz im tibetanischen Verständnis sind. Ausgangspunkt ist die Überlegung, dass der Mensch in einen körperlichen (somatischen), einen psychischen (emotionalen) und einen gedanklichen (mentalen) Bereich aufgeteilt ist. Makro-, Mikrokosmos und somit auch die Menschen bestehen in diesem konsequent auf den Buddhismus aufbauenden Annahmen aus den fünf Elementen Wasser, Erde, Feuer, Luft und Raum. Durch das Zusammenwirken dieser Elemente wird die Bewusstseinsebene im Körper Teil der sichtbaren Welt. Das Leben wird in drei Seinsebenen unterteilt:
- Chi (Luft): Geist, Denken, geistige und körperliche Bewegungen, Energie und Dynamik
- Shara (Galle): Wille und
- Bagdan (Schleim): Materie und Fühlen

Diese Begriffe sind nur als Chiffre zu verstehen. Das Gleichgewicht der fünf Elemente ermöglicht dem Körper seine Funktion (als Fluss von Säften) in sieben Grundgewebsformen: Muskeln, Fettgewebe, Knochen, Blut, Lymphe, Knochenmark und Samen.

Ähnlich dem chinesischen Ansatz ist der tibetanische ein ganzheitlicher, der die täglichen, persönlichen, emotionalen und Umweltfaktoren berücksichtigt. Im Gegensatz zum chinesischen Ansatz ist die tibetische Heilkunde bis heute fast unbeeinflusst von der westlichen Medizin geblieben, die konsequent auf dem Glauben (Buddhismus) und dem damit verbundenen Weltbild aufbaut. Daher sind Selbstreflexion und Meditation wichtige Bestandteile für ein Leben in innerer Balance, die im Krankheitsfall zur Selbstheilung beitragen, so das Kailash Institut in Freiburg.

Die tibetischen Heiler arbeiten in der Diagnose fast ausschließlich mit verschiedenen Pulsen und können somit nach Aussage des Kailash Instituts für traditionelle tibetische Medizin Bluthochdruck, Diabetes, Stoffwechselstörungen, Krebs, MS oder chronische Syndrome ohne technische Hilfsmittel erkennen.

Während sich die tibetische Medizin und Pharmazie in Europa nur ansatzweise etablieren kann, wurde Ende der neunziger Jahre den „Fünf Tibetern" hierzulande größeres Interesse beigemessen. Hierbei geht es im übertragenen Sinne um fünf gymnastische Übungen, die Energiezentren (Wirbel oder Chakren) aktivieren und stimulieren sollen. Diese Energiewirbel stehen im gleichgewichtigen Zustand zueinander; Disbalancen dieses Flusses von Energien rufen demnach Krankheiten und Alterung hervor (vgl. Kelder, 2002).

1.3 Aktuelle wissenschaftliche Positionen im ganzheitlichen Verständnis

Interessant ist an beiden Ansätzen, wie sehr die Ganzheitlichkeit betont wird, ein Aspekt, mit dem wir uns aufgrund unseres abendländisch tradierten Bildungsverständnisses noch eher schwertun. Erst in den letzten Jahrzehnten ist erkennbar, dass Mediziner zusätzlich eine psychologische oder pädagogische Ausbildung absolvieren, Psychologen sich medizinisch fortbilden. Um daher dem Begriff von Ganzheitlichkeit, der für uns in direktem Zusammenhang mit einem theoretischen Gesamtverständnis von Work-Life-Balance steht, näher zu kommen, möchten wir Ihnen in gebotener Kürze einige wissenschaftliche Ansätze und deren Verständnis von Ganzheitlichkeit darstellen.

1.3.1 Christlich-theologisches Verständnis

Die christliche Anthropologie sieht den Menschen als Mittelpunkt der göttlichen Schöpfung, das Abbild Gottes, welches in Jesus Christus zur endgültigen Vollendung gelangt ist. In der Pastoralkonstitution des II. Vatikanischen Konzils „Gaudium et Spes" wurde festgelegt, dass der Mensch Subjekt – und kein Objekt – ist, welches selbständig prüfen, wählen und entscheiden kann. In der Auslegung wird der Theologe J. B. Metz deutlicher:

> „In seiner geistleiblichen Doppeldimension ist der Mensch eine Einheit: corpore et anima unus" (Metz, 1962).

Demnach ist der Mensch einerseits Geist durch seine Gottverfügtheit und Ausrichtung auf Gott, andererseits ist er Fleisch bedingt durch das Seelische und der Verfallenheit zur Sünde und drittens ist er Leib als im physischen Sinne Ganzes vor Gott. Hier ist ein klarer definitorischer Unterschied zu den fernöstlichen Religionen festzuhalten: Der Mensch muss nicht mittels asketischer Praktiken seine Körperlichkeit ausschalten und ihr somit entfliehen. Er grenzt Körperlichkeit somit nicht durch Leibabwertung oder gar Leibfeindschaft aus, sondern integriert diese Komponenten und kann ganzheitlich vor Gott treten. Noch deutlicher heißt das, dass der Mensch nicht Geist, Fleisch und Seele hat, sondern es unauflösbar voneinander ist. Als logische Folge daraus – so die christliche Lehre – bedürfen Leib und Kräfte der Kultivierung in Form von gesundheitlicher Fürsorge und speziell der gesundheitlichen Prophylaxe. Der Katholizismus führt hierzu aus:

> „Das Leben und die Gesundheit sind wertvolle, uns von Gott anvertraute Güter. Wir haben für sie auf vernünftige Weise Sorge zu tragen und dabei auch die Bedürfnisse anderer und das Gemeinwohl zu berücksichtigen" (Katholizismus 1993, S. 582).

Im Sinne allgemeiner Rahmenbedingungen wird darüber hinaus sogar die gesamtgesellschaftliche Pflicht im Sinne dieses Denkens angeregt:

> „Die Sorge für die Gesundheit der Bürger erfordert, dass die Gesellschaft mithilft, Existenzbedingungen zu schaffen, unter denen die Menschen sich entwickeln und reifen können" (Katholizismus 1993, S. 582).

Beide großen Volkskirchen sind in Europa und darüber hinaus mit großem Engagement bestrebt, Gesundheit zu erhalten und das Alt-Werden und Sterben zu erleichtern – wichtige Aspekte eines Lebens im Sinne von Work-Life-Balance. Über diese allgemeinen und wenig konturierten Aussagen hinaus sind nur sehr begrenzte – auf lokales Engagement begrenzte – Ansätze erkennbar, bei denen die Volkskirchen auf die aktuelle individuelle Förderung von Gesundheit eingehen. Es wird in mehreren Quellen auf das Subsidiaritätsprinzip verwiesen, nach dem leibliche Gesundheit disziplinär anderen Wissenschaften (z. B. Medizin, Psychologie und Sport) zugeordnet ist (vgl. Enz, 1970). Hier bestätigt sich somit, dass im christlichen Glauben der Körper als „ein Ganzes" und somit als Teil göttlicher Schöpfung Gegenstand ist – im Gegensatz zu vor allem fernöstlichen Religionen, bei denen der Mensch seine menschliche durch Askese weitestmöglich verlassen sollte, um sich auf die transzendental höhere Ebene begeben zu können. Das heißt im Rahmen unseres Themenfeldes: Im Sinne der Ausgewogenheit des Pentagramms ist Religiosität und auch Spiritualität ein wesentlicher Bestandteil von Work-Life-Balance. Unserem Kulturraum und unserer Geschichte entsprechend sind Christentum und Glaube in der Lage, Teil gelebter Work-Life-Balance zu sein.

> **Tipp:** Vielleicht haben Sie sich – beispielsweise im Zusammenhang mit der Erstellung Ihres Testaments oder dem Verlust eines geliebten Angehörigen – schon mal die Frage gestellt, was nach dem Diesseits kommt. Gerade unsere Gespräche mit Geistlichen, die oft mit Finalpatienten in Kontakt kommen und diese begleiten, zeigen jedoch, wie wichtig es für unsere innere Balance ist, jederzeit für den schlimmsten Härtefall vorbereitet zu sein. Verfügen Sie nicht über diese Sicherheit, kann es zu schweren Krisen kommen, die über die spontan eintretende Krankheit hinaus auch Ihr inneres Gleichgewicht zerschlägt. Das Verfassen von Pa-

> tienten- und Betreuungsverfügungen (Ihr Landes-Justizministerium hat hierüber Informationsbroschüren) sollte genauso im gesunden Zustand erfolgt sein wie das Verfassen eines Testamentes.
>
> Die christlichen Glaubensgemeinschaften verfügen über eine Vielzahl von Theologen, mit denen ein Gespräch in diese facettenreiche Richtung sehr interessant, bildend und weitreichend sein kann. Darüber hinaus möchten wir Ihnen an dieser Stelle eine kleine, vielleicht provokante Frage stellen: Wann haben Sie das letzte Mal mit jemandem Vertrauten über Dinge gesprochen, die jenseits des Greifbaren und der Ratio liegen? Im Sinne von Work-Life-Balance kann dies und in der möglichen Konsequenz die konturenhafte Vorstellung des „Danach" (wie immer es auch für Sie persönlich aussehen möge) von großer Bedeutung für Ihre Lebensvision und -philosophie sein.

1.3.2 Gesundheitspsychologischer Ansatz

Der Begriff der Ganzheitlichkeit führt von der psychologisch wissenschaftlichen Seite in die neunzehnhundertdreißiger Jahre, in denen sich der ganzheitliche Ansatz in eine Lehrrichtung entwickelte, die in naher Verwandtschaft zur Gestaltpsychologie stand. Bereits Ende des 19. Jh. finden sich erste Ansätze der ganzheitlichen Theorie. Christian von Ehrenfells begründete den Unterschied zwischen Einzelnem und Ganzen mit einer Melodie: Eine Melodie wird zu dem, was sie ist, durch die Kombination von Noten. In der Psychologie wurde so der Begriff der Übersummativität geprägt: Das Ganze ist mehr als die Summe seiner Teile. Das bedeutet auf den Menschen bezogen, dass neben psychologischen und sozialen auch körperliche und geistige Aspekte in einem ganzheitlichen (holistischen) Beziehungsgeflecht zueinander stehen. In der neueren Literatur wird diesbezüglich festgestellt, dass der Zustand von Ganzheitlichkeit erst dann gewährleistet ist, wenn nicht nur wechselseitige Abhängigkeitsverhältnisse der einzelnen Komponenten voneinander gegeben sind, sondern wenn sie sich in ihren Funktionen gegenseitig durchdringen. Die Ganzheitspsychologie wirkte sich auf einige Nachbarwissenschaften aus, so beispielsweise die Medizin (Psychosomatik).

Neuere Ansätze, wie der des Existenzialismus definieren die menschliche Grundbefindlichkeit durch die individuelle Entscheidungsfreiheit. Dieser introspektive Ansatz versucht, Fragen des menschlichen Daseins aus dem Bezug der Person zu sich in seiner Umwelt zu erklären.

Im Zusammenhang mit Work-Life-Balance ist ein unter anderem aus der Ganzheitspsychologie entstandener Begriff von relevanter Bedeutung: die Gesundheitspsychologie. Taylor führt hierzu aus (1985, S. 322):

> „Die Gesundheitspsychologie ist inzwischen eine etablierte psychologische Teildisziplin. Es ist ihr Ziel, die psychologischen Einflüsse auf das Gesundbleiben und Erkranken, die Ursachen für Erkrankungen auf die Reaktionen auf das Kranksein zu erforschen."

Dementsprechend hat die Gesundheitspsychologie nach Zimbardo (1996, S. 596) folgende vier Schwerpunkte:

Förderung und Erhaltung der Gesundheit

Zentraler Aspekte sind die verhaltensweisenden Methoden, mit denen Gesundheit und Wohlbefinden optimiert und maximiert werden können. Das ist ebenfalls ein zentraler Aspekt unseres Work-Life-Balance-Ansatzes, worauf wir in Kapitel 5 vertiefend eingehen werden. Es geht im Prinzip darum, gesundheitsförderndes Verhalten zu erzielen. Beispiele für derlei Verhaltensänderungen können sein:

- bewusste Ernährung
- bewusste und regelmäßige Zahnpflege
- regelmäßige ärztliche Routineuntersuchungen
- regelmäßige Impfungen (beispielsweise gegen Tetanus)

Konkret besteht die Aufgabe von Gesundheitspsychologie darin, zu größerer Sensibilität in diesem Bereich zu erziehen, und betrifft daher nicht nur die Fachleute.

Prävention und Behandlung von Krankheit

Aus der Vielzahl von Krankheiten, die uns in der westlichen Industriegesellschaft kennzeichnen, haben wir Ihnen in Kapitel 4 einige, die den treffenden Namen „Volkskrankheit" haben, mit der entsprechenden Entstehungsgeschichte zusammengestellt. Ziel der Gesundheitspsychologie ist es, über den oben dargestellten allgemeinen Aufgabenbereich speziell dem Entstehen dieser Krankheiten durch Aufklärung vorzubeugen. Bei der Vielzahl dieser Krankheiten wird zwischen beeinflussbaren und nicht beeinflussbaren Faktoren unterschieden. Ziel ist es, sowohl bei der Prävention als auch (noch notwendiger) bei der Behandlung dieser Krankheiten verhaltensändernd zu wirken.

Die Aufgabe von gesundheitspsychologischer Prävention besteht darin, Menschen vor dem Entstehen von Krankheiten dazu zu bringen, schädigende Verhaltensweisen abzustellen, einzuschränken oder sie im Idealfall von vornherein zu unterlassen. In der die Regeneration flankierenden Behandlung verfolgt Gesundheitspsychologie das Ziel Patienten stabilisierend zu begleiten.

Unterstützung von Diagnostik und Anamnese

Das Prinzip von Ursache und Wirkung bezieht die Gesundheitspsychologie auf die beeinflussbaren Risikofaktoren von Krankheiten in ihrer psychosozialen Kausalität: In diesem Zusammenhang wurden Verhaltensstile von Menschen klassifiziert, bei denen die Wahrscheinlichkeit arteriosklerotischer Krankheiten in Bezug gesetzt wird. Ziel von Gesundheitspsychologie ist es, mit Hilfe dieser Typisierung psychosoziale Ursachen von Krankheiten mit den Patienten zu erarbeiten. In der Folgebehandlung und der Rehabilitation soll Erziehung zu entsprechenden Reaktionsweisen anleiten.

Gesundheitswesen und Gesundheitspolitik

Die vierte Kernfunktion befasst sich mit der Gesundheit als wissenschaftlichem Begriff (Gesundheitspsychologie hat diverse Forschungsgebiete), sie unterstützt mit diesen Daten sowohl das Gesundheitswesen mit den hierzu notwendigen Institutionen und kann daher in diesen Bereichen flankierend wirken.

1.3.3 Ganzeitlich-medizinischer Ansatz

Die Psychosomatik wurde von ihrer Verwandtschaft her bereits der Ganzheits- und Gestaltpsychologie zugeordnet. Zu diesem Ansatz gehören eine Vielzahl medizinischer Teildisziplinen, die teilweise nur bedingt oder gar nicht der klassischen Schulmedizin unseres abendländischen Medizinverständnisses zuzuordnen sind.

Während die Akupunktur und die Ernährungswissenschaften mittlerweile feste Bestandteile im Sinne von Prävention, Behandlung und Rehabilitation klassisch medizinischer Krankheiten sind, Psychologie, Psychiatrie, und Schulmedizin mit hohem Intensitätsfaktor kooperieren, ist dies mit anderen vornehmlich nicht-wissenschaftlichen Bereichen schwieriger. Hier seien stellvertretend vor allem die Akupunktur und diverse heilpraktische Verfahren genannt.

Für uns ist es eine Sache der Normalität, dass die Religion keinen merklichen Einfluss auf unsere Medizin hat. Dies war vor einigen Jahrhunderten in unserem Kulturkreis noch deutlich anders und ist – wie das Beispiel Tibets zeigt – auch heute in einigen Weltregionen noch ebenso.

Im Sinne der anthropologischen Ganzheitlichkeit erkennt die Medizin an, dass der Mensch in seiner Ganzheit weder gemessen noch chemisch bis in die letzte Konsequenz hinein genau analysiert werden kann. Auch hier trifft man die Aussage der Übersummativität. (Das Ganze ist mehr als die Summe seiner Teile.)

Psychosomatik ist ein wesentlicher Ansatz der Ganzheitsmedizin, integriert sie doch die Faktoren Geist/Seele und Körper aus medizinischer Sicht. Das Problem für eine eingehende Patientenbetreuung, die die psychosozialen Aspekte bei Diagnosen und Anamnesegesprächen beinhaltet, erfordern leider einen längeren Zeitraum, als dieser (kassenärztlich) seitens der Ärzte geltend gemacht werden kann. Derzeit ist unter anderem daher die Abrechnungsdiskussion gerade in Deutschland ein stark umfochtenes Politikum zwischen dem Bundesministerium für Gesundheit und der kassenärztlichen Vereinigung. Die Ärzte sind der Ansicht, dass es zu einer ganzheitlich somatischen (körperlichen) Anamnese gehört, soziale Umgebungen, den Alltag, die Ernährungsangewohnheiten und weitere wichtige Teilaspekte mit den Patienten in den Gesprächen zu erörtern.

1.3.4 Gesundheitssportlicher Ansatz

Der Begriff der Ganzheitlichkeit betrifft in den Sportwissenschaften zwei Bereiche, die keinen direkten Zusammenhang zum weiteren Verständnis von Work-Life-Balance aufweisen: Zum einen unter dem pädagogischem Aspekt die Anthropologie, bei dem der historisch gewachsene ganzheitliche (Leib und Geist/Seele) (Leibes-) Erziehungsauftrag abgeleitet wurde. Des Weiteren wirkte sie sich in der Methodik der Lehre aus. Der Ganzheitssport weist eine enge Verwandtschaft zur Ganzheits- und Gestaltpsychologie auf, indem die theoretischen Grundannahmen vom ungestalteten, gefühlshaften Erlebnisganzen ausgehen. Bewegungen werden demnach nicht kausal verursacht, sondern durch Formbeziehungen von Personen zu ihrer Umgebung.

Der Begriff des Gesundheitssports ist dem hingegen fester Bestandteil unseres Verständnisses von gelebter Work-Life-Balance. Wesentliche Aufgaben des Gesundheitssports sind:

Förderung und Erhaltung der Gesundheit

Vor allem ist sportliche Betätigung im aeroben Bereich (Sport, den Sie dauerhaft mit einem Puls von ca. 130 Schlägen pro Minute ausführen können) förderlich für die Gesundheit. Gesundheitssport betrifft die abwechslungsreiche Gestaltung des Trainingsplans nach den Kriterien des Gesundheitstrainings, um somit insbesondere der Gruppe von Bewegungsmangelkrankheiten präventiv begegnen zu können. Im Mittelpunkt steht die Gesunderhaltung der Physis mit dem Ziel möglichst (lebens-) langer, dem Alter entsprechender optimaler Vitalität.

Psychische und physische Hygiene

Neben der Aufklärung über physische Hygiene (neben dem Duschen nach dem Sport gehört hierzu der hygienische Umgang mit Sportgeräten und benutztem Material) zählen hierzu viele Entspannungsübungen oder die bereits erwähnten Übungen der Fünf Tibeter. Yoga und Tai-Qui sind mittlerweile etablierte fernöstliche Übungsformen, die in unser Verständnis von Gesundheitssport Integration gefunden haben. Sie sind unter anderem auch fester Bestandteil gelebter Work-Life-Balance.

Krankengymnastik und Rehabilitationstraining

In seiner krankengymnastischen und rehabilitativen Funktion umfasst Gesundheitstraining alle Maßnahmen, die durch Training

zur Kompensation von Behinderungen oder dem (Neu-) Erwerb von Bewegungsfähigkeit führen. Zum systematischen Vorgehen von Gesundheitssport in dieser Funktion gehören folgende Bereiche:
- Organisationsplanung und Unterstützung des Behandlungsverlaufs
- Leistungsoptimierung (Anstreben des optimalen Heilungsergebnisses)
- Planung von Intensität, Dauer und Charakter des Trainings
- Zuschneiden eines dem Konstitutionstyp entsprechenden Trainings
- Optimierung von Bewegungsabläufen
- Abbau von psychischen Hemmschwellen vor bestimmten Bewegungsabläufen

Gesundheitswesen und Gesundheitspolitik

Ähnlich der Gesundheitspsychologie besteht eine weitere Aufgabe darin, gesundheitssportliche Untersuchungen, Messungen und Befragungen durchzuführen, um die Ergebnisse für das Gesundheitsweisen und die Gesundheitspolitik aufzubereiten und Konsequenzen für die eigene Wissenschaft daraus zu ziehen.

2. Mögliche psychische Folgen von dauernder Überlastung

Bis in das 20. Jh. hinein verteilten sich die menschlichen Todesursachen in Europa ziemlich gleichmäßig auf ca. 20 Krankheiten wie Infektionen, Organschäden, Kreislauferkrankungen, Krebs und Epidemien. Die meisten von ihnen waren auf die einseitige Schwächung bestimmter Organe wie Leber, Lunge, Niere, Galle oder Herz zurückzuführen. In unserer westlichen Zivilisationsgesellschaft hat sich dann der Existenzkampf deutlich gewandelt: Körperfunktionen, die einstmals schützend wirkten – wie das Zulegen von Fettpölsterchen oder ein Adrenalinschub zum Ermöglichen der Flucht – wirken heute ganz anders, indem sie den Körper schädigen. Krankheitsursachen änderten sich und mit ihnen die Erkenntnis der Notwendigkeit, dass für die neuen Krankheitsbilder andere Auslöser verantwortlich sind. Immer klarer wurde bei der medizinischen Forschung die Bedeutung der Psyche des Menschen.

Noch 1865 schrieb Bernard in seinem Werk „Einführung in die experimentelle Medizin":

> „Der lebende Organismus ist nur eine bewundernswerte Maschine, welche die wunderbarsten Eigenschaften besitzt und mit Hilfe verwickelter, feinster Mechanismen in Bewegung gesetzt wird" (aus: Rattner, 1977, S. 15).

In dieser Phase des Medizinischen Materialismus war das ganzheitliche Gesamtbild des Menschen das einer funktionierenden Körpermaschine. Kausalgesetze gingen ausschließlich vom physiologisch nachweisbaren und hierdurch begründbaren Ursache-Wirkung-Prinzip aus.

Ende des 19. Jh. waren es in Deutschland vor allem Freud und Breuer, die den Zusammenhang zwischen Medizin und Psychologie/Psychiatrie erkannten: 1895 dokumentierten sie in ihrem bekannten „Fall Anna" die erfolgreiche Behandlung vom seinerzeitigen Krankheitsbild der Hysterie durch Hypnose. Freud/Breuer führten damals das hysterische Verhalten auf durch Anna erlebte

Ereignisse zurück, die sie derart verletzt hatten, dass sie traumatisierend wirkten und zum Krankheit auslösenden Faktor wurden. Freud verfolgte diesen Bedeutungszusammenhang weiter und entwickelte daraus die Psychoanalyse, die die Humanwissenschaften des 20. Jh. maßgeblich beeinflusste. Hierbei definierte er die auf Befriedigung zielenden menschlichen Triebenergien – er unterschied in Todes-, Destruktions- und Sexualtrieb: Während der Kindheit verdrängte sexuelle Wünsche seien die Hauptursache der neurotischen Krankheiten. Das wissenschaftliche Bild der menschlichen Maschine erhielt eine neue Komponente, die aus der ganzheitlichen Perspektive nicht wegzudenken wäre: Die Seele. Freud strukturierte sie in Unbewusstes („Es"), der Moderation eigener Wünsche mit den Anforderungen der Umwelt („Ich") und den auferlegten Normen und Verhaltensmustern („Über-Ich"). Die therapeutische Wirkung der Psychoanalyse ist umstritten, dennoch ist die Arbeit Freuds als psychologisch-medizinische Schnittstelle in der Entwicklungsgeschichte der Menschheit so bedeutend, dass sie den Erkenntnissen Einsteins gleichgestellt werden können. Die Integration des Un- und Unterbewussten und deren Folgen haben Auswirkungen auf die Heilbehandlung und auf die Prophylaxe. Mittlerweile ist es in der allgemeinmedizinischen Anamnese (Krankengeschichte, Vorgeschichte von Patienten) und Diagnose von Krankheitsbildern üblich, den Lebenslauf und weitere Parameter mit einzubeziehen.

In ganzheitlichem Zusammenhang ist der auf der Tiefenpsychologie und der Psychotherapie Freuds aufbauende Begriff der Psychosomatik zu erwähnen, auf den bereits eingegangen wurde. Die Psychosomatik forscht ganzheitlich, sieht also einen konstanten Zusammenhang zwischen Seele/Geist (Psychisches) und Leib (Organisches). Die Psychosomatik hat ihre besondere Bedeutung bei der Erkenntnis der psychosomatischen Krankheiten. Bereits Freud unterschied zwischen Aktual- und Psychoneurosen. Aktualneurosen (Schreck- und Angstneurosen) hatten bei Freud eine aktuelle und zugleich affektive Ursache, Psychoneurosen wie Zwangsneurosen, Phobien oder Hysterien führte er auf unbewältigte Triebkonflikte zurück (beispielsweise „Fall Anna"). Heute wird vor allem zwischen Psycho- und Organneurosen unterschieden (so zum Beispiel ein Magengeschwür), bei denen organische Probleme und Dysfunktionen auf psychische Ursachen zurückgeführt werden. Über dies hinaus haben sich viele Ansichten über Neurosen etabliert, die – je nach Lehr- und Schulrichtung – unterschiedlich sind. Vom Erkenntniswert her wichtig ist allen Ansätzen der Aspekt der Ganzheitlichkeit, der für unseren holistischen Ansatz von Work-Life-Balance von zentraler Bedeutung ist.

Das Leben und die Arbeit mit Work-Life-Balance in Einklang zu bringen heißt letztendlich, einen konstanten Zustand der Balance im Sinne des Pentagramms zu erreichen. Um den nachfolgenden psychischen Problemen von dauernder Überbelastung dementsprechend offen zu begegnen, möchten wir die Bedeutung des Begriffs Prävention unterstreichen. Caplan unterschied 3 Arten der Prävention:

Primärprävention

Hierbei handelt es sich um alle Maßnahmen zur Verhinderung eines psychischen Leidens und deren Verringerung (Eliminierung) bei erstmaligem Auftreten. Die Primärprävention zielt darauf ab, krankheitsfördernde Faktoren auszuschalten oder zu minimieren und zugleich die Widerstandsfähigkeit gegenüber derartig ungünstigen Rahmenbedingungen zu erhöhen. In den Bereich der Primärprävention fallen alle Ihnen bereits bekannten diesbezüglichen gesundheitspsychologischen Aufgabengebiete.

Sekundärprävention

Unter Sekundärprävention versteht man die Summe der Maßnahmen zur Früherkennung und Frühbehandlung psychischer Störungen mit dem Ziel der Verkürzung der Krankheitsdauer oder deren Linderung. Sollten Sie selbst psychische Krankheiten haben oder Ihnen aus Ihrer näheren Verwandtschaft Fälle psychischer Krankheiten bekannt sein, empfehlen wir Ihnen, diese bei ärztlichen Konsultationen mit eigenen ähnlichen Krankheitsbildern unbedingt zu erwähnen (beispielsweise bei Depressionen).

Tertiärprävention

Mit der Tertiärprävention sind Rehabilitations- und Resozialisierungsmaßnahmen gemeint, die darauf abzielen, mögliche Folgeschäden oder chronische Auswirkungen von psychischen Krankheiten so gering wie möglich zu halten.

In der Folge möchten wir Ihnen einige Krankheitsauslöser vorstellen, die häufig mit dem Berufs- und Privatleben in Verbindung gebracht werden können. Ätiologisch (ursächlich) sind sie aber nicht für die möglichen Krankheitsfolgen verantwortlich. Ätiologische Ursachen sind zu individuell und speziell, als dass sie im Zusammenhang des Themas Work-Life-Balance umfassend aufgearbeitet werden können. Wichtig ist für das weitere Vorgehen jedoch die voraussetzende Annahme, dass Krankheiten im Sinne vom bereits diskutierten Ursache-Wirkung-Prinzip immer auch Auslöser haben. Im Behaviorismus (Schulrichtung der Psychologie) geht man davon aus, dass sich die letztendlich verantwortlichen Ursachen von Verhalten und Krankheiten in der sog. „black box" entwickeln. Behandlung und Therapie sind dementsprechend die von Phänomenen. An diesen Ansatz angelehnt möchten wir Ihnen einige Folgen von psychischer Überbelastung darstellen, ohne auf deren Ätiologie einzugehen.

2.1 Stress als Auslöser von psychischen Dysfunktionen

Der amerikanische Mediziner Cannon wies bei Versuchen bereits 1929 nach, dass Tiere in bestimmten Situationen mit den sog. „Notfallsfunktionen" reagierten (in: Rattner, 1977, S. 39f.): Die Körper der Tiere veränderten sich, indem sie sich an die erhöhte Leistungsanforderung anpassten. Auf erhöhte Alarm- und Abwehrbereitschaft reagieren die Tiere: die Haare sträubten sich, die Pupillen verkleinerten sich. Aus der eigenen Erfahrung in Spitzenbelastungen – wie zum Beispiel einer Prüfungssituation – merken wir, wie unser Körper reagiert: Der Körper reagiert physiologisch, indem beispielsweise die Haut blass wird (da sich die Hautgefäße verengen), die glatte Muskulatur einen höheren Tonus (bei manchen Menschen sträuben sich dann in Stresssituationen die Haare zur Gänsehaut) erhält oder sich die Schweißbildung verstärkt. Eine gesteigerte Adrenalinzufuhr ermöglicht diese und weitere Anpassungsreaktionen des Körpers, der sich auf seine genetisch veranlagte Funktion

„Kampf" oder „Flucht" einstellt (in der Fachsprache werden diese Vorgänge als „Fight-and-Flight-Syndrome" oder kurz FFS bezeichnet). Aus unserer Entwicklungsgeschichte heraus erklärt sich ebenfalls, dass die Magen- und Darmaktivitäten des Menschen in der Regel in diesen Situationen von Spitzenbelastungen nachlassen, da sie hier nicht benötigt werden. Ausschlaggebend für Krankheiten und Tod waren – wie in der Einleitung beschrieben – andere Ursachen. Erst seit dem letzten Jahrhundert konkretisierte sich im Rahmen von tiefenpsychologischer und neuromedizinischer Forschung die Vorstellungen darüber, dass Stress zu Krankheiten beitragen kann und dass er in dauerhaft gelebtem Zustand zu Veränderungen führt. In diesem Zusammenhang muss erwähnt werden, dass der Körper auf psychischen Stress mit derselben Symptomatik reagiert wie auf physischen Stress, obwohl dies unzweckmäßig erscheint. So lassen sich viele der heutigen stressbedingten Situationen beispielsweise nicht mit der Schutzreaktion „Flucht" lösen. Grundsätzlich lassen sich zwei Arten von Stress unterscheiden:

Eustress

Dieses ist die positive Variante von Stress; durch das Gefühl, eine Stresssituation gut bewältigt zu haben, entsteht positive Motivation und das Selbstvertrauen wird gestärkt. Erlebt ein Mensch viele Eustresssituationen, kann sich daraus eine offene und positive Grundeinstellung gegenüber neuen (auch anspruchsvolleren) Stresssituationen ergeben. Eustress ist in seiner aktivierenden Funktion ein unverzichtbarer Bestandteil des täglichen Lebens.

Problematisch ist, dass die Grenze zwischen dem positiven Eustress und dem negativ empfundenen Distress fließend und subjektiv nicht ohne weiteres erkennbar ist. Noch deutlicher ausgedrückt: Sie ist verkennbar. So erklärt sich unter anderem auch Burnout, worauf wir noch eingehen werden.

Distress

Die negative Erscheinungsform von Stress entsteht durch

> „ungenügende Adaption des Körpers an Belastungen oder infolge von Diskrepanz zwischen Anforderungen und subjektiven Bewältigungsverhalten." (Pschyrembel, 2002, S. 1601)

Mögliche psychische Folgen von dauernder Überlastung

Distress ist eine starke Be- bzw. Überbelastung, die vom Betroffenen als Bedrohung empfunden wird. Mehrfachbelastungen gravierender Art, z. B. gleichzeitig im Berufs- und Privatleben, führen zu einem äußerst hohen Druck und Spannungsaufbau in Form von Distress. Häufig beschreiben Betroffene ihre Situation selbst mit „total stressig", „kein Land in Sicht", sie betonen, sich am Ende ihrer Kräfte zu fühlen oder ausgebeutet zu sein. Die Vielzahl von physischen und psychischen Warnsignalen sollten, insbesondere wenn sie symptomatische Folgen aufweisen, in den Phasen psychischer Belastung als Warnsignale verstanden werden, die zu anderem Verhalten auffordern. Distress ist unausweichlich und somit genauso fester Bestandteil unseres Tagesablaufs wie Eustress. Wichtig ist die Selbstreflexion und -urteilsfähigkeit, um frühzeitig auf die Warnsignale reagieren zu können. Distress bedeutet stets eine Dysbalance im Sinne unseres Ansatzes und bedarf daher der Analyse und Bewertung, um vermeidbaren Stress in Zukunft im Sinne von Work-Life-Balance zu umgehen.

Di- und Eustress werden durch Stressoren (Umweltreize) wie Schmerz, Kälte, Sauerstoffmangel, seelische Belastungen Überforderungen usw. ausgelöst und bedeuten oftmals eine längerfristige Belastung des Organismus. Auf einzelne Stressoren reagiert der Körper gezielt (wie zum Beispiel auf Kälte durch Kältezittern = Muskelkontraktion erzeugt Wärme). Darüber hinaus reagiert er auch in längerfristiger Weise: Unser Organismus passt sich an die Stresssituation an, um ihn gegen den Stressor/die Stressoren widerstandsfähiger zu machen. Dieser längerfristige Akkomodationsprozess wird als allgemeines Anpassungssyndrom (AAS) bezeichnet, welches im Gegensatz zu den bereits erwähnten Fight-and-Flight-Syndromen zu (temporären) physischen Veränderungen des Organismus führen kann. So vergrößern sich beispielsweise bei gestressten Menschen oft die Nebennieren, weil dort die Stoffe produziert werden, die zu erhöhtem Blutdruck usw. führen. Lässt die Einwirkung der Stressoren nach, sinkt ebenfalls die hormonelle Produktion der Stressabwehr- und -anpassungsmechanismen.

Im Gegensatz zu den Fight-and-Flight-Syndromen verläuft das allgemeine Anpassungssyndrom physiologisch langsamer und den Organismus verändernd ab. So führen lang anhaltende oder häufig kurz aufeinander folgende Stresssituationen physiologisch zu Überbeanspruchungen von Körperorganen und -funktionen, die Anpassungsfähigkeit verringert sich. Als Folge kann es zu einer Vielzahl von Störungen oder auch zu Schädigungen kommen. Entgegen den physiologischen werden psychologische Stressreaktionen als die Summe der Veränderungen, die von einem Individuum in einer spezifischen Belastungssituation aufgewendet werden, beschrieben (Hinterhuber, Fleischhacker, 1997, S. 109). Sie sind im Gegensatz zu den pyhsiologischen erlernt und von der individuellen Interpretation/Wahrnehmung der Person bestimmt. Deutung und Einordnung einer Situation laufen dabei stufenweise ab (Zimbardo/Gering, 1999, S. 376). Demnach wird eine Stressreaktion durch die Bewertung der Herausforderung eingeleitet. Es folgen die Sichtung der Alternativen, deren Gewichtung und das Nachdenken über mögliches Engagement. Abgeschlossen wird dieser Prozess durch das Festhalten am eigenen Handeln trotz negativer Rückmeldung oder zum Überdenken von Alternativen und/oder des Engagements.

Stress allein bewirkt nicht schwerwiegende physische Krankheiten, auf die wir zum Teil im Kapitel 4 eingehen werden; er wird als wesentlicher Risikofaktor dieser und psychischer Krankheiten im Zusammenwirken mit deren Ursachen gefährlich. Zieht man zum Faktor Stress hinzu, dass in der Bundesrepublik jeder zweite Einwohner Raucher, jeder dritte übergewichtig, jeder sechste an arteriellem Hochdruck, jeder siebte an erhöhten Blutfettwerten leidet, jeder zwanzigste Bürger gichtkrank und jeder dreißigste Diabetiker ist, so kommt zum Faktor Stress fast auf jeden Bundesbürger zum Stress ein weiterer Risikofaktor beispielsweise für arteriosklerotisch bedingte Prädispositionen hinzu. Im Sinne des Work-Life-Balance-Pentagramms möchten wir hier daher auf einige Stresssymtome hinweisen, die auf eine Dysbalance hinweisen können. An dieser Stelle sei am Rande darauf hingewiesen, dass soziale Konflikte zu Mobbing, Bossing und Bullying führen können. Ein Leben in Work-Life-Balance ist nur dann möglich, wenn diese Negativerscheinungen vermieden werden können.

2.2 Psychosomatische Störungen

Im Vorfeld wurde bereits auf die Entstehungsgeschichte der Psychosomatik eingegangen. Es gibt mittlerweile eine Vielzahl von somatischen (körperlichen) Krankheiten, bei denen anerkannt ist, dass sie psychische Ursachen haben. Stress ist dabei häufig der Auslöser dieser Störungen. Wir möchten Ihnen an dieser Stelle zwei Gruppen psychosomatischer Störungen vorstellen, die häufig in Zusammenhang mit den Folgen von psychischer Überbelastung stehen. Über die hier exemplarisch beschriebenen Schlaf- und Essstörungen hinaus gibt es weitere Krankheitsbilder wie Somatisierungs- oder Sexualstörungen, die auf psychosomatische Zusammenhänge zurückführbar sind. Anhand der hier dargestellten Folgen von längerfristiger Dysbalance im Work-Life-Balance-Pentagramm wird die Bedeutung einer in allen Lebensbereichen ausgeglichenen Lebensweise durch Primärprävention deutlich.

2.2.1 Geänderter Schlafrhythmus

Schlaf hat eine zentrale Bedeutung in unserem Tagesablauf und der täglichen Ausgestaltung von Work-Life-Balance im Sinne des Pentagramms. Er limitiert dessen fünf Bereiche, weil alle diesbezüglichen Anstrengungen der natürlichen Regeneration bedürfen. Eigentlich sollten wir ein Drittel des Tages, somit also acht Stunden, mit dieser Form der Regeneration verbringen. In unserer Zeit der Reizüberflutung würde der Körper längerer Regenerationsphasen bedürfen, als wir sie ermöglichen können. Die Folge ist die Unterbrechung des vom Körper geforderten Schlafs durch den Wecker. Empfindliche Störungen widerfahren dem Biorhythmus dann, wenn Sie in Schichten und Bereitschaften arbeiten müssen oder die Wachphasen durch die Einnahme von Medikamenten (zum Beispiel im Fall von Jetlag) künstlich steuern „müssen". In der Folge reagiert der Organismus beispielsweise mit geänderter Temperaturregulierung, Urinproduktion oder die geänderte Ausscheidung gewisser Hormone. Hier ist vor allem Melatonin zu nennen, das in der Epiphyse (Zirbeldrüse) gebildet wird, dessen Blutspiegel nachts im Normalfall höher ist als am Tag. Melatonin steuert viele organische

Prozesse wie zum Beispiel die Pigmentierung (Farbgebung), den Schlaf-Wach-Rhythmus oder den Energiestoffwechsel im Alterungsprozess. Melatonin ist einer der stärksten „freien Radikalen" (Hemmstoff) und darüber hinaus eines der wenigen Antioxidantien, die unser Körper bilden kann. Dass Melatonin nachts stärker gebildet wird als am Tag, sehen Sie unter anderem an der dunkleren Urinfarbe am Morgen, da es über den Harn ausgeschieden wird. Allein diese große Bedeutung der optimalen Melatoninbildung für körpereigene Prozesse zeigt, wie schwerwiegend ein Eingriff in den Biorhythmus ist. Ausreichender Schlaf ist des Weiteren unverzichtbar, weil sich in dieser Phase ebenfalls der Bewegungsapparat (z. B. die Bandscheiben) erholt. Es ist noch nicht letztendlich erwiesen, doch der Schluss liegt nahe, dass besonders in der Nacht Neurotransmitter wie Serotonin produziert werden, die während der Wachphasen verbraucht werden. Das Hormon Serotonin ist aufgrund seiner antidepressiven Wirkung besonders wichtig, nicht nur für depressive Menschen. Der individuelle Schlafbedarf, der individuelle Schlaf-Wach-Rhythmus wird somit mit den Aktivitäten unterschiedlicher Gehirnregionen und der körperlichen Ausschüttung von Chemikalien in Verbindung gebracht.

Schlaf ist über seine physiologischen Prozesse hinaus auch für psychologische Verarbeitungsvorgänge von großer Bedeutung. Wir kennen alle die umgangssprachlichen Sätze wie „... erst einmal eine Nacht darüber schlafen". Gemeint ist hiermit nicht nur, eine Entscheidung im Affekt zu vermeiden, sondern darüber hinaus psychische Prozesse einzubeziehen. Wir schlafen in unterschiedlichen Phasen, der des Deltaschlafs und der des sog. REM-Schlafs (REM = rapid eye movements). Von Deltaschlaf wird dann gesprochen, wenn die gemessene „Schlafkurve", das EEG (Elektroenzephalogramm), ruhig verläuft. Im REM-Schlaf bewegen sich die Augen; jemand, der aus dem REM-Schlaf heraus geweckt wird, empfindet, „aus einem Traum herausgerissen worden zu sein". Auch in der Deltaphase sind wir in der Lage zu träumen, diese Träume sind allerdings von einer anderen Qualität als die der REM-Phase.

Durch physische und psychische Stressoren bedingt kann es zu ungewollten Schlafstörungen kommen. Da jeder von uns schon in irgendeiner Form damit Erfahrungen gemacht hat, Schlafstörungen aber Ursache für eine Vielzahl von schwereren psychischen und psychosomatischen Folgeerscheinungen sind, möchten wir gleich zu Beginn darauf genauer eingehen.

Neben physischen Schmerzen sind es vor allem Phasen langer psychischer Beanspruchungen, Konflikte oder seelische Belastungen, die als psychisch belastende Stressoren ausschlaggebend für die Gruppe der sog. nicht-organischen Schlafstörungen sind.

2.2.1.1 Schlaflosigkeit (Nicht-organische Insomnie)

Hierbei handelt es sich um eine organische Reaktion mit zu wenig Schlaf oder zu geringer Qualität des Schlafes, die über einen längeren bis langen Zeitraum besteht. Die typische Problematik, nicht einschlafen oder durchschlafen zu können oder aber zu früh wach zu werden, sind Kennzeichen hierfür.

Nicht-organische Insomnien haben ihre Ursache oft in der Dysbalance Ihres Work-Life-Balance-Pentagramms. In den oben angeführten Phasen der Schlafanomalie kommen Betroffene oft ins Grübeln über ein oder mehrere Probleme. Diese zu beseitigen ist die Hauptaufgabe, der man sich stellen sollte. Gefahrenvoll und die völlig falsche Reaktion auf Schlaflosigkeit ist die Bekämpfung mit Alkohol oder Medikamenten.

> **Tipp:** Wenn es Ihr Tagesablauf ermöglicht, bauen Sie Phasen mit Bewegung – optimalerweise an der frischen Luft – ein. Bewegung, insbesondere ist hier Gesundheitssport zu empfehlen (siehe Kapitel 5), hilft, Stress zu verarbeiten und für Müdigkeit zu sorgen. Er ist aber nicht geeignet, die Stressoren abzubauen, die Ursache einer längerfristigen Schlaflosigkeit sind. Ungünstig ist auf jeden Fall schwere und fettreiche Ernährung am Abend. Auch diese kann zu Unpässlichkeit und Schlafstörungen führen oder hierzu beitragen. Rauchen und Alkohol können weitere ungünstige Begleitfaktoren für Schlaflosigkeit sein. Gerade in Stresszeiten reagieren viele Menschen durch erhöhten Alkohol- oder Zigarettenkonsum.

2.2.1.2 Exzessive Schläfrigkeit (Nicht-organische Hypersomnie)

Dies ist der genau entgegengesetzte Fall, bei dem jemand während der eigentlichen Wachphase von Schlafanfällen überkommen wird, die nicht durch unzureichende Schlafdauer erklärbar sind. Nichtorganische Hypersomnien sind auch daran erkennbar, dass eine

Person signifikant lange Aufwachphasen hat (Zeit vom Schlaf bis zum völligen Wachsein). Mit der nicht-organischen Hypersomnie (hierbei gibt es zwei Formen) geht ein bemerkbarer Leistungsabfall einher. Auffallend häufig tritt die exzessive Schläfrigkeit in Zusammenhang mit Depressionen. Nicht zu verwechseln ist die Hypersomnie mit dem Chronic Fatigue Syndrom (CFS), auf das im weiteren Verlauf eingegangen wird.

2.2.1.3 Nicht-organische Störungen des Schlaf-Wach-Rhythmus

Zyklische Körperaktivitäten unterliegen einem Rhythmus, der einen Zeitrahmen von zirka 24 Stunden umfasst. Daher bezeichnet man diese Phasen als circadianen („ungefähr ein Tag") Rhythmus. Kommt es zu einem, besonders aber zu oftmaligem Rhythmuswechseln (z. B. bei Schichtarbeit und Bereitschaftsdiensten) und somit zu (un-)regelmäßigen Schlaf- und Wachphasen, reagiert der Organismus oft durch eine der vorher beschriebenen Symptome, durch Schlaflosigkeit oder exzessive Schläfrigkeit. Neben dieser organischen Stressreaktion gibt es ebenfalls diejenige psychogenen Ursprungs.

Wir Menschen schaffen es in zunehmend perfekter Form, die Nacht zum Tag zu machen. Die Folge ist, dass eine zunehmende Zahl von uns in der ontogenetisch veranschlagten Ruhephase wach sein müssen, um zu arbeiten. Der Körper kann sich auf die Umstellung des circadianen Rhythmus – das werden die Betroffenen unter den Lesern bestätigen – nur mit einem großen Kraftakt bedingt anpassen. Wenn Sie gerade in einer solchen Phase sein sollten, empfehlen wir Ihnen im Sinne Ihrer Work-Life-Balance, diesen schädlichen Eingriff in Ihren circadianen Rhythmus zeitlich zu begrenzen.

2.2.1.4 Schlafwandeln (Somnambulismus) und weitere Parasomnien

Neben den hier geschilderten Dyssomnien gibt es weitere Möglichkeiten der Schlafstörungen, die zur Gruppe der Stressreaktionen in Form geänderten Schlafverhaltens gehören können.

Eine – zum Teil sogar lebensgefährliche – Parasomnie ist das Schlafwandeln. Hierbei werden Komponenten des Schlafs und des Wachzustandes in einer Art Dämmerzustand miteinander kombiniert. Schlafwandelnde können charakterisiert werden, indem sie schwer ansprechbar sind, eine verminderte Reaktionsfähigkeit und geringere motorische Fähigkeiten aufweisen. Nach dem Erwachen besteht meistens keine Erinnerung an das im Schlafwandel Erlebte (retrograde Amnesie).

Hat jemand in ihrer engsten Umgebung wiederkehrend nächtliche Episoden äußerster Furcht und Panik (vor allem im ersten Drittel der Nacht), schreit dabei und richtet sich eventuell bei oder nach dem Schreien auf, kann es sich um eine Schlafstörung handeln, die als Nachtangst (pavor nocturnus) bezeichnet wird. Bei Kindern sind das oft entwicklungsbedingte Ängste, im Erwachsenenalter tritt die Nachtangst oft als Spätfolge traumatisierender Erlebnisse auf.

Menschen, die über eine längere Zeitspanne hinweg psychisch stark be- oder sogar überbelastet sind, reagieren oft auch in Form von Alpträumen. Träume haben aus physiologischer Sicht die Funktion, Aktivitäten des Gehirns (kortikale Entladungen) eine übertragbare Interpretation zu geben. Wie bereits angesprochen wurde, lag der Schwerpunkt der psychosomatischen Untersuchungen Siegmund Freuds und der Psychoanalyse darin, Träume als symbolischen Ausdruck unbewusster Wünsche und Triebe zu sehen. Träume bestehen vorwiegend aus Bildern (es sind halluzinationsähnliche Vorstellungen), die mit der Deutlichkeit von Sinneswahrnehmungen erlebt werden. Das Bild ist das charakteristischste, wenngleich nicht einzige Merkmal eines Traums. Daneben können alle Sinne an einem Traum beteiligt sein. Alpträume sind Angstträume, die vornehmlich in der zweiten Nachthälfte vorkommen. Im Gegensatz zur Nachtangst (Pavor nocturnus) erinnern sich Betroffene sehr genau an die Trauminhalte. Häufige Inhalte sind die Bedrohung des Lebens, der eigenen Sicherheit oder der naher Angehöriger oder das gekränkte Selbstwertgefühl.

Die von uns in Zusammenhang genannten Schlafstörungen können Folgen von erhöhtem und länger anhaltendem Stress sein. Sie sollten auf keinen Fall mit gesteigertem Alkoholkonsum heruntergespült, sondern eher sorgsam analysiert werden. Oft genügt es, wenn man über Probleme (Stressoren) mit einem Vertrauten reden, sich aussprechen kann. Sollten sich die Schlafstörungen dennoch nicht reduzieren, so ist es auf jeden Fall ratsam, sich in die Beratung von Fachleuten zu begeben. Denn aus Schlafstörungen können sich viele psychosomatische Folgekrankheiten ergeben. Sie sollten daher Schlafstörungen keinesfalls unterschätzen; sie sind oftmals erste Warnzeichen für Work-Life-Dysbalance.

2.2.2 Essstörungen

Immer häufiger kommt es aufgrund von Stress (nicht nur beruflichem, sondern vor allem auch sozialem) zur Stressreaktion Essstörung. Dabei sind die Gefahren, die durch bewusste Opfer und Entsagungen auf sich genommen werden, genauso groß wie die der übertriebenen Nahrungszufuhr. Der Mensch ist ursprünglich darauf ausgerichtet, Fettreserven für schlechtere Zeiten anzulegen, in denen er in früheren Entwicklungsphasen weniger Beute erlegen konnte (zum Beispiel im Winter, wo oft von körpereigenen Reserven gelebt werden musste). Jetzt ist es für die meisten von uns so leicht wie nie zuvor, sich diese Fette anzueignen. Die Werbung tut das ihr Mögliche dazu, Produkte mit hohem Fettgehalt als etwas Besonderes und Luxuriöses darzustellen. Aufgrund der Nachschubsituation ist es beispielsweise in depressiven Phasen einfach, Nahrungsmittel zuzuführen, die Antidepressiva wie Serotonin enthalten (wie zum Beispiel Schokolade). Auf der anderen Seite gibt eine wachsende Zahl von Menschen, die einem (subjektiv) fiktiven Schönheitsideal nahe kommen wollen und so körperliche Entsagungen und/oder teilweise medikamentös gestütztes Bodybuilding (beispielsweise durch die Zunahme von Anabolika) auf sich nehmen und sich so großen Gefahren aussetzen.

2.2.2.1 Esssucht (Bulimie oder Hyperorexie)

Bulimie bedeutet Essen zu können wie ein Stier. Betroffene werden von Hungergefühl überkommen, das durch schnelle Zuführung großer Nahrungsmengen (diese müssen nicht immer dieselben sein) ohne Kontrolle gestillt wird. Oft haben Betroffene nach einer Essattacke ein schlechtes Gewissen sich selbst gegenüber und planen dann eine Hungerphase ein. Diese führt dann jedoch in den meisten Fällen nicht zum gewünschten Ziel, sondern zum entgegengesetzten Ergebnis: Die nächste Essattacke folgt. Neben dieser Erscheinungsform gibt es das sog. „Grasen", das zwanghafte ständige „nebenher Essen".

Esssucht ist keinesfalls die Folge von Willensschwäche, auf die Betroffene mit schlechtem Gewissen und einer Hungerphase reagieren sollten. Vielmehr gibt es eine Reihe physiologischer und psychologischer Gründe, die auslösend wirken können. Für Betroffene empfiehlt sich nach Erkennen dieser Krankheit auf jeden Fall die Konsultation von Fachleuten (z. B. Psychotherapeuten) und eventuell von Selbsthilfegruppen.

2.2.2.2 Ess-Brech-Sucht (Bulimia nervosa)

Eine Abwandlung der Esssucht ist die Ess-Brech-Sucht. Eine oder mehrere ursächliche Faktoren sorgen auch hier für Essattacken mit ausgeprägter Gier nach Nahrung. Auf diese Anfälle folgt aber konsekutives, selbst herbeigeführtes Erbrechen, das durch Schuldgefühle ausgelöst wird. Oft durchlaufen Betroffene auch Diäten, nehmen missbräuchlich Laxantien wie beispielsweise Glauber-, Bitteroder Karlsbadersalz oder Diuretika (Harnausscheidung fördernde Mittel) zu sich.

Im Gegensatz zur klassischen Bulimie ist hier ein psychisches Spannungsverhältnis vorhanden: Einerseits zielen Betroffene darauf ab, ursächliche Faktoren mit einer Essattacke zu bewältigen, haben andererseits jedoch ein subjektiv definiertes Schönheitsideal, dem sie nahe kommen wollen. Da die Bulimia nervosa eine Krankheit mit Verheimlichungstendenz ist, kann nur geschätzt werden, dass es sich hierbei um eine „Volkskrankheit" handelt, von der zwischen einem und fünf Prozent der weiblichen Bevölkerung betroffen sind. Von den bekannten Fällen handelt es sich mit 95 Prozent um eine Krankheit, die fast ausschließlich Frauen betrifft (Dillig, Reimer, Arold, 2001, S. 168).

2.2.2.3 Magersucht (Anorexia nervosa)

Immer wieder gerät diese Krankheit in die Schlagzeilen der Boulevardzeitungen, da mit ihr bekannte Models und Schauspielerinnen in Verbindung gebracht werden. Diese Tatsache zeigt, dass – ähnlich wie bei der Bulimia nervosa – vor allem Frauen anfällig für diese Krankheit sind (ebenfalls 95 Prozent). Ein Prozent aller Frauen ist von der Magersucht befallen, von diesem Prozent stirbt ein weiteres Zehntel an den Folgen dieser Krankheit. Vor allem sind Frauen im Alter von 15 bis 25 Jahren gefährdet.

Von Magersucht wird dann gesprochen, wenn ein Mensch sein Normalgewicht um mindestens 15 Prozent unterschreitet. Man vermutet, dass biologische und psychologische Einflüsse die Anorexie auslösen. Unklar ist derzeit noch, ob eine Hirnstörung ursächlich ist oder ob sich diese erst im Laufe der Krankheit entwickelt. Die Merkmale der Magersucht sind leicht erkennbar, einige davon sind: Weglassen von Mahlzeiten, selbstinduziertes Erbrechen und/oder Abführen, Gebrauch von Appetitzüglern. Psychologisch liegt oft eine Störung der psychosexuellen Entwicklung vor.

Neben den genetischen und psychologischen sind es seit den sechziger Jahren des 20. Jahrhunderts vor allem auch gesellschaftliche Einflüsse, die Anorexien hervorrufen. Das Paradoxon liegt in der einerseits sehr guten Versorgungssituation bezüglich Nahrungsmitteln und einem dem gegenüberstehenden Schönheitsideal für Frauen. Während adipositive (fettleibige) Männer als „stattlich" oder „mit einem Wohlstandsbauch" beschrieben werden, gelten voluminöse Frauen als „Ulknudeln" oder sie werden schlichtweg als „zu fett" bezeichnet. Die Werbebranche unterstützt diese Images erheblich, da hier nur schlanke Frauen erfolgreich und dynamisch sind. Dieses Image ist ein entscheidender Grund dafür, dass mittlerweile die Zahl betroffener Frauen steigt, die im beruflichen Alltagsstress stehen.

Anorektische Frauen nehmen ihren eigenen Körper aufgrund dieser, sowie der beiden genannten genetischen und psychologischen Faktoren negativ als zu dick wahr. Es gibt zwei Formen der Magersucht: Die der bulimischen und zugleich aktiven Anorexie und die asketisch passive Form. Unter der Überschrift „Diäten – wirkungslos und gefährlich" stellen Schmidt/Treasure fest:

> „Der größte Druck abzunehmen liegt auf denjenigen Menschen, die aufgrund ihrer Veranlagung zu Übergewicht neigen. Eine Schlussfolgerung, die vor kurzem auf einer Konferenz zum Thema ‚Fettleibigkeit' von einem herausragenden Wissenschaftler, Dr. Kalucy, gezogen wurde, lautet: Schlankheitsdiäten funktionieren nicht!" (Schmidt, Treasure, 1996, S. 54)

In diesem Zusammenhang möchten wir bereits an dieser Stelle die Kreta-Diät erwähnen, an die wir uns im Kapitel 5 bezüglich des Essverhaltens im Rahmen von gelebter Work-Life-Balance anlehnen. Diese trägt eher längerfristig zur Gewichtsreduktion bei und ist daher mit anderen Diäten wenig vergleichbar.

2.3 Affektive Psychosen

Der bereits erwähnte Hippókrates von Kos beschreibt über 400 Jahre vor Christus eine Krankheit namens Melancholie. Auch Goethe schreibt in seinem Werk „Die Leiden des jungen Werthers" über einen Melancholiker, den seine Verzweiflung letztendlich in den Tod treibt. Das Krankheitsbild einer affektiven Psychose, das der Depression, ist somit schon sehr früh und konstant nachweisbar. Daneben ist die Manie der zweite Bereich affektiver Psychosen. Hierbei handelt es sich um Störungen der Affektivität, um Verstimmungen, die sich in beiderlei Richtungen entwickeln können, die sich auch abwechseln können.

Im Rahmen von längerfristigen Überbelastungen ist es uns wichtig, auf besondere Sensibilität im Umgang mit dem Themenfeld affektiver Psychosen hinzuweisen. Denn gerade der Begriff der Depression hat im Laufe der letzten Jahre durch die Einführung und Verwendung in die Allgemeinsprache einen Bedeutungswechsel erfahren. Hört man heute Aussprüche wie „Ich bin momentan total depressiv" oder „So ein depressiver Typ!", so wird das Wort depressiv meist nicht in seinem medizinischen Sinn gebraucht, sondern als semantische Variante für „niedergeschlagen, traurig, trist, lustlos". Dies ist gleichzusetzen mit einer sprachlichen Modeerscheinung, die mit dem eigentlichen Begriff wenig gemeinsam hat. Affektive Psychosen können verschiedenartig verlaufen:

- monopolar: entweder depressiv oder manisch
- bipolar: depressive und manische Phasen im Wechsel
- monophasisch: einmalige Depression oder Manie
- polyphasisch: mehrmalige Depression oder Manie

Sehr häufig ist die Kombination polyphasisch-monopolar anzutreffen.

„Die Phasendauer beträgt zwischen vier und sechs Monaten und dauert bis zu einem Jahr." (Dilling, Reimer, Arold, 2001, S. 116)

Depression und Manie sind trotz und wegen dieses semantischen Bedeutungswechsels und der Häufigkeit ihres Auftretens im Zusammenwirken mit längerfristigen Folgen psychischer Überbelastung wichtige Faktoren für die individuelle Umsetzung von Work-Life-Balance.

2.3.1 Depression

Verwenden Fachleute den Begriff Depression, so handelt es sich um eine Erkrankung, die eine Behandlung erforderlich machen kann. Depression ist

„die unspezifische Bezeichnung für eine Störung der Affektivität, bei der ein depressives Syndrom im Vordergrund steht." (Pschyrembel, 1998, S. 331)

Syndrom bezeichnet das Zusammenkommen mehrerer Krankheitszeichen (Symptome), die in verschiedene psychische Funktionsfelder eingeteilt werden können:

Affektive Symptome

Bezüglich des Affektes zeigt sich die Stimmung zum Traurigen hin verschoben. Betroffene fühlen sich niedergeschlagen. Dauerhafte Gefühle der Sinn- oder Hoffnungslosigkeit, Traurigkeit des Pessimismus und der Resignation kennzeichnen das Gefühlserleben depressiver Phasen. Hinzu können Angst-, Schuld oder Schamgefühle symptomatisch sein.

Symptome des inneren Antriebs

Hier kann es zu Hemmungen oder Steigerungen kommen. Hat jemand Antriebshemmungen, so kann es sein, dass die zu erbringende Leistung nicht (wie gewohnt) erbracht wird. Betroffene sind in Phasen starker Depression dann arbeitsunfähig. Bei der antriebsgesteigerten Variante, die auch agitierende Depression heißt, kommt es zu vermehrtem teils stereotypem Klagen.

Vitale Symptome

Es kann zu einer der bereits beschriebenen Phänomen der Schlafstörungen kommen wie Appetitverlust, Verminderung der Libido sowie multiple Störungen des Körpergefühls. Betroffene fühlen sich abgeschlagen oder sind ständig müde.

Symptome geänderten Denkens

Es kann zu (formalen) Denkhemmungen kommen. Dann ist das Denken Betroffener verlangsamt, kaum kreativ, einförmig und von geringer Belastbarkeit. Depressive Menschen können basierend auf den affektiven Symptomen große Ängste aufbauen, die Krankheiten, Verarmung oder sogar die Existenz thematisieren.

Jeder von uns hatte bereits einmal Affekte, wie sie hier beschrieben werden. Dies ist eine Reaktion auf negative äußere Einflüsse wie beispielsweise den Verlust einer wichtigen Person oder des Arbeitsplatzes. Für diese reaktive Depression werden äußere Lebensumstände verantwortlich gemacht wie belastende, pathogene (krank machende) oder krankheitsfördernde Lebensereignisse.

Zu unterscheiden sind hiervon die depressiven Störungen, bei denen es mehrere zu unterscheidende Varianten gibt (psychogene, pharmatogene, larvierte, hypochondrische, neurotische, psychotische und somatogene), die Erwachsene betreffen können. In neueren Konzepten steht die klare Trennung der unterschiedlichen Depressionen nicht mehr im Vordergrund, die Einteilung erfolgt vielmehr nach Schweregrad der Erkrankung, Dauer der Episode(n), Rückfälligkeitshäufigkeit und einer unter Umständen vorhandenen Polarität der affektiven Psychose (beispielsweise die Kombination mit der Manie). Bei der genaueren Betrachtung der depressiven Störungen fällt auf, wie sehr die Übertragung des Begriffs in den Alltagswortschatz zum semantischen Bedeutungswechsel des Begriffs beigetragen hat. Von Depression im klinischen Sinn wird gesprochen, wenn eine betroffene Person dieses Syndrom über einen längeren Zeitraum hinweg aufweist. Dieser beginnt frühestens mit vier Wochen. Ist jemand von depressiven Störungen betroffen, empfehlen wir daher zur Erleichterung dieses Leidens die Kontaktaufnahme zu Fachleuten wie Ärzten und Psychotherapeuten. Auch der Kontakt zu Selbsthilfegruppen kann stützen. Die Wahrscheinlichkeit, an einer depressiven Störung zu erkranken, beträgt etwa ein Prozent, somit sind allein in Deutschland über 800.000 Menschen von dieser Krankheit betroffen. Dabei erkranken etwa doppelt so viele Frauen wie Männer. Auffällig und zugleich gefährlich ist die hohe Mortalitätsrate, etwa zehn Prozent depressiv gestörter Menschen sterben suizidal bedingt.

Es wurde bereits beschrieben, dass krisenhafte Ereignisse im Vorfeld aller Formen von Depression auftreten.

„Diese Faktoren scheinen allerdings nicht ursächlich Depressionen auszulösen, sondern eher zu einer unspezifischen Stressreaktion zu führen, die sich in Depressionen äußern kann." (w.w.w.medicine-worldwide. de. 2003)

Ein immer wichtigeres Beurteilungskriterium in vielen Unternehmen ist das der Belastbarkeit oder der Ausdauer. Im Zusammenhang mit unserem Thema, der Work-Life-Balance, möchten wir darauf hinweisen, dass die reaktive Depression als nicht depressive Störung, aber auch als depressive Störung daher die Folge des Auslösers Stress sein kann. Über die Ursachen gibt es mehrere Theorien, so die kognitive Theorie von Beck (durch negative Erlebnisse in der Kindheit oder Jugend erwirbt jemand ein negatives Denkmuster) oder die psychoanalytische Theorie, die von der übermäßigen oder unzureichenden Bedürfnisbefriedigung in der oralen Kindheitsphase ausgehen.

Die folgende Übersicht (S. 48) zeigt typische Phänomene und die prozentuale Verteilung der oben beschriebenen Symptome (w.w.w. btonline.de. 2003)

Wie bereits weiter oben ausgeführt wurde, können mehrere dieser und weiterer Symptome als Zeichen bei einer Depression diagnostiziert werden. Wichtig ist im Sinne von Work-Life-Balance das Eingeständnis sich selbst gegenüber und die Akzeptanz für temporal angemessene depressive Reaktionsphasen, wenn Sie oder jemand aus Ihrer Umgebung von einem „Schicksalsschlag" ereilt werden.

Mögliche psychische Folgen von dauernder Überlastung

Häufige Symptome	Prozentuale Häufigkeit
Schlafstörungen (Insomnien)	100 %
Traurige Verstimmtheit	100 %
Weinerlichkeit	94 %
Geminderte Konzentrationsfähigkeit	91 %
Selbstmordgedanken	82 %
Müdigkeit	76 %
Reizbarkeit	76 %
Psychomotorische Verlangsamung	76 %
Appetitmangel	66 %
Tagesschwankungen	64 %
Hoffnungslosigkeit	51 %

Tab. 1: Symptome und deren prozentuale Verteilung der Häufigkeit bei Depressionen (Quelle: btonline.de)

2.3.2 Manie

Die Manie (gr.: mania = Begeisterung, Besessenheit, Raserei) ist das Gegenteil der Depression. Die manische Psychose lässt subjektives Krankheitsempfinden Betroffener vermissen, da sie sich in dieser Phase in einem Stimmungshoch befinden. In Extremfällen der Manie kommt es beispielsweise zu leichtsinnigen Geldausgaben relativ großer Beträge oder/und zu sexuellen Enthemmungen, was sowohl zu finanziell als auch gesundheitlich irreparablen Folgen führen kann, die – wie bei den Depressionen – in dieselben psychischen Funktionsfelder aufgeteilt werden können:

Affektive Symptome

Gehobene Stimmung mit Tendenz zu (grundloser) längerer Heiterkeit. In manischen Phasen kommt es zur deutlichen Selbstüberschätzung. Da diese für andere oft nicht erklärbare Verhaltensänderung häufig nicht nachvollziehbar ist, kommt es daher auch zu erhöhter Reizbarkeit und Aggressivität. Die Leistungsfähigkeit ist deutlich gesteigert. Manisch veranlagte Menschen reagieren im Regelfall stark affektiv.

Symptome des inneren Antriebs

Der innere Antrieb ist im Vergleich zur Norm deutlich gesteigert. Unermüdliche Betriebsamkeit, Taten- und Rededrang sowie starke – auch psychomotorische – Tägigkeitszunahme kennzeichnen Betroffene. Manisch erkrankte Personen neigen dazu, in diesen Phasen für sie sonst „unnormal" freiherzig mit Geld umzugehen, dementsprechend deutlich mehr auszugeben oder auch sonst nicht übliche Geschenke zu machen.

Vitale Symptome

Auch manische Menschen haben Schlafstörungen (Insomnien), die aber im Gegensatz zu Depressiven nicht hemmend, sondern als Phasen besonderer Leistungsfähigkeit und Belastbarkeit empfunden werden. Gesteigerte Libido/Potenz kennzeichnen Betroffene in diesen Phasen, so dass es gegebenenfalls zu sehr negativen Konsequenzen für das Familienleben oder das soziale Umfeld kommen kann.

Symptome geänderten Denkens

Betroffene sind von einer Art Ideenflucht gekennzeichnet. Sie haben ständig neue Einfälle, sind dabei aber auch leicht ablenkbar und sprunghaft. Durch die affektive Hochstimmung kann es inhaltlich im sozialen Kontakt mit anderen Menschen oder beim Verfassen von Texten zu Erscheinungsformen von Größenwahn kommen.

Da die manisch-depressive Störung (Zyklothymia) ein Drittel der affektiven Psychosen ausmachen, soll auch auf die Symptome der Manie eingegangen werden. Die manisch-depressive Störung ist von Schüben leicht gehobener und leicht gesenkter Stimmungen gekennzeichnet, die jeweils nach einer Weile auf das „Normalniveau" abklingen. Die Stimmungsschwankungen stehen seltener in Zusammenhang mit konkreten Lebensereignissen, wie es bei der Gruppe der Depressionen der Fall ist. Betont werden sollte nochmals, dass es bei der Zyklothymia zu leichten Stimmungsschwankungen kommt, bei denen die o.a. Störungen in deutlich abgeschwächter Symptomatik erkennbar ist. Über den Komponisten Robert Schumann wird berichtet, er sei manisch-depessiv gewesen. Seine Werke sollen in den (manischen) Schaffensphasen entstanden sein, dem hingegen seine komponierenden Aktivitäten in depressiven Phasen nicht und in den Normalphasen nur geringfügig stattgefunden haben sollen.

2.4 Aggression

Der aus dem Lateinischen (aggressio) abgeleitete Begriff Aggression beschreibt im wörtlichen Sinne eine Attacke, einen Angriff. Allgemein wird damit jedes Angriffsverhalten des Menschen und des Tiers bezeichnet, das gegen andere Lebewesen, sich selbst (Autoaggression) oder gegen Dinge gerichtet und sowohl genetisch angelegt als auch reaktiv auslösbar ist.

In der Psychologie zählt die Aggression zu den meistbeachteten Emotionen, auch deshalb, weil Aggressivität, d. h. die Bereitschaft zur Aggression in unserer Gesellschaft deutlich zunimmt. Dies wird zum einen auf die wirtschaftlich instabile Situation und zum anderen auf gesellschaftlich bedingte Faktoren wie beispielsweise Werteverfall, Einzelkämpfertum, Verlust der familiären Geborgenheit und zunehmender Verrohung der Gesellschaft zurückgeführt.

Allen Definitionen und Erklärungsansätzen gemeinsam ist, dass die Aggression, oft mit Aufregung verbunden, eine feindliche bzw. feindselige Einstellung und Angriffshaltung ist, die auf die Durchsetzung eigener Ziele und Vorstellungen und die Schädigung eines anderen Menschen/Lebewesen oder anderer Dinge abzielt. Abgesehen davon, dass es psychiatrische Krankheitsbilder mit einem erhöhten Risiko für Gewalttaten gibt, haben Untersuchungen belegt, dass es hier – im Verhältnis zur Gesamtbevölkerung – keine erhöhte Häufigkeitsrate gibt.

2.4.1 Herkunft und Ursachen

Sigmund Freud vertrat die Ansicht, dass Aggressionen als angeborene Neigung des Menschen zum Bösen zu verstehen seien. Der Aggressionstrieb wird in diesem Erklärungsansatz als abgeleiteter Todestrieb gesehen, d. h. der Mensch erhält sein eigenes Leben durch die Zerstörung anderer. Wissenschaftliche Beweise für diese Theorie gibt es nicht.

Folgt man der Ansicht des Individualpsychologen Alfred Adler, so kann die Aggression ein Versuch sein, eigene Minderwertigkeitsgefühle und -komplexe zu kompensieren, unter Umständen kann so aus einem Ohnmachtsgefühl ein Machtgefühl resultieren.

Nach dem Verhaltensforscher Konrad Lorenz entsteht Aggression bei Tieren aus einem inneren Antrieb, der nach einer Phase der Kumulation durch einen Auslöser zur Entladung kommt. Diese Erkenntnis wurde von ihm auf den Menschen übertragen. Die meisten modernen Verhaltensforscher haben diese Hypothese aufgegeben, da einige von Lorenz' Schlussfolgerungen widerlegt wurden.

In Anlehnung an die Ausführungen von Zimbardo und Gerrig (1999, S. 334) werden im Folgenden die möglichen Ursachen für Aggression dargestellt:

- Unter bestimmten Umständen tritt Aggression für den Menschen unausweichlich auf und ist somit Teil unseres biologischen Erbes.
- Gender und Aggression: geschlechtsspezifische Unterschiede in der Ausprägung von Aggression.
- Erleben von Enttäuschung und Frustration.
- Zusammentreffen von bestimmten emotionalen Befindlichkeiten (Wut) und bestimmten aktuellen Schlüsselreizen.
- Erlernte Aggression (Modelllernen, soziales Lernen).
- Dehumanisierung, d. h. Menschen nehmen den anderen nicht mehr als Menschen wahr.

Allgemein sind der Mangel an Liebe, zwischenmenschlicher Kommunikation und das Unterdrücken eigener Bedürfnisse zu erwähnen. Oftmals wird als Auslöser auch eine Störung oder Behinderung in einer für den Betroffenen als wichtig angesehenen Situation genannt: Beleidigung, Überforderung, Ungerechtigkeit, Zwang, Belästigung.

Ob und inwieweit eine Person ihre Aggressionen kontrolliert und kanalisiert bzw. auslebt, hängt nicht zuletzt von ihrer individuellen Disposition und ihrem persönlichen Umgang mit aggressiver Bereitschaft ab. Außenfaktoren positiver (z. B. Entspannung) wie negativer Art (z. B. zusätzliche Stressoren) können diesen Ablauf beeinflussen. Im privaten wie beruflichen Alltag können deshalb beispielsweise folgende Empfindungen und Emotionen Aggressivität

(Bereitschaft zur Aggression) und Aggressionen verursachen: Konkurrenzdruck, Wahrnehmung der persönlichen Unfähigkeit, eine gestellte Aufgabe zu lösen, Empfindung ungerechter Kritik, Vordrängeln einer Person in der Warteschlange, Nichtraucher im beißenden Zigaretten- oder Zigarrenqualm oder Anrempeln durch Passanten.

2.4.2 Formen der Aggression

Die Durchsetzung eigener Ziele und Vorstellungen wird meist von der Schädigung von Menschen/Lebewesen (physisch wie psychisch) und/oder Gegenständen begleitet. Hierbei werden zwei Varianten unterschieden: Zum einen die Autoaggression, das ist gegen die eigene Person gerichtetes schädliches Verhalten oder Tun, und des Weiteren die Aggression als gegen andere oder Sachen gerichtetes Agieren.

Interessant sind in diesem Zusammenhang alters- und geschlechtsspezifische Studien (vgl. hierzu Kleiter, E. F., 2002), die ergeben haben, dass Gender mehrdimensional und nicht einheitlich bei Jugendlichen (Prosozialität vs. Siegereinstellung) und bei Erwachsenen (Emotionalität vs. Sachbezogenheit) ist. Bei den Jugendlichen ergeben sich folgende Aggressionsarten: körperliche Aggression und Bullying (im Sinne von Einschüchterung, Schikane), relationale Aggression (abhängig beispielsweise von Außenfaktoren, Konflikt) und Autoaggression (Nägelkauen, Selbstverletzungen etc.).

Bei Erwachsenen ergeben sich dagegen folgende Aggressionsarten: manipulative Sachdurchsetzungsaggression (Handlungen manipulativer Art, die zur Durchsetzung von bestimmten Zielen und Vorstellungen geeignet sind), Reaktanzaggression (Aggression, die im Sinn von Widerstandsleistung nach tatsächlich subjektiv wahrgenommener oder antiziperter Einengung des Verhaltensspielraumes die Wiedererlangung der – realen oder vermeintlichen – Handlungsfreiheit fordert), Autoaggression oder multiple primär gegen eine Person gerichtete Aggression

Interessanterweise fanden sich unter Berücksichtigung der vorgenannten Aggressionsarten keine quantitativen Unterschiede der Aggression zwischen männlicher und weiblicher Variante. Auffallend war lediglich, dass sich bei Frauen, die an der Sachdurchsetzung gehindert werden, die Aggression gegen die eigene Person (Autoaggression) richtet oder sich in Reaktanzaggression wandelt.

Der Fremd- und/oder Selbstgefährdung folgt dabei tendenziell eine Schädigung, die unterschiedlich gestaltet sein kann, wie beispielsweise in Form verbaler und nonverbaler Aggression (Bedrohung durch Worte und Körpersprache, jedoch keine direkte Ausübung von Gewalt: psychische Bedrohung), direkter körperlicher Angriffe (Tätlichkeiten, Körperverletzung etc.), bewusste Verletzung durch Ironie, Sarkasmus, Zynismus (z. B. bei Mobbing) oder (bewusste) unterlassene Hilfeleistung (unter Umständen ein Straftatbestand).

Festzuhalten ist, dass vor allem die verbale und nonverbale Aggression ohne körperliche Übergriffe sowie die bewusste Verletzung durch Ironie, Sarkasmus und Zynismus im westlichen Europa allgemein und im Besonderen in der Berufswelt verbreitet sind. Franz Kiener beschreibt den Vorgang der verbalen Aggression auch als Vorstufe zur tätlichen Auseinandersetzung. Er postuliert, dass die Reaktion des Opfers von dem aggressiven Verhalten des Täters gelenkt und bestimmt wird. Verbale Aggression kann eskalieren und somit zu einer physischen Reaktion führen. Seines Erachtens setzt damit der Begriff Aggression „die Interaktion voraus, die einen Angreifer und ein Opfer kennt. Vom Angreifer wird angenommen, dass er in feindseliger Absicht vorgeht, eine „negativ tendierte" Handlung vollführt." (Kiener, Franz, 1983, S. 17) Beispiele hierfür sind vielfältig denkbar, etwa die Auseinandersetzungen von konkurrierenden Mitarbeitern bei Projektsitzungen, auf Volksfesten ausgetragene Konflikte oder Gespräche, bei denen in der Umgangssprache gesprochen „aus Spaß Ernst wird".

2.5 Neue Folgeerscheinungsformen psychischer Überbelastungen

Neben diesen in psychologischen und medizinischen Diagnoseverfahren seit langem etablierten psychischen Folgeerscheinungen längerfristiger psychischer Überbelastungen haben sich in den letzten Jahrzehnten zwei verwandte Erkrankungen etabliert, die von ihrer Symptomatik her auf die geänderten Rahmenbedingungen der westlichen Industriegesellschaft zurückgeführt werden können. Sowohl für das Burnout-Syndrom als auch für das Chronic Fatigue Syndrom (CFS) gilt, dass die auslösenden Symptome (somit auch Risikofaktoren) bestimmt werden können, nicht aber die ursächlichen Faktoren. Allgemein werden drei ursächliche Faktoren genannt:

- Chronische Infekte (beispielsweise Pilze, Herpes-Virus oder Streptokokkenbefall)
- Chronische Gifte (Alltagsgifte wie Amalgam, Wohngifte, Konservierungsstoffe usw.)
- Chronische Konflikte (somit dann in ihrer somatischen Auswirkung)

Da diese Krankheiten bislang medizinisch noch nicht einheitlich definiert wurden, sind allgemein als weitere mögliche Auslöser Stresssituationen, unbewältigte und anhaltende Konflikte, Immunfehlfunktionen und Hormonstörungen zu nennen.

2.5.1 Burnout-Syndrom

Geprägt hat den Begriff „Burnout" Herbert J. Freudenberger 1974 in Amerika. Der deutschstämmige Psychoanalytiker konzentrierte sich in seiner Untersuchung auf ehrenamtliche Mitarbeiter in Hilfsorganisationen, wie zum Beispiel Kriseninterventionszentren, Frauenhäusern oder therapeutischen Wohngemeinschaften. Beobachtet wurden dabei u. a. ein hoher Grad von Erschöpfung, Reizbarkeit, Rigorosität und Starrköpfigkeit. Mittlerweile wird das Burnout-Syndrom jedoch nicht mehr nur als „Berufskrankheit der Sozialarbeiter" angesehen, sondern als ein Krankheitsbild, das alle Branchen betreffen kann. Dass dies auch in der Öffentlichkeit breite Zustimmung findet, lässt sich an der stärker werdenden Medienpräsenz des Themas veranschaulichen.

All diesen Beschreibungen und Erklärungen gemeinsam ist die Annahme, dass nur jemand „ausbrennen" kann, der schon einmal „entflammt" war. Somit wird unter dem Burnout-Syndrom meist das

Aus- oder Durchbrennen verstanden, also ein Zustand emotionaler Erschöpfung, reduzierter Leistungsfähigkeit und eventueller Depersonalisation infolge von Diskrepanz zwischen Erwartung und Realität, vornehmlich bei Personen, die mit Menschen arbeiten; häufig wird das Burnout-Syndrom auch als Endzustand eines Prozesses von idealistischer Begeisterung über Desillusionierung, Frustration und Apathie gesehen. Diese allgemein gehaltene Begriffserklärung soll als weitere gedankliche Grundlage dienen. Es sei aber darauf hingewiesen, dass keineswegs überall mit den gleichen Definitionen und Darstellungen gearbeitet wird. Matthias Burisch ist in Deutschland für sein Burnout-Modell bekannt, das verschiedene Erklärungsansätze integriert (Burisch, Matthias: Das Burnout-Syndrom, Berlin, 1989).

Vom definitorischen Ansatz her wird in der Literatur häufig die Diskrepanz zwischen dem (anfänglich) hohen Engagement (entflammt sein, brennen, lodern) u. U. gepaart mit einer unrealistischen persönlichen, eventuell auch externen Erwartungshaltung an die Leistungen bzw. das Leistungsvermögen der einzelnen Person und der desillusionierenden Wirklichkeit (ausbrennen) verwendet. Häufig werden auch die Beziehungskonflikte im Berufsfeld angesprochen, was wiederum besonders die Berufe mit schwerpunktmäßig sozialen Komponenten betrifft (Kunden, Klienten, Patienten, Schüler usw.). Andere Wissenschaftler stellen Faktoren wie Rollenkonflikte, zu hohe Erwartungen, ungeklärte Kompetenzzuweisungen in hierarchischen Strukturen, nicht kompatible Konzepte oder Zielsetzungen in den Vordergrund. Für das Burnout-Syndrom bedeutet dieses das gehäufte Auftreten von Stressoren, die ständige Erweiterung der Stressorenanzahl und das Andauern dieses Zustandes über einen längeren Zeitraum hinweg.

Basierend auf dieser Darstellung wird deutlich, warum das Burnout-Syndrom häufig als Folge dauernder Stressüberbelastung und fehlender Balance zwischen Arbeits- und Erholungsphase verstanden wird.

Auch in diesem Zusammenhang spielt die Moderatorvariable des einzelnen Betroffenen eine wesentliche Rolle, wobei diese oftmals zunächst nicht beachtet wird. Aber gerade darin kann der Fehler in der Beurteilung der Situation und ihren Stressoren liegen: Für die

Reflexion über die eigene Disposition, Position und die psychosozialen Fähigkeiten bleibt keine Zeit. Der innerseelische Faktor (beispielsweise Einsatzbereitschaft, Initiative, Engagement), der auch negative Komponenten (Überforderung, Erschöpfung) beinhalten kann, findet zu wenig oder keine Beachtung. Dabei zählen die Nichtbeachtung/Verleumdung/Verdrängung von Stress- und Überdrusssignalen und die Unfähigkeit, sich selbst und anderen Schwächen einzugestehen, sowie die Abhängigkeit von Lob und Anerkennung anderer zu den wesentlichen Burnout-Ursachen. Für das Burnout-Syndrom Prädestinierte neigen dazu, Arbeitsaufwände und Zeitansätze zu unterschätzen, sich selbst Ziele zu hoch zu stecken, Erfolgsaussichten zu günstig einzuschätzen, Nebeneffekte und -wirkungen zu übersehen sowie das eigene Anspruchsniveau zu starr zu behandeln.

Neben diesen Entwicklungen führen die gesellschaftlichen und wirtschaftlichen Gegebenheiten zu verändertem Denken und Handeln, sowohl auf der Anbieterseite (Sachzwänge, Arbeitsorganisation, Faktoren materieller Art) als auch bei den Kunden (Zunahme von Ansprüchen, Forderungen, Reizbarkeit, Aggression bei gleichzeitigem Rückgang von Toleranz, Akzeptanz). Typisch ist dabei auch, dass ein stärkeres Beharren auf (vermeintlichen) „Rechten" zu beobachten ist, parallel dazu werden jedoch die „Pflichten" vernachlässigt. Somit können die Auslöser des Burnout-Syndroms durchaus als multikausales Ursachengeflecht bezeichnet werden. Nicht der einzelne Betroffene ist allein wegen seiner psychischen Konstitution in diese Situation geraten, vielmehr tragen eine Vielzahl von Spannungsfeldern hierzu bei.

Die verschiedenen Alarm- und Warnsignale und die vielsagenden Symptome, die in diesem Bereich auftreten, sind im Einzelnen wenig aussagekräftig, da sie zu einigen organischen wie seelischen gesundheitlichen Störungen passen. Deshalb sollte man diese rechtzeitig erkennen und einschätzen können. Mittlerweile wird daher in den meisten Schriften und Informationen zum Burnout-Syndrom der Ablauf dieser Beschwerden in verschiedenen aufeinander aufbauenden Phasen gegliedert (mögliche Literatur hierzu: Burisch, 1989, S. 11–16).

Demnach kommt nach der Phase des Entflammt-Seins eine erste

Phase der Antriebsschwächung und der Desillusionierung. Arbeitspausen können hierbei verlängert werden und erste Gefühle von Überdruss tauchen auf. In der dritten Phase kann es zu depressiven oder aggressiven Komponenten kommen. Auf kognitive Reaktionen wie beispielsweise Konzentrations- und Gedächtnisschwäche folgen Verhaltensreaktionen wie berufliche oder private Kontaktverluste, Verlust der Empathie und eventuell das sog. „doctor shopping", die Suche nach organischen Beschwerden und deren Bestätigung durch Ärzte. In der vorletzten sechsten Phase kommt es zu Symptomen oder Syndromen psychosomatischer Reaktionen. In der Endphase von Burnout kann es sogar zu Verzweiflungstaten mit suizidaler Konsequenz kommen. Klinisch-medizinisch wird diese Unterteilung psychologischen Ursprungs bislang noch nicht geteilt.

Fragen nach der Länge der jeweiligen Phasen lassen sich nicht konkret beantworten, da der Burnout-Prozess individuell jeweils verschieden lang dauert und auch in unterschiedlicher Intensität abläuft. Manchen Betroffenen gelingt es, den bereits begonnenen Burnout-Prozess wahrzunehmen und in einer bestimmten Phase selbst zu unterbrechen. Gelingt dies nicht, sollten sich Betroffene in jedem Fall Hilfestellung von außen holen, da ein unbehandeltes Burnout-Syndrom wie oben geschildert einen vollständigen Verlust von Lebensfreude und Lebensqualität bedeuten kann, im schlimmsten Fall in seiner Endstrecke in eine psychiatrische Erkrankung. Selbsttötungsgedanken oder sogar Selbsttötungsversuche sind dann keine Seltenheit.

Im besten Fall wird bereits die Entstehung eines Burnout-Syndroms durch entsprechende prophylaktische Maßnahmen im Sinne der Primärprophylaxe verhindert. Sind bereits Symptome eines Burnouts vorhanden, sollte umgehend gehandelt werden. Work-Life-Balance spielt in diesem Zusammenhang eine wesentliche Rolle, da sie praktizierte Primärprävention bedeutet und darüber hinaus auch im Rahmen der Sekundärprävention eingesetzt werden kann.

2.5.2 Chronic Fatigue Syndrom (CFS)

Ursächlich ist das Chronische Müdigkeitssyndrom dem Burnout-Syndrom verwandt. An dieser Krankheit leiden in Deutschland nach Schätzung des CFS-Fördervereins Fatigo e. V. ca. 300 Menschen, andere Schätzungen gehen von bis zu 1,5 Millionen Betroffener aus, die Auslegung des Krankheitsbildes schwankt derzeit noch. Von CFS wird dann gesprochen, wenn betroffene Personen über einen längeren Zeitraum hinweg (ca. 6 Monate) deutlich leistungsgemindert (um mehr als 50 %) sind. Diese Krankheit ist dabei ursächlich nicht mit der exzessiven Schläfrigkeit (Hypersomnie) zu verwechseln und hat dieselben Auslöser wie das Burnout-Syndrom.

Unspezifische Symptome des Chronischen Müdigkeitssyndroms sind Schlafstörungen, erhebliche, vormals nicht erlebte Erschöpfung nach Anstrengungen, Muskelschwäche, Muskelschmerzen, Kopfschmerzen, Gelenkschmerzen, Rachenentzündungen, Fieber und/oder Frösteln, Empfindliche Lymphknoten, Magen-Darm-Krämpfe, evtl. auch Lichtscheue und/oder Gesichtsfeldausfall.

Von CSF betroffene Personen fühlen sich aufgrund eines dieser Symptome oder eines Syndroms mehrerer dieser Faktoren zu Beginn der Krankheit wie kurz vor dem Ausbruch einer Grippe. Dieses Gefühl wird jedoch zum Dauerzustand. Der vergleichsweise zum Burnout geringe Bekanntheitsgrad dieser Krankheit verschlimmert oft die subjektiv empfundene Situation Betroffener, da ihr häufig mit geringer Akzeptanz oder Ignoranz durch Dritte begegnet wird.

Wie die Auswahl möglicher Folgen von Überbelastung zeigt, sind diese in ihrer Ausprägung und dem individuellen Auftreten unterschiedlich, vielschichtiger noch, als wir sie hier im Rahmen des Oberthemas Work-Life-Balance darstellen können. Stress und das Leben in Dysbalance zum Work-Life-Balance-Pentagramm können als Auslöser dieser Krankheiten fungieren. Die in diesem und im Kapitel 4 beschriebenen (potentiellen) Gefahren sollen als Anhaltspunkt dienen, die eigene Work-Life-Balance zu reflektieren, und sind keinesfalls als Ersatz für individuelle professionelle Beratung oder Behandlung durch ausgebildetes Fachpersonal zu sehen.

3. Veränderte psychische Disposition durch Work-Life-Balance

Von Rolf Dollase

In diesem Kapitel betrachten wir im ersten Unterabschnitt zunächst die verschiedenen Beziehungen zwischen den Elementen des Work-Life-Balance-Pentagramms im Hinblick auf Bedeutung und mögliche Auswirkungen auf die psychische Disposition des Einzelnen wie von Gruppen und geben dann im zweiten Unterabschnitt Empfehlungen für Übungen und Praktiken westlicher wie östlicher Provenienz, die zu einer ausgewogenen psychischen Disposition beitragen können. Entscheidend ist hierbei, die Integration von Übungen und Praktiken, wie sie im zweiten Unterabschnitt dargestellt werden, in den individuellen Tagesablauf als einen dauerhaft sinnvollen Prozess zu verstehen und anzunehmen, mit dem jederzeit begonnen werden kann; wobei unseren Erfahrungen nach in persönlichen oder kollektiven Krisensituationen die Neigung zur Beschäftigung mit dieser Thematik stärker ausgeprägt ist als in Zeiten relativer Ruhe, Sicherheit oder Ausgeglichenheit. Viele der empfohlenen Praktiken wie z. B. Yoga, Autogenes Training oder Qigong erfordern eine Zeit des Übens, bevor die zu erwartenden und angestrebten Erfolge erreicht werden können, deshalb empfiehlt sich eine Auseinandersetzung damit auf jeden Fall auch zu Zeiten realisierter Work-Life-Balance, um für Krisensituationen vorbereitet zu sein. Welche der vorgestellten Empfehlungen man für sich annimmt, kann und soll unsererseits nicht vorgegeben werden. Der Zeitaufwand ist von Technik zu Technik unterschiedlich, entscheidend für den Erfolg ist Regelmäßigkeit des Praktizierens. Die Funktionsweise einiger der empfohlenen Techniken beruht darauf, dass durch Konzentration auf ausgewählte Gedanken, Bewegungsabläufe, Körperfunktionen etc. etwa beunruhigende Faktoren oder Probleme aus dem Tagesablauf für die Dauer der Übungen in den Hintergrund der Wahrnehmung treten und so eine Entspannung oder Beruhigung von Körper und Geist mit allen wohltuenden und kräftigenden Folgen ermöglicht wird.

Andere Empfehlungen richten sich auf einen formalisierten Umgang mit anstehenden Aufgaben und Problemen, der zu einer Konkretisierung und Beherrschbarmachung von Schwierigkeiten beiträgt und damit die psychische Disposition positiv beeinflussen hilft. Eine entsprechende Betrachtung für die physische Disposition findet sich in Kapitel 5 dieses Buches.

Die Grundidee des Work-Life-Balance-Pentagramms ist die eines Beziehungsgeflechtes, in dem keine Komponente isoliert von den anderen ist, sondern alle mit allen interdependent sind; es symbolisiert somit einen ganzheitlichen systemischen Ansatz. Jede Schwächung einer einzelnen Komponente oder Beziehung führt zu einer Dysbalance des Gesamtsystems, dessen Leistungsfähigkeit damit abnimmt, oder mit anderen Worten, dessen Performance dann unter seinen Möglichkeiten bleibt. Folgerichtig führen alle Maßnahmen, die man selber zur Stärkung des Gesamtsystems, einzelner Komponenten oder der Beziehungen zwischen ihnen ergreift, zur Stärkung der gesamten Leistungsfähigkeit.

Die Gewichtung der einzelnen Komponenten des Pentagramms liegt dabei im Sinne von Work-Life-Balance nicht bei gleichermaßen 20 % je Komponente, sondern weicht individuell davon ab und modifiziert sich an altersentsprechenden Anforderungen. Ein permanenter Gleichgewichtszustand ist nicht als typisch anzusehen; es gibt immer wieder Zustände und Zeiten, die sich (in Form von temporären Dysbalancen) davon abheben. Entscheidend ist es, Work-Life-Balance immer wieder anzustreben und Dysbalancen allenfalls für kürzere Zeiträume und im Bewusstsein ihrer Problematik für das Gesamtsystem zu akzeptieren.

Es sei hier bereits darauf hingewiesen, dass eine Stärkung mentaler Komponenten im Sinne von Work-Life-Balance gleichzeitig – eben als Ausdruck der gegenseitigen Abhängigkeiten und Bedingtheiten im Gesamtsystem – auch eine Verbesserung des Zustandes der physischen Komponenten bewirkt. Die dargestellten Empfehlungen stellen naturgemäß nur eine subjektive Auswahl aus sämtlichen Möglichkeiten dar.

3.1 Korrelationen innerhalb des Work-Life-Balance-Pentagramms

Jeder der 5 Eckpunkte des in Kapitel 1 vorgestellten Work-Life-Balance-Pentagramms steht in einer Beziehung mit jedem anderen Eckpunkt. Daraus ergibt sich eine Zahl von insgesamt zehn zu beachtenden Relationen, die im Folgenden aufgeführt und erläutert werden.

3.1.1 Wechselwirkungen von Berufsleben und Anerkennung

Jeder Mensch hat ein natürliches Bedürfnis nach Anerkennung seiner Leistungen. Für das Berufsleben ist Anerkennung einer der wichtigsten Faktoren zur Motivation von Mitarbeitern. Anerkennung kann dabei auf vielfältige Weise ausgedrückt und wahrgenommen werden. Ein Lob vom Vorgesetzten, eine Prämienzahlung, ein Dankeschön, die Erwähnung in einer Veröffentlichung sind Beispiele für die mannigfachen Möglichkeiten. Eine Anerkennung aus unserem beruflichen Umfeld heraus löst in unserer Psyche positive Resonanz aus, Gefühle von Stolz und Befriedigung entstehen und motivieren zu weiteren Anstrengungen, die zu weiterer Anerkennung führen sollen. Eine Schwierigkeit besteht darin, das rechte Maß für Anerkennung zu finden. Ein Zuviel wird als unehrlich und übertrieben empfunden und verärgert zuweilen. Ein Zuoft führt zu Ermüdung und Abwertung der motivierenden Wirkung. Ein Zuwenig führt zu Enttäuschung und nachlassender Leistungsmotivation. Authentizität ist der Schlüssel zum rechten Maß. Wenn Anerkennung in engem zeitlichen Zusammenhang mit der erbrachten Leistung erfolgt, sie vom Empfänger als ehrlich empfunden wird, sie nicht übertrieben oder überschwenglich gewährt wird, dann hat sie die gewünschten wohltuenden Effekte.

3.1.2 Wechselwirkungen von Berufsleben und Gesundheit

Die Thematik der Wechselwirkungen von Berufsleben und Gesundheit wird eingehend in den Kapiteln 2, Mögliche psychische Folgen dauernder Überlastungen, und 4, Physische Erkrankungen als Folge dauernder Voll- und Fehlbelastungen, behandelt, so dass hier keine weiteren Ausführungen gemacht werden.

3.1.3 Wechselwirkungen von Berufsleben und Familie, Freunden, festen sozialen Bindungen

Aus dem beruflichen Alltag ist Ihnen die Situation bekannt: Man selber betritt gut gelaunt und voller Tatendrang das Büro oder die Geschäftsräume und findet bei einem Kollegen oder einer Kollegin keine rechte Resonanz damit. Der Gruß wird kaum erwidert, man erhält auf Fragen einsilbige Antworten, Kritik wird „unerklärlich" scharf formuliert usw. Häufig liegt dabei die Ursache in der Familie oder im Freundeskreis oder allgemein im sozialen Umfeld außerhalb der Firma. Ein Streit in der Familie, eine Auseinandersetzung mit Nachbarn, ein Todesfall eines nahe stehenden Menschen sind Beispiele für solche Ursachen, die sich am Arbeitsplatz negativ auswirken können. Wer von solchen Problemen erfasst wird, kann nicht verhindern, dass sie sich auf andere Bereiche des Lebens, speziell des Berufslebens auswirken. Daher sollte bewusst daran gearbeitet werden, in Familie, Freundeskreis und bei den festen sozialen Bindungen ausgeglichene Verhältnisse anzustreben und nach Möglichkeit aufrechtzuerhalten.

Genauso wie das Berufsleben nur dann ausgeglichen, erfolgreich und erfreulich verlaufen kann, wenn nicht Störungen von außen hereingetragen werden, kann das Familien- und Freundschaftsleben nur dann harmonisch verlaufen, wenn keine Störungen aus den beruflichen Kontakten das Individuum aus der Balance bringen.

Grundsätzlich mag eingewendet werden, dass man ja auch Probleme vor anderen Menschen verbergen kann und dass es ja auch Kompensationen durch besonders gut funktionierende Bereiche geben kann. Dazu ist zu bemerken, dass jede Störung in der Balance für die Persönlichkeit insgesamt eine Schwächung darstellt und daher mehr geleistet werden kann und mehr Lebensfreude wahrgenommen werden kann, wenn Probleme aktiv angegangen und aufgelöst werden.

3.1.4 Wechselwirkungen von Berufsleben und Religion, Philosophie, Ideologie

Religion, Philosophie oder Ideologie sind Themenbereiche, deren bewusste Wahrnehmung wir im Rahmen von Work-Life-Balance für notwendig erachten. Wir werden alle hineingeboren in einen kulturellen, religiösen und ideologischen und geschichtlichen Kontext, der uns prägt und in dem wir uns sicher fühlen und gekonnt bewegen. Auch ohne uns dessen ständig bewusst zu sein, teilen wir diesen Kontext mit unseren Mitmenschen, haben eine große Zahl gemeinsamer Werte und kommunizieren miteinander auf der Basis dieses gemeinsamen Kontextes. Solange hier keine Störungen vorliegen, profitiert unser Berufsleben ausdrücklich davon. Welche dramatischen Formen Störungen in diesem Bereich annehmen können sei anhand des Zusammenbruchs der Ostsysteme Ende der neunzehnhundertachtziger Jahre erläutert.

Die zentralverwalteten Systeme des real existierenden Sozialismus hatten die in ihnen lebenden Menschen ein Leben lang unter Kontrolle und umsorgten sie in umfassender Weise. Sie lieferten mit den kommunistischen und sozialistischen Ideologiegebäuden eine Erklärung der Welt, wie sie war, und nahmen für sich in Anspruch, auch die zukünftige Entwicklung der Systeme vorhersagen zu können. Arbeitslosigkeit gab es nicht, jede Frau und jeder Mann konnte einen Beruf erlernen und ausüben, für die Kinder gab es Horte. Der Nachteil, dass man nicht völlig frei wählen konnte, was man in seinem Leben arbeiten wollte, wurde durch die Sicherheit, dass man auf jeden Fall Arbeit fand oder zugewiesen bekam, ausgeglichen. In der Freizeit wurden Veranstaltungen zur Stärkung des Miteinanders organisiert. Kinder und Jugendliche waren eingebunden in Parteiorganisationen, Erwachsene in Betriebsgruppen und Partei. Negative Einflüsse – aus Sicht der Systeme – wurden so weit wie möglich von den Menschen fern gehalten. In der Praxis bedeutete das, dass keine Medienfreiheit bestand, dass Reisen ins westliche Ausland nur unter Ausnahmebedingungen möglich waren, dass Religionsausübung nicht gutgeheißen wurde. Aber: Die Menschen fühlten sich aufgehoben, ernst genommen, für sie wurde gesorgt.

Durch den Zusammenbruch der Ostsysteme wurde den Menschen dort bildlich gesprochen der Boden unter den Füßen weggezogen. Nichts, was vorher galt und funktionierte, blieb übrig. Der Sozialismus hatte ausgedient und war wirtschaftlich gescheitert. Die Organisationen der Partei wurden aufgelöst. Statt umsorgt zu sein, war man plötzlich frei und niemand sagte einem, was man tun müsse. Die Betriebe wurden geschlossen, die Menschen wurden arbeitslos. Die kollektiven und individuellen Psychoprobleme, die daraufhin auftraten, sind bis heute noch nicht vollständig gelöst und wurden von der Politik zumindest anfangs nicht richtig eingeschätzt. Der Wegfall des ideologischen Hintergrundes, der staatlichen Feiern, der Jugendweihe etc. führte zunächst zu einem Vakuum im Bewusstsein der Betroffenen und dann zu einer Hinwendung zu Religionen, politischen Splittergruppen, Sekten usw. Ein Teil der Probleme, die wir in dieser Hinsicht noch heute bei vielen Menschen aus den ehemaligen Systemen des Ostens wahrnehmen können, ist darauf zurückzuführen, dass die Notwendigkeit einer ausgewogenen Gestaltung der Nachfolgesysteme im Sinne von Work-Life-Balance nicht erkannt und nicht bedacht worden ist.

Hieraus ist zum einen zu folgern, dass unsere westlichen dezentral organisierten Gesellschaftssysteme, in denen Staat, Kirche und Wirtschaft zwar einen gemeinsamen historischen, kulturellen, philosophischen und religiösen Hintergrund besitzen, aber unabhängig voneinander ihre Ziele definieren und verfolgen, eine bessere Leistungsfähigkeit besaßen und besitzen als die zusammengebrochenen Systeme. Zum anderen ergibt sich daraus unter der Perspektive von Work-Life-Balance die Feststellung, dass das Individuum besser in einem Bedingungsrahmen wie dem unseren aufgehoben ist als in einem Rahmen, der die Züge unserer vergangenen Nachbarstaaten prägt. Der Versuch, Ideologie und Gesellschaftssystem als Ersatzreligion aufzubauen, hat gezeigt, dass dies nicht auf Dauer Bestand haben kann.

Die Orientierung an beständigen geistigen, religiösen, philosophischen und kulturellen Werten, die nicht vom Staat kontrolliert werden können und dürfen, ist nicht nur für das Individuum vorteilhaft, sondern letztlich auch für die Gesellschaft als Ganzes, weil diese Werte den Menschen auch in Zeiten von Schwächeperioden oder Zusammenbrüchen eines Systems ungebrochen kraftspendend zur

Verfügung stehen und somit auch die Zeiten der Erholung oder Neuerrichtung von Systemen unterstützen.

3.1.5 Wechselwirkungen von Gesundheit und Anerkennung

Hier geht es darum, dass ein bewusstes, gesundheitsorientiertes Leben in der Gesellschaft als erstrebenswert angesehen wird. Die Werbung für Nahrungsmittel, Nahrungsergänzungsmittel, Trainingsgeräte, Wellnessprodukte sei stellvertretend genannt für die Vielzahl an Möglichkeiten, sich davon zu überzeugen, dass gesundes, ausgeglichenes, sportliches Leben eine gesellschaftliche Konsensposition darstellt. Wer sich diesen Einflüssen entzieht, wird bestenfalls mitleidig angesehen, umgekehrt ist jeder, der sich im angegebenen Sinne aktiv einsetzt, mit dabei und wird akzeptiert. Für einen ausgeglichenen Zustand sollte daher bewusst auch die Anerkennung für eine konsequent praktizierte gesunde Lebensweise gesucht werden, was insbesondere in der Familie honoriert werden wird.

Erhaltene Anerkennung löst die unter 3.1.1 beschriebenen positiven Wirkungen aus. Im weiteren Verlauf trägt sie dazu bei, dass die Gesundheit und speziell auch die psychische Befindlichkeit einer Person, die regelmäßig im rechten Maß Anerkennung erhält, sich stabilisiert.

3.1.6 Wechselwirkungen von Gesundheit und Familie, Freunden, festen sozialen Bindungen

Ein guter Gesundheitszustand erleichtert die ausgewogene Gestaltung sozialer Bindungen, sei es in Familie, Freundeskreis, Verein oder an anderer Stelle. Ein schlechter Gesundheitszustand absorbiert Gedanken, Zeit und Energie, die bei Aufbau und Pflege sozialer Bindungen benötigt werden. Im Sinne von Work-Life-Balance sind valide soziale Bindungen ein unverzichtbarer Bestandteil des Lebens. Der Rückhalt, die Kraft, die Geborgenheit, die Anerkennung, die erlebte Zuwendung aus Familie und Freundschaften sind sprichwörtlich und wirken in sämtliche Korrelationen innerhalb des Work-Life-Balance-Pentagramms hinein. Authentizität ist wichtig in allen unseren gelebten Beziehungen.

Ein Mangel an ausgeglichenen sozialen Bindungen macht sich in der psychischen Disposition deutlich negativ bemerkbar. Die Frage nach dem Sinn des Lebens wird häufig gestellt, wenn wichtige Beziehungen verloren gehen. Dies betrifft Fälle von Liebeskummer ebenso wie den Verlust sozialer Bindungen bei Ausscheiden aus dem Arbeitsleben oder den Verlust von nahe Stehenden durch Tod. Schlecht funktionierende Beziehungen zwischen Menschen können krank machen. Jeder kennt Phänomene wie beispielsweise den Kummerspeck, die Flucht in den Missbrauch von Genussmitteln, Suchtmitteln und Medikamenten oder auch Magengeschwüre als Reaktion auf andauernde Probleme. Auf der psychischen Ebene können exemplarisch Gefühle von Unsicherheit, Unausgeglichenheit, Ängste, Schlafstörungen, Unkonzentriertheit, Antriebslosigkeit, Ziellosigkeit, Verzweiflung genannt werden. Auch die so genannte Torschlusspanik fällt in diesen Kontext.

Work-Life-Balance leben heißt, sich diese Interdependenzen bewusst zu machen und aktiv auf eine ausgewogene zuträgliche Gestaltung der sozialen Bindungen hinzuarbeiten. Wird diese Arbeit nicht geleistet, kann im Berufsleben nicht überzeugend agiert werden.

3.1.7 Wechselwirkungen von Gesundheit und Religion, Philosophie, Ideologie

Die sinnstiftende Bedeutung von Religion, Philosophie oder Ideologie wurde oben bereits dargestellt. Nur mit einem Hintergrund, der dem Individuum eine geistig/seelische Heimat gibt, nur mit einem Erklärungsansatz für die wahrgenommene Welt und das, was sie zusammenhält, kann ein ausgewogenes und erfülltes Leben gestaltet werden. Gesundheit gehörte in der Antike schon zu den Werten, die Bestandteil des kollektiven Selbstverständnisses waren, „auf dass ein gesunder Geist in einem gesunden Körper" sei. Dieser klassische abendländische Hintergrund unseres Lebens gilt auch heute noch. Auch in den östlichen Religionen und Philosophien mit ihren ganzheitlichen Menschenbildern wird der Zusammenhang und die Bedeutung von Gesundheit im Rahmen einer ausgewogenen Lebensweise dargestellt. In diesem Zusammenhang sei darauf hingewiesen, dass etwa das islamische Verbot, Schweinefleisch zu essen, die vorgeschriebenen Bewegungen beim Gebet, die rituellen Waschungen, die auch in der jüdischen Religion zum praktizierten Glauben gehören, gesundheitsgerichtete Maßnahmen darstellen, die in unser heutigen Zeit in ähnlicher Form auch als gesundheitspolitische Maßnahmen beschlossen werden könnten.

Die Reflexion über sich selber, den Sinn des eigenen Lebens, die Frage nach dem, was nach dem Tod kommt, muss vom Individuum selbst gestellt werden. Äußere Anstöße im Sinne temporärer Dysbalancen der Work-Life-Balance sind in der Regel Auslöser dafür. Wir können die Antworten nicht vorgeben, halten es aber für unerlässlich, sich im Rahmen gelebter Work-Life-Balance bewusst den auftretenden Fragen zu stellen.

3.1.8 Wechselwirkungen von Familie, Freunden, festen sozialen Bindungen und Anerkennung

Jede Leistung, jede Zielerreichung wird durch Anerkennung wertvoller. Ob wir selber unsere eigenen Leistungen anerkennen oder Dritte uns Anerkennung geben, wir sind im Sinne eines ausgewogenen Lebens darauf angewiesen. Die Familie, der Freundeskreis, eine feste Bindung liefern uns ebenso wie das berufliche Umfeld einen Rahmen, innerhalb dessen sich unser individuelles und kollektives Streben nach Zielerreichung bewegt. Vereine besitzen in diesem Zusammenhang eine herausragende und beispielhafte Bedeutung. Im Verein verfolgt man gemeinsame Ziele und individuelle Ziele. Ob es ein Gesangverein zur Pflege des Liedgutes oder ein Fußballverein ist, der versucht, seine Mannschaften in immer höheren Ligen zu plazieren. Als Mitglied wird man zu Veranstaltungen eingeladen, ist stimmberechtigt bei Abstimmungen, kann Ämter wahrnehmen, kann Leistungen erbringen als Sänger oder Sportler, wird im Protokoll erwähnt, taucht als Einzelperson oder – anonym – als Verein in der Berichterstattung von Medien auf, erfährt die Begeisterung oder Enttäuschung von Zuschauern oder Zuhörern, wird geehrt für Leistungen oder für langjährige Mitgliedschaft. Alle diese vorstehend beispielhaft aufgeführten Punkte stellen Formen der individuellen oder kollektiven Anerkennung dar. Für unsere Psychohygiene ist die Anerkennung, die wir uns selber gewähren ebenso unverzichtbar wie die Anerkennung durch Dritte. Die Eigen-Anerkennung muss gleichzeitig gegeben sein, wenn die Anerkennung durch Dritte ihren optimalen Nutzen stiften soll. Für viele Leistungen, die wir erbringen, wird es nur unsere eigene Anerkennung geben, da Dritte nicht von der Leistung erfahren haben.

3.1.9 Wechselwirkungen von Familie, Freunde, festen soziale Bindungen und Religion, Philosophie, Ideologie

Religion, Philosophie, Ideologie geben uns Rahmenbedingungen und Vorstellungen für die Ausgestaltung unserer sozialen Bindungen. „Die Gesellschaft" entwickelt Normen für die Individuen ebenso wie für die Familie, für Vereinigungen aller Art, für unser Zusammenleben. Bedingung für eine gut funktionierende Gesellschaft oder für einen Staat, der seinen Staatsbürgern Lebensqualität bietet und an dem sie sich gerne und aktiv beteiligen, ist es, dass das Leben auf der Ebene des Individuums und der familiären Ebene (als Keimzelle der Gesellschaft) ausgewogen und harmonisch abläuft. Letztendlich leidet das Ganze, wenn die Bedingungen von Work-Life-Balance nicht beim Individuum und allen sich aus Individuen zusammensetzenden Gruppen erfüllt sind.

3.1.10 Wechselwirkungen von Anerkennung und Religion, Philosophie, Ideologie

Religion, Philosophie, Ideologie sind Quelle von Werten, denen wir direkt oder indirekt zu entsprechen versuchen. In dem Maße, in dem wir diesen Werten mit unserer Lebensweise entsprechen, ist uns Akzeptanz und Anerkennung gewiss. Soweit wir den in unserem gesellschaftlichen und kulturellen Umfeld allgemein akzeptierten Werten nicht entsprechen, stellen wir uns außerhalb der Gemeinschaft. Die Folgen für unsere psychische Disposition sind zumeist negativ, eine Außenseiterposition führt häufig zu negativem Stress und allen sich daran knüpfenden Folgen.

3.2 Praktische Prävention durch gelebte Work-Life-Balance

In diesem Abschnitt werden praktische Anregungen gegeben, wie Work-Life-Balance gelebt werden kann, so dass sich im Ergebnis die psychische Disposition des Individuums im Sinne einer größeren Ausgeglichenheit, Ruhe, Gelassenheit, Kraft und Lebensfreude verändert. Die Auswahl der hier erläuterten Tipps begrenzt sich auf einige Beispiele. Es bleibt jeder Leserin und jedem Leser überlassen, wie er oder sie das persönliche Set an geeigneten, d. h. der individuellen psychischen Bedürnislage entsprechenden praktischen Übungen wählt. Insofern sind unsere Vorschläge hier Anregungen und nicht Vorgaben. Bei der Vielzahl möglicher anderer praktischer Übungen wäre alles andere als ein exemplarisches Aufzeigen von Tipps unangebracht. Einige der hier genannten Übungen können aufgrund der individuellen physischen oder psychischen Disposition ungeeignet sein. Wir empfehlen daher auf jeden Fall, Ihre für die Zukunft geplanten Aktivitäten mit Ihrem Arzt zu besprechen.

3.2.1 Ein formaler Ansatz zum Umgang mit Dysbalancen im Work-Life-Balance-Pentagramm

Die folgenden Ausführungen gehen ausführlich auf das Vorgehen ein, das in Kurzform als Tipp zu Ende des ersten Kapitels angeregt wurde.

Schritt 1

Ausgangspunkt der Überlegungen sollte es sein, im eigenen Leben Bilanz zu ziehen, d. h., sich darüber klar zu werden, an welchen Stellen schwächende Einflüsse oder Dysbalancen vorliegen. Dazu eignet sich das Work-Life-Balance-Pentagramm als Arbeitshilfe. Zu jedem der fünf Eckpunkte des Pentagramms überlege man sich, ob die eigenen Beziehungen zu Ideen, Personen, Tätigkeiten, Sachen im Gleichgewicht sind oder als ungleichgewichtig empfunden werden. Hierbei ist auf einen Punkt besonders hinzuweisen: Es ist notwendig, sich auch darüber klar zu werden, ob man mit sich selber einverstanden ist.

Das Ergebnis der Überlegungen, die gefundenen Dysbalancen, listet man auf, sie werden für die weiteren Schritte benötigt. Die Schriftform ist zu empfehlen, weil die Ergebnisse auf diese Weise ein höheres Maß an individueller Verbindlichkeit gewinnen.

Schritt 2

Für jede der aufgelisteten Dysbalancen ist ein mittel- bis langfristig angestrebtes Ziel zu formulieren. Hierbei muss beachtet werden, dass die Ziele und Zielformulierungen folgenden Kriterien entsprechen:

Das Ziel muss anspruchsvoll und von grundlegender Bedeutung, also wichtig sein.

Ein Ziel, welches nicht von grundlegender Bedeutung ist, kann ein Zwischenziel sein. Anspruchsvoll muss das Ziel sein, damit die Anstrengung zur Zielerreichung als lohnend angesehen wird.

Die Zeit bis zur Zielerreichung sollte mindestens ein Dreivierteljahr betragen.

Längerfristige Ziele rechtfertigen einen erhöhten Aufwand an Zuwendung als kürzerfristige Ziele. Kürzerfristige Ziele können in der Regel längerfristigen Zielen untergeordnet werden.

Das Ziel muss aus eigener Kraft initiierbar und erreichbar sein. Diese Forderung soll verhindern, dass Ziele formuliert werden, deren Erreichung nicht aus eigener Kraft möglich ist und die daher die Gefahr von Frustrationen in sich trügen.

Die Zielformulierung muss als positive Aussage formuliert sein. Bei der Verwirklichung von Zielen leistet unser Unterbewusstsein starke Unterstützung, wenn wir es schaffen, es zur Mitwirkung zu animieren. Forschungsarbeiten haben ergeben, dass Negationen vom Unterbewusstsein in aller Regel ignoriert werden. Zwei Beispiele hierzu: Wenn Sie aufgefordert werden, nicht an einen rosa Elefanten zu denken, haben Sie schon begonnen an ihn zu denken, bevor der Satz beendet ist. Ein anderes Beispiel: Wenn Sie ein Kind, das die Treppe hinaufgeht, ermahnen „Fall nicht!", werden Sie zumindest eine sofortige Unsicherheit, wenn nicht gar ein Straucheln erleben.

Das Ziel sollte sich in Zwischenziele unterteilen lassen. Jeder bewusste Schritt auf ein Ziel hin wird von uns als Erfolg wahrgenommen und gibt Kraft für die Folgeschritte. Damit bei mittel- und längerfristigen Zielen unsere Motivation nicht leidet ist es zweckmäßig die Kraft der vielen kleinen Erfolgsschritte nutzbar zu machen.

Die Zielerreichung muss eindeutig überprüfbar sein. Eindeutig überprüfbar sind alle Konkretisierungen. Dies betrifft den Zielzeitpunkt, der sinnvollerweise als Datum anzugeben ist, und alle quantifizierbaren Angaben. Zu vermeiden sind Vergleiche wie: „Ich möchte mehr Geld haben." Hier wäre schon ein einzelner Cent geeignet, die Formulierung zu erfüllen.

Die Anzahl derartig formulierter Ziele sollte erfahrungsgemäß die Zahl 10 nicht übersteigen, um die Arbeitskapazität, die man für die Verfolgung der grundlegenden Ziele benötigt, nicht zu überfordern.

Schritt 3

Zu jedem der formulierten Ziele ist wöchentlich festzulegen, welche Einzelschritte in der laufenden Woche in Richtung auf das Ziel unternommen werden sollen, und inwieweit die vorgenommenen Einzelschritte der Vorwoche erreicht wurden. Auf diese Weise kann man bereits jeden Schritt auf dem Weg zu einem Ziel als Erfolg wahrnehmen und die daraus resultierende Motivationsstärkung nutzen. Das Warten auf die Erfüllung eines mittel- oder langfristigen Zieles stellte sonst unsere Motivation und Geduld auf eine harte Probe.

Schritt 4

Gelegentlich, d. h. z. B. alle halbe Jahre, sind die mittel- bis langfristigen Ziele auf ihre Gültigkeit zu überprüfen und nötigenfalls zu überarbeiten. Dies mag am Anfang auch noch häufiger der Fall sein, da die Arbeit mit Zielformulierungen und die Formulierungen selber geübt werden müssen. Dafür stellt sie ein außerordentlich stark beflügelndes Instrument dar, mit dessen Einsatz Work-Life-Balance gelebt werden kann. Die Vielzahl positiver Impulse aus der Vielzahl regelmäßig zur Zielerreichung unternommener Schritte führt erfahrungsgemäß zu einer starken Dynamik der angestoßenen Veränderungsprozesse und wirkt sich generell stabilisierend auf die psychische Befindlichkeit aus. Die Gefahren eines nicht an grundlegenden Zielen orientierten Lebens bestehen im Sinne unserer Work-Life-

Balance-Überlegungen darin, dass man immer wieder überraschende temporäre Dysbalancen erlebt, weil die eigenen Möglichkeiten zur aktiven Gestaltung des eigenen Lebens nicht koordiniert genutzt werden.

3.2.2 Autogenes Training

Das von J. H. Schulz entwickelte Autogene Training ist eine Methode der konzentrativen Selbstentspannung, bei der durch verbale Formeln Entspannung hervorgerufen wird. Die Formeln betreffen die Empfindung von Ruhe, Schwere und Wärme, den Atem, den Herzschlag, das Sonnengeflecht und die Kühle der Stirn. Den Abschluss jeder Trainingseinheit bildet die Rücknahme, die sicherstellt, dass man wieder mit allen Sinnen ins Hier und Jetzt gelangt. Neuere Ansätze lassen die Herzschlag-, Sonnengeflecht- und Stirnkühleübung fort, weil bei diesen Organübungen am ehesten negative Reaktionen auftreten können und die Wirkung des Autogenen Trainings auch ohne sie erreichbar ist.

Die Wirkungsweise der Formeln beruht darauf, dass Gedanken, Gefühle oder Konzentration sich auf den Körper auswirken. Je präziser, knapper und einprägsamer ein Gedanke ist und je monotoner er wiederholt wird, umso stärker ist die Reaktion des Organismus auf ihn. Das Autogene Training wird mit Ärzten oder Therapeuten eingeübt und kann nach dem Erlernen ohne deren Unterstützung durchgeführt werden. Neben der Bedeutung als Entspannungsmethode besitzt das Autogene Training einen hohen Stellenwert im Rahmen der so genannten „kleinen Psychotherapie" als aktivierende Maßnahme und bei der Behandlung von z. B. psychogenen Störungen, Schlafstörungen und psychovegetativem Syndrom. Bei komplizierten Neurosen wird es nicht eingesetzt.

Ziel des Autogenen Trainings ist es, durch regelmäßiges Üben, d. h. mehrmals täglich für einige Minuten, in den Zustand der „organismischen Gesamtumschaltung" zu kommen. Unter diesem Zustand ist eine sowohl körperliche als auch geistige Entspannung zu verstehen, die sehr intensiv und differenziert wahrgenommen wird. Die Abnahme der Muskelspannung wird dabei als Schwere, die vermehrte Hautdurchblutung als Wärme wahrgenommen. Durch die intensive Wahrnehmung von Schwere und Wärme im eigenen Körper verblasst die Wahrnehmung der Außenreize und man erreicht die „organismische Gesamtumschaltung", die dem Ihnen bekannten Zustand kurz vor dem Einschlafen vergleichbar ist. So ermöglicht Autogenes Training in wenigen Minuten eine schnelle Regeneration des Körpers, vergleichbar einem längeren Schlaf, und dämpft die so genannte „affektive Resonanz". Darunter ist zu verstehen, dass Empfindungen wie Angst, innere Unruhe, Deprimiert-Sein – wie sie bei Dysbalancen im Work-Life-Balance-Pentagramm auftreten können – neutralisiert oder abgebaut werden.

Wird Autogenes Training in Situationen, die mit Schmerzen verbunden sind eingesetzt, dann lässt sich damit der Schmerz mildern, bei sehr fortgeschrittener Beherrschung des Autogenen Trainings auch ganz ausschalten. Dies gilt z. B. während einer schmerzhaften Behandlung beim Zahnarzt oder bei Frauen während der Entbindung. Im Leistungssport wird Autogenes Training eingesetzt, um bessere Muskelleistungen zu erzielen, Ängste (z. B. bei Skispringern und Abfahrtsläufern) abzubauen oder die Konzentrationsfähigkeit und innere Ausgeglichenheit zu verbessern.

Lernfähigkeit und Gedächtnisleistung lassen sich durch Autogenes Training ebenfalls positiv beeinflussen. Sehr empfehlenswert ist daher das Autogene Training für Studenten und Prüfungsvorbereitungen aller Art. Hier kommen bei fortgeschrittenen Anwendern des Autogenen Trainings über die allgemeinen Formeln zur Erreichung der organismischen Gesamtumschaltung hinaus auch individuelle Formeln oder Affirmationen zum Einsatz, die nach zu erlernenden Regeln kurz, knapp und einprägsam gestaltet werden und den Charakter von autosuggestiven Befehlen haben.

> **Tipp:** Wer das Autogene Training erlernen möchte, sollte einen der vielen von Volkshochschulen oder Krankenkasse angebotenen Kurse besuchen. Dort lernen Sie in der Regel in einer Gruppe, zu Hause praktizieren Sie das Training allein. Von einem autodidaktischen Erlernen raten wir ab.
>
> **Autogenes Training** sollte täglich zwei- bis dreimal für drei bis zehn Minuten praktiziert werden. Suchen Sie feste Zeiten oder Gelegenheiten, zu denen Sie üben, so fällt die Integration in den Tagesablauf leichter. Zu langes Üben ist nachteilig und kann zu unerwünschten Wirkungen führen;

> unregelmäßiges Üben nicht zu den angestrebten Wirkungen. Sie benötigen für das Autogene Training einen Raum, in dem Sie weitgehend von äußeren Störungen abgeschirmt sind, empfehlenswert ist bequeme oder gelockerte Kleidung. Die Übungen können Sie im Sitzen oder im Liegen machen.

3.2.3 Yoga

Yoga ist eine aus Indien stammende mehr als zweitausend Jahre alte phiolosophisch-religiöse Lehre und darauf aufbauende Methode der Vervollkommnung des Menschen. Ziel des Yoga ist nach dieser Lehre die Selbstvervollkommnung des Menschen, die durch eine Harmonisierung von Leib, Seele und Geist erreicht werden soll. Nach den Grundideen durchläuft der Übende dabei verschiedene Entwicklungsstufen: Die Zügelung körperlicher Begierden, die Beachtung von Reinheitsvorschriften, das Erlernen bestimmter Körperhaltungen, die Beherrschung des Atems, Verinnerlichung, Konzentration, Meditation, Versenkung. Im Verlauf der Geschichte entstanden daraus Yogaschulen, die jeweils unterschiedliche Aspekte dieser Stufen besonders betonen. Nachdem es in Europa bekannt wurde, haben sich hier eine Vielzahl von Methoden und Systemen entwickelt, die sich zum Teil weit vom ursprünglichen Yoga entfernt haben.

Die folgenden Ausführungen konzentrieren sich auf das Hatha-Yoga, einen in Europa weit verbreitet unterrichteten Weg, der sich insbesondere auf das Erlernen gymnastischer Übungen und der richtigen Atmung konzentriert, mit dem Ziel einen gesunden Zustand des Individuums zu erreichen, bei dem alle Organe unter bewusster geistiger Kontrolle optimal funktionieren. Der Name „Hatha" setzt sich aus den Silben „Ha" für positiven Energiefluss und Sonne, und „Tha" für negativen Energiefluss und Mond zusammen. Yoga bedeutet soviel wie Joch, Verbindung und zusammenfügen. Hatha-Yoga meint also das Wissen von der positiven Sonnenenergie und der negativen Mondenergie, ihrer Verschmelzung zu Harmonie und Gleichgewicht sowie die Fähigkeit, diese Energien zu beherrschen und unter das Joch der Kontrolle zu zwingen, die wir über unseren Körper haben. Der Unterschied zu anderer gymnastischer oder sportlicher Betätigung liegt darin, dass es beim Hatha-Yoga darum geht, sich langsam und behutsam ohne willentliche Anstrengung in eine Stellung hineinzufühlen und schließlich entspannt und innerlich friedvoll in ihr zu verharren. Körper und Geist sollen nicht auf eine möglichst effiziente Weise zu mehr Leistung gebracht werden, sondern im Gegenteil immer gelöster und entspannter werden.

Der Ablauf von Übungen im Hatha-Yoga beginnt immer mit einer Anfangsentspannung oder Anfangsmeditation, die zu einer grundlegenden Beruhigung von Körper und Geist beiträgt, und einer Normalisierung der Atmung. Daran anschließend werden einzelne Übungen (Asanas) durchgeführt. Die Bewegungen dabei sind langsam, harmonisch und werden sehr kontrolliert ausgeführt. Manche der eingenommenen Stellungen wirken dabei passiv und entspannt, sind aber tatsächlich aktiv und dynamisch. Das langsame Strecken von Muskeln zu ihrer vollen Länge verbessert und optimiert eine gleichmäßige Blutzirkulation. Dadurch, dass die Übungen sämtliche Muskelpartien des Körpers trainieren, kommt es in der Folge regelmäßigen Übens zu einer Erweiterung des Bewegungsradius.

Yoga lehrt tiefes und kontrolliertes Atmen. Dadurch verbessert sich zum einen die Sauerstoffversorgung des Organismus, zum anderen breitet sich durch richtige Atmung Ruhe Kraft und Harmonie in der Psyche aus. Sie benötigen für ihre täglichen, mindestens aber dreimal wöchentlichen je etwa halbstündigen Übungen einen ruhigen Raum mit guter Frischluftzufuhr oder einen Übungsplatz in der Natur, eine leichte, bequeme Kleidung (im Winter wärmend) und eine nicht zu weiche Matte, auf der Sie liegen und Übungen durchführen können. Die Füße sollen ohne Schuhe bleiben, Socken sind ausreichend. Yoga ist grundsätzlich auch autodidaktisch erlernbar, jedoch empfehlen wir die Teilnahme an Kursen, die von privaten oder öffentlichen Bildungsträgern angeboten werden. Dies hat zur Ursache, dass ein erfahrener Trainer oder eine erfahrene Trainerin bei auftretenden individuellen Problemen, Schmerzen oder erklärungsbedürftigen Wahrnehmungen sofort mit Rat und Tat zur Seite stehen und erforderlichenfalls die Konsultation eines Arztes anraten werden. Richtige Ernährung spielt im Yoga eine wichtige Rolle, auf die hier nicht weiter eingegangen wird, da der Themenbereich Ernährung in Kapitel 5 dieses Buches eingehend unter dem Gesichtspunkten von Work-Life-Balance behandelt wird.

Yoga ist aus unserer Erfahrung heraus sehr gut geeignet, die Ausgewogenheit der psychischen Befindlichkeit zu unterstützen, wobei der ganzheitliche Ansatz darüber hinaus auch zu einer Harmonisierung von Körper und Seele beiträgt. Langjähriges regelmäßiges Yoga-Training hilft, die Anforderungen aus Berufs- und Privatleben gelassener und energievoller zu bestehen und körperlichen und geistigen Alterungserscheinungen vorzubeugen.

3.2.4 Die fünf Tibeter

Mit der Bezeichnung „Die fünf Tibeter" sind fünf gymnastische Übungen gemeint, die in den letzten Jahren eine hohe Popularität erlangt haben. Sie gehen auf eine englischsprachige Veröffentlichung des Autors Peter Kelder aus dem Jahre 1939 zurück, die den Titel „The Eye of Revelation" trug. Diese Veröffentlichung ihrerseits wurde mutmaßlich inspiriert von James Hiltons Anfang der dreißiger Jahre in dem Roman „Der verlorene Horizont" dargestellte Shangrila-Geschichte. In dieser Geschichte deutet Hilton das Geheimnis der scheinbar alterslosen Lamas von Shangrila an: rituelle Körperübungen.

Die fünf Tibeter sind verblüffend einfache, hochwirksame energiespendende Übungen, die entweder ihre Wurzeln im Yoga haben oder selber zu den Wurzeln des Yoga gehören. Ihre Erlernung ist ohne Lehrer anhand eines Buches möglich. Es überrascht, wie schnell und stark positive Übungseffekte zu erzielen sind. Je älter man bei Aufnahme der Übungen ist, umso sichtbarer und spürbarer sind die Wirkungen; manche Autoren sprechen von den fünf Tibetern als „Quelle der Jugend".

> **Tipp:** Die Übungen können von jedem gesunden Menschen praktiziert werden, in Zweifelsfällen, beispielsweise bei Rückenproblemen, sollten Sie vorsichtshalber Ihren Arzt konsultieren, bevor Sie die Übungen in Ihr tägliches Leben aufnehmen.

3.2.5 Qigong

Qigong ist der Name einer mehr als zweitausend Jahre alten chinesischen Methode zur ganzheitlichen Gesundheitsförderung und Heilung. Unter „Qi" wird dabei die alles durchdringende Lebensenergie verstanden, die in uns und um uns herum in der Umwelt fließt. Im Menschen bewirkt Qi Wärme, Schutz vor Krankheiten, das Aufrechterhalten der inneren Ordnung des Körpers und die Transformation von Nahrung in Energie. Gong bedeutet soviel wie Übung, ausdauernde Arbeit, bewegen (vgl. Micheline Schwarze, Qigong – Gesund durch sanfte Bewegung, GU, München 1995). Beim Qigong werden langsame, fließende Bewegungen mit Atemübungen, Körperhaltungen und Vorstellungen kombiniert. Als Ergebnis regelmäßigen Übens wird eine Kräftigung und Harmonisierung von Körper, Geist und Seele erreicht. Beschwerden werden gelindert, das Wohlbefinden steigt.

Qigong lässt sich in Kursen privater oder öffentlicher Bildungsträger ebenso erlernen wie in Kliniken und darauf spezialisierten Praxen. Auch Krankenkassen bieten häufig Qigong-Kurse zur Gesundheitsförderung an. Eine spezielle Ausrüstung ist nicht erforderlich, bequeme Kleidung ist zweckmäßig. Man kann allein oder in Gruppen üben, das Üben in Gruppen hat den Vorteil, dass man voneinander lernen kann. Gruppen, die unter Anleitung üben, haben den Vorteil, dass man sich ganz auf die Ausführung der Übungen konzentrieren kann, weil der Instruktor die Übungen vormacht oder Anweisungen zur Abfolge geben kann, ohne dass man sich selber darauf besinnen muss, was als nächstes Element kommt. Das Durchführen der Übungen im Freien hat den Vorteil, dass frische Luft und die Energie von Pflanzen in reichem Maße zur Verfügung stehen und dass man bewusst die Farben in der Natur auf sich wirken lassen kann. Nach chinesischer Vorstellung kräftigt alles, was das Auge oder andere Sinne erfreut, das Qi. Dazu gehört beispielsweise auch der Gesang der Vögel, das Rauschen des Windes, das Murmeln eines Baches, das Berühren eines Baumes, das Anhören ruhiger Musik.

Um die positiven Wirkungen von Qigong zu erfahren, ist eine vertiefte Beschäftigung mit dem philosophischen Hintergrund des Qigong aus Taoismus, Konfuzianismus und Buddhismus ebenso wenig erforderlich wie ein perfektes Verständnis der Gründe für das erfolgreiche Wirken der Übungen. Dementsprechend ist es auch nicht erforderlich, sich im Einzelnen mit chinesischer Medizin zu befassen, innerhalb derer Qigong als Therapie für eine Vielzahl von Gesundheitsstörungen empfohlen wird. Wir empfehlen allerdings die Beschäftigung mit diesen Hintergründen, weil damit auch ein im Sinne von Work-Life-Balance wünschenswerter Erkenntnisgewinn verbunden ist.

Verwandt ist insbesondere das Tai Ji Quan, auf das an dieser Stelle nur verwiesen sei. Die Idee des Qi findet sich des Weiteren insbesondere in der Akupunktur und Akupressur, denen die Vorstellung zugrunde liegt, dass im/auf dem Körper Energiebahnen, die so genannten Meridiane verlaufen. Durch Stimulierung von Stellen/Energieknotenpunkten, an denen die Energieflüsse behindert sind, können Blockaden aufgehoben und ein besserer Allgemeinzustand erreicht werden.

> **Tipp:** Wenn Sie sich entschließen, Qigong näher kennen lernen zu wollen, empfiehlt es sich, im Tagesablauf Zeiten dafür festzulegen, zu denen Sie regelmäßig üben können. Günstig ist die Zeit nach dem Aufstehen und die Zeit vor dem Schlafengehen. Sie sollten sich beim Üben nicht unter Zwang setzen. Während akuter Erkrankungen sollten Sie pausieren. Sofern Sie in psychotherapeutischer Behandlung sind, besprechen Sie bitte mit Ihrem Therapeuten, inwieweit Qigong bei Ihren Problemen hilfreich sein kann.

3.2.6 Progressive Muskelrelaxation nach Jacobson

Die Progressive Muskelrelaxation ist eine schnell zu erlernende, effektive und jederzeit anwendbare Methode zur körperlichen und geistigen Entspannung, die zu Beginn des 20. Jahrhunderts in den USA von E. Jacobson entwickelt und propagiert wurde. Sie basiert auf dem Prinzip gezielten Anspannens von Muskelgruppen und dem folgenden plötzlichen Lösen der Anspannung. Der psychische Effekt der Entspannung, also seelische Ausgeglichenheit, Gelassenheit, innere Ruhe, stellt sich über die regelmäßige, d. h. tägliche Ausübung der Muskelübungen ein. Sind die Übungen vertraut und stellen sich die Entspannungseffekte schnell und zuverlässig ein, kann der Rhythmus der Übungen auf zwei bis drei Durchläufe pro Woche verringert werden, ohne dass der Körper die Fähigkeit zur schnellen und gezielten Entspannung wieder verliert.

> **Tipp:** Außer bequemer Kleidung, einer weichen Unterlage, auf der Sie bequem liegen können, und einem Raum, wo sie ungestört üben können, benötigen Sie keine weiteren Utensilien. Nehmen Sie sich etwa eine Dreiviertelstunde Zeit für ein ausführliches Übungsprogramm. Sie können die Progressive Muskelrelaxation in Kursen privater oder öffentlicher Bildungsträger erlernen, oder aber anhand eines Buches. Bitte beachten Sie beim autodidaktischen Vorgehen die vorsorglichen Warnhinweise, unter welchen Umständen bestimmte Übungen nicht ausgeführt werden sollen. Fragen Sie in Zweifelsfällen einen Arzt oder Physiotherapeuten.

Die Grundübungen der Progressiven Muskelrelaxation sind für eine liegende Position gedacht. Es gibt weitere Übungen, die im Sitzen oder im Stehen durchgeführt werden können, so dass Sie jederzeit und jedenorts diese Methode zur Entspannung nutzen können.

Eine wichtige Rolle kommt bei der Progressiven Muskelrelaxation – wie bei anderen hier beleuchteten Methoden zur Entspannung – der richtigen Atmung zu. Die richtige Atmung ist eine entspannte. So können Sie jedoch nur atmen, wenn Sie in den Bauch hinein atmen. Das tun Sie automatisch in entspanntem Zustand, zum Beispiel im Schlaf. Zum Ausprobieren legen Sie sich flach auf den Rücken und legen eine Hand auf den Bauch unterhalb des Rippenbogens. Wenn Sie nun einatmen, wölbt sich der Bauch ein wenig, beim Ausatmen senkt sich die Bauchdecke wieder. Ihre Schultern und Ihre Brust sollen sich bei dieser richtigen Atmung nicht anspannen oder bewegen.

Man nennt die richtige Atmung auch Zwerchfellatmung. Das Zwerchfell ist ein großer Muskel, der den Bauchraum vom Brustraum trennt. Beim richtigen Einatmen zieht sich das Zwerchfell zusammen und drückt den Magen nach unten, wodurch Luft in die Lunge gesogen wird und die Bauchdecke sich vorwölbt. Beim Ausatmen wölbt sich das Zwerchfell wieder nach oben und drückt die Luft aus der Lunge hinaus, die Bauchdecke sinkt wieder. Lassen Sie sich durch den Zwang, nach einer starken Muskelanspannung im Rahmen der Übungen heftig ein- oder auszuatmen, nicht irritieren, stören Sie sich auch nicht an den damit verbundenen auffälligen Geräuschen, lassen Sie diese zu!

Bei allen im Liegen durchzuführenden Übungen stellen Sie zunächst sicher, dass Sie richtig atmen. Dann spannen Sie die angegebenen Muskeln oder Muskelgruppen mit aller Kraft fest an und halten die Spannung je nach körperlicher Verfassung zwei bis vier Sekunden aufrecht. Ein Zittern, das dabei auftritt, gibt Ihnen Gewissheit, dass Sie tatsächlich Ihre ganze Kraft aufbieten. Am Anfang sind zwei Sekunden zunächst ausreichend, mit steigender Übung können Sie auf vier Sekunden steigern. Dann lösen Sie die Muskelspannung so plötzlich, als verlören Sie vom einen auf den anderen Moment alle Kraft. Wichtig ist es nun, in den folgenden etwa zwei Minuten den Reaktionen im Körper nachzuspüren, die sie durch Anspannen und Lösen hervorgerufen haben. Diese Phase können Sie mit steigender Übung dann auf etwa eine halbe Minute reduzieren. Anschließend wiederholen Sie die jede Übung noch einmal.

> **Tipps:** Beachten Sie bitte, dass Sie eine Übung sofort abbrechen, wenn Sie Schmerzen bekommen. Starten Sie einen erneuten Versuch mit reduziertem Krafteinsatz. Bleibt der Schmerz, sollten Sie einen Arzt konsultieren, damit dieser feststellen kann, ob eine körperliche Ursache vorliegt. Unter Beachtung der vorstehenden allgemeinen Hinweise können Sie nun systematisch üben. Die Reihenfolge eines solchen Basisprogramms (vgl. hierzu: Johnen, Wilhelm, Muskelentspannung nach Jacobson, München 1995) könnte dabei sein:
> - Ballen Sie Ihre Füße zusammen wie eine Faust.
> - Ziehen Sie Ihre Zehen an und spreizen Sie sie.
> - Strecken Sie die Zehen und die Füße, als wollten Sie auf den Zehenspitzen tanzen.
> - Ziehen Sie die Zehen Richtung Knie und lassen dabei die Fersen auf der Unterlage.
> - Heben Sie die Fersen mit aller Kraft an, lassen Sie dabei die Oberschenkel auf der Unterlage (nur geringer Hub bei durchgedrückten Knien möglich).
> - Drücken Sie die Ferse mit aller Kraft gegen den Untergrund, lassen Sie dabei die Oberschenkel auf der Unterlage.

- Drücken Sie die Knie durch, heben Sie die Beine eine Handbreit vom Boden ab, Spannen Sie die Muskeln an der Oberseite Ihrer Oberschenkel.
- Drücken Sie die Knie durch, pressen Sie die Waden gegen den Boden, spannen Sie die Muskeln der Unterseiten Ihrer Oberschenkel an.
- Spannen Sie Ihren großen Gesäßmuskel.
- Spannen Sie die Schließmuskel von Darm und Blase an (Beckenbodenmuskulatur), ohne Bauchmuskeln und Gesäßmuskeln mit anzuspannen.
- Wölben Sie den Bauch mit aller Kraft nach vorn.
- Ziehen Sie den Bauch so weit und fest wie möglich nach innen.

Achtung: Die Rückenübungen, die nun folgen, dürfen nur mit gesundem Rücken ausgeführt werden, ansonsten ist heilgymnastische Unterstützung zum Training der Muskulatur erforderlich.

- Drücken Sie die Mitte des Rückens gegen die Unterlage, Becken und Schultern dürfen sich dabei vom Boden heben.
- Heben Sie die Mitte des Rückens so weit wie angenehm möglich von der Unterlage, Schultern und Becken bleiben auf der Unterlage.

Achtung: Die folgende Übung sollte von Asthmakranken nicht durchgeführt werden!

- Weiten Sie den Oberkörper so stark, wie es angenehm möglich ist, dazu atmen Sie ausnahmsweise tief in den Brustraum hinein.
- Ziehen Sie Ihre Schultern nach vorne, vor die Brust, nicht in Richtung Ohren.
- Ziehen Sie die Schulterblätter im Rücken zusammen, nicht in Richtung Ohren.
- Ziehen Sie die Schulterblätter in Richtung Ohren so hoch wie möglich.
- Ballen Sie die Hände zu Fäusten, ziehen Sie die Fäuste in Richtung Oberarme.
- Ballen Sie Ihre Hände zu Fäusten und winkeln die Fäuste bei gestreckten Armen in Richtung Oberarme.
- Spannen Sie Ihre Gesichtsmuskeln an, indem sie Grimassen schneiden.
- Beenden Sie das Übungsprogramm mit einer gleichzeitigen Anspannung aller zuvor trainierten Muskelgruppen und verzichten dabei auf das Nachspüren.

3.2.7 Sauna

Die heilsame Wirkung der Sauna ist ein Effekt der Entspannung, der Regeneration und der Unterstützung des vegetativen Gleichgewichts. Beim Saunagang wird dem Körper Wärme zugeführt, was zur Steigerung der Schweißproduktion führt. Die Verdunstung eines Teils des Schweißes bringt Verdunstungskühle mit sich. Die Wärmeregulationsfähigkeit wird stark gefordert, sie muss die Kerntemperatur des Körpers auf zuträglichem Niveau halten.

Nach acht bis zwölf Minuten sollte der erste Durchgang zu Ende sein, erforderlichenfalls kann noch ein Aufguss, der die Funktion hat, die Atemwege zu befeuchten, erfolgen. Mehr als ein Aufguss ist nicht empfehlenswert, die Kreislaufbelastung wird zu hoch. Nach dem Verlassen der Sauna beginnt die Abkühlphase, die am besten im Gehen, nicht im Stehen begonnen wird. Das anschließende Kühlen durch Wasser folgt dem Grundsatz einer allmählichen Abkühlung (warm, lauwarm, kalt, sehr kalt), nicht dem einer schockartigen Senkung der Temperatur, die zu einer schweren Belastung für den Blutdruck führt. Jeder Saunagang fordert eine Regenerationsphase von etwa einer Dreiviertelstunde, ein bis zwei Saunagänge sind ein sehr guter Ausgleich nach einem anstrengenden und ereignisreichen Tag und helfen zur Erlangung eines vegetativen Gleichgewichts. Für die Gesundheit ist es förderlich und ausreichend, ein bis zwei Saunabesuche pro Woche vorzusehen, ggf. ergänzt durch eine Massage (vgl. Ruediger Dahlke, Baldur Preiml, Franz Mühlbauer, „Die Säulen der Gesundheit", München, 2001).

3.2.8 Meditation

Als Meditation wird jede Methode und ihre Anwendung bezeichnet, mittels der man zu seiner Mitte, dem Kern des eigenen Wesens gelangen kann. Meditation geht über bloße Entspannung hinaus, sie setzt aber darauf auf. Seit den neunzehnhundertsechziger Jahren ist aus dem asiatischen Raum eine Vielzahl von Meditationsmethoden zu uns in den Westen gelangt. Dies hat deutlich gemacht, dass wir in unseren westlichen Kulturkreisen und Wirtschaftsräumen offenbar Defizite in punkto Sinngebung, Visionen und Träumen aufgebaut hatten. Mittels Meditationstechniken können diese Defizite wieder aufgearbeitet werden, die Zahl der Menschen, die auf diese Weise wieder zu sich finden, nimmt ständig zu; auch die frühere misstrauische Haltung von Unternehmen ist inzwischen der Erkenntnis gewichen, dass Mitarbeiter, die sich einer ganzheitlichen Lebensweise einschließlich dem Meditieren zuwenden, wichtige Stützen des Unternehmens sein können, weil sie ihre Phantasie, ihr kreatives Potential besser nutzbar machen können.

Bei der Meditation entstehen Bilder, Geräusche oder andere Sinnesreize, die rein mental produziert und wahrgenommen werden. Diese Eindrücke haben – wie Träume – häufig eine starke symbolische Bedeutung, nicht selten mit einem Erleuchtungscharakter. Auch ohne das Praktizieren von so benannten Meditationstechniken können Erleuchtungserlebnisse entstehen. Das Phänomen ist beispielsweise aus Träumen bekannt, aus dem Ausüben von Sportarten, dem Musizieren oder auch dem Missbrauch von Drogen.

Grundsätzlich ist zwischen freien und geführten Meditationen zu entscheiden. Unter freien Meditationen werden Meditationen verstanden, bei denen versucht wird, das Denken sehr stark einzustellen oder gar zu beenden, um dann auf die aufsteigenden Bilder und Gedanken zu achten, ohne sie steuern oder beeinflussen zu wollen. Die Schwierigkeit bei den freien Meditationen liegt darin, dass die Forderung der Gedankenreduzierung kaum zu realisieren ist. Versuchen Sie hierzu einmal, für einen Zeitraum von drei Minuten sich auf lediglich einen einzigen Gedanken, wie etwa das ruhige Beobachten des eigenen Atemflusses zu konzentrieren. Sie müssen damit rechnen, dass Ihnen eine Vielzahl von anderen Gedanken unwillkürlich dazwischengerät. Geführte Meditationen umgehen diese Schwierigkeit, indem Sie Gedankengänge und -ketten vorgeben, die den Zugang zum eigenen Inneren erleichtern. Diese „Reisen ins eigene Innere" kann man erfahren, indem man sich Kassetten oder CDs mit entsprechenden Texten beschafft und anfängt mit ihrer Hilfe zu meditieren. Im Buchhandel sind entsprechende Titel lieferbar, aus denen man sich entweder selber Kassetten besprechen kann oder von einem Partner die geführten Meditationen vorlesen lassen kann.

Meditieren kann zur Erlangung eines ausgeglichenen Zustandes im Sinne von Work-Life-Balance entscheidende Beiträge liefern.

Wenn Sie sich auf die spannende Reise in ihr eigenes Inneres begeben, seien Sie nicht ungeduldig und erwarten Sie nichts Bestimmtes, lassen Sie die Erfahrungen auf sich zukommen.

3.2.9 Beten

Für Menschen, die in christlicher Tradition sozialisiert wurden, ist das Gebet ein vertrauter, normaler Vorgang, bei dem sie sich an Gott wenden, um ihm ihre Wünsche, Hoffnungen, Sorgen oder Probleme vorzutragen und um Hilfe zu bitten oder ihm für gewährte Hilfe zu danken. Basis eines solchen Verhaltens ist der Glaube an Gott. Jeder Mensch, der über einen solchen Glauben und damit einen solchen Zugang zu Gott verfügt, hat damit ein unerschöpfliches Potential an Energie zur Verfügung, das ihm bei der Bewältigung seines Lebens hilft. Damit ergibt sich, dass Work-Life-Balance für diese Menschen leichter zu erreichen sein kann als für Menschen, denen das Gebet und der Glaube nicht zur Verfügung stehen.

Außer der Kraft spendenden Wirkung hat das Gebet auch noch eine befreiende Wirkung, weil der Gläubige im Gebet Gott unangenehme Dinge – wie eigenes Fehlverhalten – anvertrauen kann, über die er vielleicht mit niemandem sprechen mag. Die Ventilwirkung und entspannende Wirkung des Formulierens oder Verbalisierens von Problemen ist unabhängig von einem Glauben an Gott in der Psychotherapie bekannt und wird entsprechend genutzt.

Ein weiterer interessanter Aspekt liegt darin, dass gebetsweise tiefe Versenkungszustände erreicht werden können, die denen von Meditationen ähneln.

Sofern Sie gläubig sind, nutzen Sie die Kraft und weiteren Möglichkeiten des Gebets auf dem Weg zur Realisierung von Work-Life-Balance.

3.2.10 Schlafen

Das Schlafen ist die einfachste und natürlichste Art, sich zu regenerieren und Harmonie in Körper, Geist und Seele wiederherzustellen. Work-Life-Balance kann ohne ausreichenden gesunden Schlaf nicht erreicht werden.

Im Rahmen unserer menschlichen Entwicklungsgeschichte hat

sich der Organismus auf den natürlichen, sich im Jahresablauf ändernden Wechsel von hellen und dunklen Tageszeiten eingestellt. Unsere heutige Lebensweise hingegen hat den Tag bis weit in die dunklen Stunden hinein verlängert, was wegen unserer elektrischen Beleuchtung keine Schwierigkeiten verursacht. Damit verlagern wir Schlafzeiten in Zeiten, in denen wir natürlicherweise wieder wach sein sollten, und Wachzeiten auf Stunden, die natürlicherweise dem Schlaf vorbehalten sind. Durch den Wecker lassen wir uns aus dem Schlaf reißen, wann immer wir es für nötig halten. Wir akzeptieren Wohnlagen an stark befahrenen Straßen, wo es auch nachts nicht zur nötigen Ruhe kommt, so dass der tiefe erholsame Schlaf zu kurz kommt. In Kapitel zwei dieses Buches ist eingehend erläutert, welche Schlafstörungen heute zu beobachten sind.

Tipps: Wir raten dazu, das eigene Schlafverhalten den natürlichen Bedürfnissen wieder anzunähern. Dazu ist es hilfreich, sich an einige Regeln zu halten:
- Essen Sie früh und leicht zu Abend.
- Gehen Sie nicht sofort nach dem Abendessen ins Bett, warten Sie noch zwei bis drei Stunden.
- Sorgen Sie für angenehm frische, kühle Luft im Schlafzimmer.
- Wählen Sie zum Schlafen den ruhigst möglichen Raum.
- Sehen Sie im Schlafzimmer nicht fern.
- Sorgen Sie für körperliche Müdigkeit durch ein ausreichendes Maß an regelmäßiger Bewegung.
- Praktizieren Sie Entspannungstechniken.
- Lesen Sie vor dem Einschlafen keine aufwühlenden Texte und schauen Sie sich keine aufwühlenden Fernsehsendungen, Videos oder DVDs an.
- Trinken Sie keinen Alkohol, um sich so zu betäuben, dass Sie schlafen können.

Ärgern Sie sich nicht, wenn Sie nachts wach werden oder durch ein Telefonklingeln oder sonstige akustische Störungen aus dem Schlaf gerissen werden. Ihr Körper wird Sie wieder einschlafen lassen, wenn er den Schlaf braucht. Wenn Gedanken Sie beunruhigen, versuchen Sie es mit der Vorstellung, dass diese Gedanken zwar ihre Wichtigkeit haben, jetzt im Augenblick aber nicht gewürdigt werden, weil Sie schlafen wollen. Sie sollten sich vornehmen, später bei geeigneter Gelegenheit auf die Gedanken zurückzukommen. Leben Sie Work-Life-Balance, indem Sie auf die Bedürfnisse Ihres Körpers und Ihrer Psyche achten, und profitieren Sie von den positiven Reaktionen.

3.2.11 Musizieren

Das Erlernen eines Instrumentes ist ein Unterfangen, das Ausdauer und Durchhaltevermögen erfordert, Instrumentalunterricht wie auch die Anschaffung eines Instrumentes und der Noten kosten Geld. Dafür handelt man sich ggf. dauerhafte Vorteile ein, von denen hier eine Auswahl aufgeführt sei:

- Verbesserung der Kordinationsfähigkeit und Feinmotorik
- Verbesserung der Konzentrationsfähigkeit
- Stärkung des Durchhaltevermögens
- Verbesserung von Teamfähigkeit
- Verbesserung der Toleranz
- Individuelle und kollektive Erfolgserlebnisse
- Anerkennung
- Stärkung der Gelassenheit
- Stärkung der Fähigkeit, unter Druck Leistung zu erbringen
- Stärkung des Selbstbewusstseins
- Stärkung der Fähigkeit, zuhören zu können
- Stärkung der Fähigkeit, abschalten zu können
- Gewinnung von Sozialkontakten
- Stärkung der Wahrnehmungsfähigkeit
- Stärkung der Erlebnisfähigkeit

Die positive Wirkungsweise des Musizierens auf die Psyche ähnelt sehr den Wirkungen der vorstehend erläuterten Techniken und Übungen, auch wenn im allgemeinen Sprachgebrauch das Musizieren jedenfalls bis heute nicht primär als Technik zur Erzielung von Work-Life-Balance bezeichnet wird. Allerdings gehörte das Erlernen eines oder mehrerer Instrumente in der Vergangenheit zu den klassischen Bildungszielen. Die Konzentration auf Noten, deren Umsetzung in Töne und auf die ansprechende Interpretation der Musik erreicht beim Musizieren ein so hohes Maß, dass es der Kon-

zentration beim Autogenen Training und bei Meditationen vergleichbar ist. Das Hineinempfinden in die Klänge und Harmonien fördert das Zulassen von Empfindungen und das Erlernen des Umgangs mit Gefühlen. Zusätzlich zu den vorstehend aufgeführten Vorteilen bringt das Erlernen eines Blasinstrumentes die Beherrschung der richtigen Atmung mit sich. Wer anstelle des Instrumentalunterrichtes Vokalmusik, speziell Chormusik bevorzugt, profitiert ebenfalls in reichem Maße davon:
- Erlernung der richtigen Atmung
- Erfolgserlebnisse
- Anerkennung
- Stärkung des Selbstbewusstseins
- Stärkung der Ausdauer
- Gewinnung von Sozialkontakten
- Stärkung der Teamfähigkeit

Aus Studien an Schulkindern ist bekannt, dass das Erlernen eines Musikinstrumentes, also einer zeitaufwendigen Fähigkeit, nicht etwa zu schlechteren schulischen Leistungen in den anderen Fächern führt, sondern insbesondere in den Fächern Mathematik, Deutsch und Englisch zu signifikanten Leistungssteigerungen gegenüber Kontrollgruppen beiträgt. Erfahrene Chormitglieder verfügen in der Regel über eine besonders modulationsfähiger Stimme, was beim Verhandeln mit anderen Menschen, beim Ausdruck der eigenen Persönlichkeit in Situationen, in denen es auf Authentizität ankommt, und in allen moderierenden Tätigkeiten hilfreich ist.

Häufig begegnet man dem Einwand, dass man als erwachsener Mensch doch zu alt für das Erlernen eines Instrumentes sei. Hierzu ist festzustellen, dass dies aus den Erfahrungen von Instrumentallehrern und nach allen Erkenntnissen der Musikpsychologie so pauschal nicht zutrifft. Zwar stimmt es, dass die Feinmotorik und Koordinationsfähigkeit von Erwachsenen sich nicht mehr so leicht auf das Spielen eines Instrumentes einstellen kann wie die eines Kindes. Es trifft auch zu, dass ein erwachsener Anfänger fast keine Möglichkeiten hat, zu einem vielbeachteten Virtuosen auf dem Instrument seiner Wahl zu werden. Erwachsene lernen aber mit mehr Überblick und erfassen Zusammenhänge komplexer Natur häufig schneller. Sie üben systematischer, disziplinierter und ausdauernder. Sie sind zielorientierter in ihrem Handeln. Diese Vorteile des Erwachsenen führen dazu, dass die Lerngeschwindigkeit im Instrumentalunterricht nicht oder nicht wesentlich hinter der von Kindern und jugendlichen Musikschülern zurückbleibt. Außerdem liegt die Motivation des erwachsenen Anfängers ja nicht darin, ein professionell guter Musiker zu werden, sondern sich die Vorteile des Musizierens im Sinne von Work-Life-Balance zu erobern.

> **Tipp:** Wenn Sie dem Gedanken, Musizieren zu wollen, näher treten möchten, empfehlen wir Ihnen, Kontakt zu einer öffentlichen oder Privatmusikschule, zu einem Instrumentallehrer oder zu einem Chor aufzunehmen und sich zunächst beraten zu lassen. Erläutern Sie, was Sie vom Erlernen eines Instrumentes oder vom Chorsingen erwarten. Gerne wird man Ihnen Gelegenheit geben hineinzuschnuppern. Soweit Sie noch kein eigenes Instrument besitzen oder das Risiko einer Anschaffung vermeiden wollen, wird man Ihnen häufig auch ein Leihinstrument vermitteln können.

Außer dem aktiven Musizieren besitzt auch das passive Musikhören Vorteile für die Work-Life-Balance. Diese liegen vor allem in der Steigerung der Erlebnisfähigkeit und der Wahrnehmungsfähigkeit. Musiktherapie ist eine Form der Psychotherapie, die in Zusammenhang mit anderen Formen der Psychotherapie angewendet wird und die Selbstwahrnehmung der Patienten aktiv – durch Musizieren – oder passiv – durch Anhören von Musik – verbessern soll. Die Wirkung von Musikstücken auf die Stimmung von Menschen kann bewusst von jedem Individuum für eigene Zwecke eingesetzt werden, wird aber auch instrumentalisiert, um Einfluss auf Dritte auszuüben. Dies hat zum Beispiel dazu geführt, dass in Kaufhäusern instrumentale Hintergrundmusik läuft, die eine entspannte und heitere Atmosphäre erzeugen soll, in der die Kunden lieber einkaufen. Marschmusik sollte den Kampfesmut und die Begeisterung der Soldaten stärken. Hardrock hat eine stark aufpeitschende Wirkung auf die Rezipienten.

4. Physische Erkrankungen als Folge dauernder Voll- und Fehlbelastung

Work-Life-Balance und Körperlichkeit – diese beiden Begriffe bilden im Vorstellungsvermögen vieler Menschen ein gegensätzliches Begriffspaar. Körperlichkeit, die ihren Ausdruck im Sport findet, gehört zur freien Zeit, zu dem, was Menschen in der Früh, an Abenden und Wochenenden machen. Für manche gehören Körperlichkeit und Sport schon eher zum unternehmerischen Alltag einiger fernöstlicher oder amerikanischer Unternehmen, vielleicht noch zur hiesigen Sportartikelbranche im weitesten Sinn. Insofern wird bewusst gelebte Körperlichkeit und Sport aus dem Alltag vieler Führungskräfte eliminiert, da es stets wichtige Entscheidungen und Verpflichtungen gibt, die Priorität genießen (müssen!?). Oder anders ausgedrückt: Körperliche Aktivitäten werden bei viel beanspruchten Menschen als zusätzliche Be- statt als Entlastung empfunden. Die Folge ist, dass gelebte Körperlichkeit als Sport sprichwörtlich auf der Strecke bleibt, da dieser aus vielen Wochen-Zeitplänen ausgegrenzt wird. In der Beratungspraxis bleibt es oft bei der vagen Absichtserklärung unserer Klienten, in Zukunft mehr für den eigenen Körper tun zu wollen. Die Konsequenz dieser mentalen Einstellung zur Körperlichkeit kann in einem Zwischenfazit mit einem Begriff klar umrissen werden: Bewegungsmangel. An diesem Punkt möchten wir mit unserer Intervention beginnen: Den Folgen eines Konglomerats von Krankheiten, die unter dem Begriff der „Bewegungsmangelkrankheiten" subsumiert werden können.

Diesen präventiv zu begegnen, wirkt sich über die Individualebene von Work-Life-Balance hinaus positiv auf Ihr Unternehmen und die Gesellschaft aus, denn Prävention durch Work-Life-Balance rechnet sich. Jährlich werden immer größere Summen in die Nachbehandlung von Bewegungsmangelkrankheiten investiert (2001 waren es in Deutschland 30 Milliarden D-Mark, hierin nicht enthalten sind die Lohnfortzahlungen, Vertretergehälter usw.). Hinzu kommt, dass insbesondere die Zahl von Herzinfarkten und Schlaganfällen in den letzten Jahrzehnten dramatisch angestiegen ist: Derzeit sterben von ca. 130.000 Herzinfarktpatienten jährlich etwa 45.000 (~ 35 %), 350.000 Deutsche erleiden jährlich einen Schlaganfall, 70.000 (~ 20 %) sterben daran (vgl. Gasser 2001). Eine Vielzahl bleibt ganz oder partiell gelähmt und kann nicht in den Berufsprozess zurückkehren. Ein weiterer Problembereich, der mittlerweile ebenfalls zur Volkskrankheit wurde, ist die Wirbelsäule (insbes. die Lendenwirbelsäule). Auch hier steigt die Zahl langfristig Geschädigter alarmierend an.

Dieses „Drohszenario" können Sie für sich selbst und auch für Ihre Organisationseinheit relativ leicht mit Work-Life-Balance abwenden. Gelebte Körperlichkeit heißt dabei, Bewegung, Sport, passive Regeneration und Ernährung in ein Wohlfühlverhältnis im Sinne des Pentagramms zu bringen. Der erste Schritt hierzu ist das angemessen sensible „in sich hinein hören und fühlen". Die psychischen Einflussfaktoren und mögliche Interventionsoptionen wurden im vorigen Kapitel diskutiert. Diese sind wesentlicher Bestandteil und gleichzeitig zentrale Voraussetzung für bewusst gelebte Körperlichkeit. Hier geht es darum, Sport dort zum festen Bestandteil Ihres Tagesablaufs zu machen, wo es möglich und sinnvoll ist. Dies ist beispielsweise nicht der Fall, wenn Sie mental durch Spannungen zu sehr belastet sind. Das kann nur einen Tag oder aber auch ganze Phasen betreffen. Wenn beispielsweise ein naher Angehöriger für einen bestimmten Zeitraum abwesend ist (beispielsweise zu einem Klinikaufenthalt), ist es wichtig, diese zeitlich limitierte Phase in den Alltag zu integrieren. Diese Phasen mit eingeschränkter gelebter Körperlichkeit zu akzeptieren, sind wichtig für eine positive und Sie fördernde Work-Life-Balance. Generell sollte für Sie aber gelten: Drei bis vier Mal pro Woche den Körper dem Alter und dem Leistungsstand entsprechend mit sportlichen Reizen herausfordern. Ganz wichtig dabei: Der Sport sollte Ihnen Spaß machen und abwechslungsreich sein.

> **Tipp:** Schließen Sie mit sich selbst einen Vertrag und legen Sie diesen zu Ihren persönlichen Unterlagen. Schreiben Sie in diesen Vertrag alles herein, was Ihnen erwünscht und realisierbar erscheint, wenn Sie konsequent bleiben. Wenn Sie aus beruflichen/privaten Gründen temporär unter starkem Druck sind, stehen Sie dazu und gestehen Sie Ihrem Körper

> Konzessionen an diese Situationen zu. Nehmen Sie auch diese „Eventualitäten" mit in Ihre Vertragskonzeption auf. Zum Vertrag noch eine wichtige Anmerkung: Niemand kauft unbesehen ein Haus oder Auto. Erstellen Sie den Vertrag erst nach einer Probephase, in der Sie bewusst gelebte Körperlichkeit über einen längeren Zeitraum (beispielsweise vier bis sechs Wochen) in Ihren Alltag integriert haben.

Gesundheit ist im weiteren Sinne „... der Zustand völligen körperlichen, geistigen, seelischen und sozialen Wohlbefindens ... und im sozialversicherungsrechtlichen Sinn der Zustand, aus dem Arbeits- bzw. Erwerbsfähigkeit resultiert" (WHO-Definition. In: Pschyrembel, 1998, S. 571). Ziel bewusst gelebter Körperlichkeit als wichtiger Komponente von Work-Life-Balance ist daher vor allem die Harmonie und Ausgeglichenheit von Körper und Geist, die gesundheitsförderlich wirkt und die Belastbarkeit somit steigert. Darüber hinaus soll Work-Life-Balance dazu beitragen, in der Erwerbsphase möglichst beschwerdenfrei zu bleiben, um so ein hohes Alter vital erreichen zu können. Dieser Ansatz ist von „forever young" weit entfernt und soll dazu beitragen, körperlich das Mögliche zu tun, um gesund alt zu werden.

4.1 Gefährdung des Herz-Kreislauf-Systems durch Folgen von Arteriosklerose

Aufgrund stark zunehmender Herzinfarkt- und Schlaganfallzahlen erscheint es in einem ersten Ihre Physis betreffenden Schritt sinnvoll, auf einige arteriosklerosebedingte Krankheiten und deren allgemeine Phänomene hinzuweisen und Ihnen diese oberflächlich näher zu bringen. Das erspart Ihnen aber nicht den Gang zu Ihrem Hausarzt, sollten Sie sich zu Bewegung mit System und einer gewissen Ernährungsumstellung entscheiden.

Der menschliche Körper weist bei einem normalgewichtigen Menschen im Regelfall einen Muskelanteil von 35 bis 40 Prozent auf. Das Verhältnis von Muskulatur und Organen wird durch den Satz „... der innervierte Muskel agiert, die Organe reagieren" (Israel, 1995, In: Geiger, 1999, S. 18) verdeutlicht. Somit ist ein Körper, der einer konstanten und konstruktiven sportlichen Belastung ausgesetzt wird, robuster, krankheitsresistenter und insgesamt stabiler. Dem Herzen kommt hierbei als zentralem Kraftwerk Ihres Körpers besondere Bedeutung zu: Die Leistungsfähigkeit Ihres ganzen Körpers ist abhängig von der des Herzen. Es ist vergleichbar mit dem Motor eines Autos. Die beste und schönste Karosserie kann physikalisch ohne den Motor nicht von sich aus bewegt werden. Die Leistungsfähigkeit des Herzens unterliegt primär dem Zusammenwirken vom vegetativen Nervensystem, den Hormonen (Adrenalin und Noradrenalin) und dem eigenen Erregungsbildungs- und -leitungssystems, aufgrund dessen das Herz autonom tätig ist.

Viele der in der Folge angesprochenen Krankheiten lassen sich ursächlich auf die Arteriosklerose, die Gefäßverkalkung, zurückführen. Bei den Risikofaktoren für diese Krankheit gibt es sowohl Faktoren, die nicht beeinflussbar sind, als auch jene, die beeinflussbar sind. Von uns nicht beeinflussbar sind die Faktoren Erbgut, Lebensalter und Geschlecht, wobei Männer ein deutlich höheres Arterioskleroserisiko haben als Frauen. Von uns beeinflussbar sind andere Faktoren, an dieser Stelle sollen beispielsweise Stress, Bewegungsmangel, Bluthochdruck, falsche Ernährung und das Rauchen genannt sein. Hier ist Ihre Chance! Durch eine geringe Verhaltensänderung und Umorientierung minimieren Sie die Wahrscheinlichkeit einer arteriosklerosebedingten Krankheit um das Ihnen mögliche Optimum! Ernährung und Bewegung sind ganz wichtige Faktoren zur Gefahrenreduktion.

Bei der Arteriosklerose handelt es sich um Ödeme der innersten Wandschicht (Intima) von Arterien. Bei diesem Vorgang der Einlagerung von Zellstoffwechselprodukten (z. B. Cholesterin, Kalk, glatte Muskelzellen oder Bindegewebe) bilden sich Unebenheiten an der Gefäßinnenwand, die zunächst noch unterhalb der Intima lokalisiert sind. Mit fortschreitendem Stadium kann diese Wandschicht aufplatzen und es kommt in Verbindung mit sich anlagernden Blutplättchen zu Gerinnseln, den sog. Thromben. Das das Gefäß versorgende Blut muss seinen Weg durch eine immer engere Arterie finden, es kommt zu Unterversorgungen und Versorgungsengpässen, die bis zum kompletten Ausfall eines Gefäßes führen können.

In der Folge möchten wir Ihnen nun im ersten Schritt einige Gefäßkrankheiten aufzeigen, die bedingt durch Arteriosklerose zu schwerwiegenden Schädigungen und Folgen führen können. Vorweg möchten wir jedoch nochmals darauf hinweisen, dass sich die meisten Krankheiten im Vorfeld bemerkbar machen und dass sie viele Risikofaktoren durch eine ausgeglichene Work-Life-Balance minimieren können. Sprechen Sie – das betrifft alle im Buch genannten Phänomene sowie den Beginn Ihrer systematischen körperlichen Aktivität – unbedingt mit Ihrem Hausarzt.

4.1.1 Angina Pectoris

Da das Herz als Kraftwerk des Körpers lediglich über zwei Arterien für die energieintensiven Pumpvorgänge verfügt, sind Durchblutungsstörungen des Herzens relativ häufig (vgl. Trebsdorf/Gebhard 2000). Kommt es zu plötzlich einsetzendem Sekunden bis Minuten anhaltenden stechenden Brustschmerz, so kann dies ursächlich an einem unvollständigen oder kurzzeitigen Verschluss kleinerer koronarer Gefäße liegen. Diese können ihre Ursache im Missverhältnis von Sauerstoffangebot und -bedarf haben. Oder noch deutlicher ausgedrückt: Eine durch Arteriosklerose geschädigte Arterie kann beispielsweise für die fehlende Zufuhr sauerstoffangereicherten Bluts verantwortlich und somit eigentliche Ursache einer Angina Pectoris sein. Werden die stechenden Brustschmerzen durch Schmerzempfinden im linken Hals-, vorderen Schulterbereich und im inneren linken Arm ergänzt, so sollten Sie beim ersten Auftreten auf jeden Fall umgehend Ihren Hausarzt konsultieren. Denn es gibt zwei Arten von Angina Pectoris: Bei der stabilen Angina Pectoris verspüren Betroffene immer dann die schmerzhafte Brustenge, wenn sie ein bestimmtes körperliches Anstrengungsniveau erreichen. Ein Verlangsamen der Arbeitsgeschwindigkeit führt bereits zu Schmerzlinderung. Organische Nitrate in Form von Nitropräparaten (Spray oder Kapseln) wirken zusätzlich rasch gefäßerweiternd, so dass Betroffene sich insgesamt gut auf die stabile Angina Pectoris einstellen können. Die konstante Beobachtung durch Ihren Hausarzt sollte bei Auftreten einer stabilen Angina Pectoris der Fall werden. Wesentlich gefährlicher ist die instabile Variante. Fällt Betroffenen die schmerzhafte Brustenge bei gleichzeitigem Abnehmen des Anstrengungsniveaus auf, könnte es sich um die instabile Angina Pectoris oder andere spezielle Herzkrankheiten handeln (z. B. Prinzmetal-Angina), die als Vorboten eines Herzinfarktes gewertet werden können. Hierbei kann es nur eine sinnvolle Lösung geben: unverzügliche ärztliche Behandlung.

Da wir mit Work-Life-Balance jedoch das genaue Gegenteil erreichen wollen – die Vermeidung solcher Krankheiten –, empfehlen wir Ihnen entsprechend dem Grundsatz „Vorsorge ist besser als Nachsorge" möglichst bald mit der Reduktion der Risikofaktoren zu beginnen.

4.1.2 Herzinfarkt

Wird die Versorgung des Gefäßbereichs vollständig unterbrochen (durch einen Thrombus) oder über einen längeren Zeitraum hinweg mangelhaft gewährleistet, kommt es zum Herzinfarkt. Zur multiplen Phänomenologie dieser als sehr gefährlich einzustufenden Krankheit möchten wir auf die vorhandene Fachliteratur hinweisen. Nur so viel: Als Betroffener gibt es nur noch eine Lösung, den direkten Weg ins nächst gelegene Krankenhaus.

Wodurch unterscheidet sich der Herzinfarkt von den vorgenannten Krankheiten? Zum einen nimmt der stechende Schmerz in der Brust sprunghaft zu – so stark, dass er auch als „Vernichtungsschmerz" bezeichnet wird. Der Schmerz hält in der Regel zeitlich über den der Angina Pectoris (15–30 min.) hinaus an. Ein weiteres Kennzeichen: Schlagen die Nitropräparate nicht an und ist der Schmerz atemunabhängig vorhanden, dann ist ein Herzinfarkt sehr wahrscheinlich. Kommen weitere Begleitphänomene wie niedriger Blutdruck, kleiner Puls, Übelkeit und kalter Schweiß erschwerend hinzu, dann hilft nur der direkte Weg ins Krankenhaus. Denn ab diesem Zeitpunkt zählt die Zeit.

Neben diesen sehr ernst zu nehmenden Koronarerkrankungen gibt es eine Vielzahl weiterer nicht minder gefährlicher Erkrankungen des Herz-Kreislauf-Systems, vor allem sei hier die Herzinsuffizienz (Herzschwäche) genannt. Hier gilt: Regelmäßige Inspektionen sollten nicht nur für Ihr Auto verpflichtend sein, sondern auch für Sie selbst.

> **Tipp:** Gehören Sie zur Risikogruppe kardiologisch gefährdeter Menschen, empfehlen wir Ihnen, zur Prophylaxe Ihren Hausarzt aufzusuchen und regelmäßige Untersuchungen in Ihren Work-Life-Balance-Vertrag einzuplanen. Ein Belastungs-EKG kann frühzeitig alarmieren und warnen!

4.1.3 Schlaganfall

Ähnlich wie bei den bereits genannten Krankheiten des Herzens ist die Arteriosklerose ursächlich verantwortlich für Schlaganfälle. Nach Herzkreislauferkrankungen und Krebs sind Schlaganfälle die dritthäufigste Todesursache in den westlichen Industrieländern. Alarmierend ist, dass mittlerweile rund 350.000 Menschen jährlich von dieser Krankheit getroffen werden, zwanzig Prozent haben einen letalen Krankheitsverlauf. Auf eines möchten wir Sie wiederum hinweisen: Es gibt aufgrund der selben Krankheitsursache ebenfalls die beeinflussbaren Risikofaktoren, die bereits erwähnt wurden. Es liegt an und bei Ihnen, die Chancen von Work-Life-Balance zu erkennen, um frühzeitig vorzubeugen!

Im Gegensatz zum Herzinfarkt gibt es eine Vielzahl von Ausdrucksformen eines Schlaganfalls. Die mit Abstand häufigste Ursache der Schlaganfälle sind die sog. Hirninfarkte; sie haben einen prozentualen Anteil von 80 %. Diese entstehen – ähnlich der Ursache eines Herzinfarktes – durch eine plötzliche Mangeldurchblutung eines Gehirnteils. Die Ihnen bereits bekannten Thromben haben bei dieser häufigsten Variante von Schlaganfällen ihren Ursprung oft in der Halsschlagader, lösen sich dort und gelangen über die ins Hirn führenden Blutgefäße an Orte, die evtl. bereits durch Arteriosklerose vorgeschädigt sind. Dort bleiben sie hängen, woraufhin es zu mangelnder Blutversorgung im betroffenen Hirnbereich und in der Folge zum Hirninfarkt kommt.

Region und Größe des Mangelbereichs sind entscheidend für die Schädigungen, die sehr vielfältig sein können. Häufig äußert sich ein Schlaganfall in Lähmungs- und Schwächeerscheinungen. Augenscheinlich ist dies bei der Gesichtsmuskulatur, wenn einer der Mundwinkel deutlich herunterhängt. Sehr oft kommt es zu Artikulations- oder Sprachstörungen. Das ist der Fall, wenn am Sprechen beteiligte Muskeln gestört sind. Liegt also eine Störung des Sprachzentrums vor und jemand, von dem Sie es überhaupt nicht gewohnt sind, spricht unverständlich, liegt wahrscheinlich ein Hirninfarkt des Sprachzentrums vor.

Neben der Thrombose als Ursache gibt es eine weniger häufige Art des Schlaganfalls, die Hirnblutung. Ausgangspunkt hierfür ist der plötzliche Riss eines Blutgefäßes. Dieser Form des Schlaganfalls geht zumeist eine jahrelange Hypertonie (Bluthochdruck) voraus. Und diese ist ja bekanntlich messbar und gehört zu den beeinflussbaren Risikofaktoren!

An dieser Stelle soll noch eines erwähnt werden: In der Einleitung dieses Kapitels wurde bereits besprochen, dass wir Sie ermutigen möchten, Ihren Körper durch gelebte Körperlichkeit näher zu erforschen. In diesem Zusammenhang heißt das: Etwa jeder dritte Schlaganfall kündigt sich im Vorfeld durch flüchtige Ausfallerscheinungen an; dies sind neurologische Ausfälle, die in der Regel einige Minuten aber auch ein bis zwei Stunden anhalten können (man nennt diese Ausfallerscheinungen TIA, transitorische ischämische Attacken). Sie äußern sich unter anderem in temporärem Erblinden, Sehstörungen auf einem Auge, Sehen von Doppelbildern, Störung der Sprache, Gangunsicherheit oder Drehschwindel, je nach Lage des mangelhaft versorgten Gehirnbereichs. Unsere Bitte: Kontaktieren Sie in diesen Fällen sofort den Hausarzt und nehmen Sie derlei Phänomene ernst. Eine Untersuchung kann schnell Klarheit verschaffen. Auch hier gilt: Je früher die Behandlung eines Schlaganfalls einsetzt, umso besser!

4.2 Tumorkrankheiten

Krebskrankheiten treten im deutschsprachigen Raum sehr häufig auf und haben oft den Tod zur Folge, wenn sie bösartiger Natur sind. Über die diversen Krebserkrankungen können wir im Rahmen dieses Buches keinen Beitrag leisten, wichtig ist uns aber, insoweit über diese Krankheit zu informieren, dass Sie Ihre persönlichen Konsequenzen im Sinne von Prävention daraus ziehen können.

Zu allererst: Haben Sie gewusst, dass auch gesunde (also nicht als krebskrank diagnostizierte) Personen täglich Krebszellen bilden?

Das ist ein ganz normaler Vorgang in unserem Körper, der in den meisten Fällen von ihm selbst wieder reguliert wird.

Bei Tumoren oder Krebs (Karzinomen) handelt es sich um ungehemmte Zellwucherungen, die Gewebe zerstören. Als Karzinogene werden ursächliche Auslöser bezeichnet, die einen chemischen Vorgang in den Zellen in Gang setzen. Bekannt sind beispielsweise Asbest, Nickelstaub, Bleiverbindungen oder aromatische Kohlenstoffhydride. Besonders Letztere sind uns durch die täglichen Kontakte von Autoemissionen und Tabakkonsum (auch als Mitraucher) bestens vertraut. Ebenso können UV-Strahlen, radioaktive Strahlen oder chronischer Wundreiz Krebs auslösen. Diese hier genannten Karzinogene erheben keinen Anspruch auf Vollständigkeit. Ein chemisches Karzinogen muss in eine Zelle eindringen und dann dort aktiviert werden können. Darüber hinaus muss sich die Zelle in einem empfindlichen Stadium befinden, damit die folgenden Reaktionen durch die körpereigenen Mechanismen nicht rückgängig gemacht werden. Mehrere karzinogene Einflüsse erhöhen darüber hinaus die Gefahr von Krebs; dieser hat oft multikarzinogene Einflüsse.

Um die Bildung von Krebs frühzeitig zu erkennen, empfehlen wir Ihnen dringend, sich jährlich einer Krebsvorsorgeuntersuchung zu unterziehen. Auch hier gilt: Vorsorge ist besser als Nachsorge. Generell wird zu folgenden Untersuchungen geraten: Frauen ab dem 20. Lebensjahr ihre Genitale, ab dem 30. zuzüglich Brust und Haut und ab dem 40. zuzüglich Dickdarm, Blut im Stuhl und weitere zytologische Untersuchung. Für Männer wird ab dem 40. Lebensjahr empfohlen, die äußere Genitale, Prostata, Haut und Dickdarm überprüfen und Untersuchung auf Blut im Stuhl durchführen zu lassen.

Darüber hinaus empfiehlt die Deutsche Krebshilfe, auf sieben Warnsignale sehr sensibel zu reagieren:
- Änderungen der Stuhl- oder Harnerlassgewohnheiten
- schlechtere Wundheilung
- ungewöhnliche Blutungen und Ausfluss
- auffällige Verdickungen bzw. Knoten
- Verdauungs- oder Schluckstörungen
- sichtbare Änderung eines Muttermals oder einer Warze
- chronischer Husten oder Heiserkeit

Tritt nur einer dieser Faktoren auf, sollten Sie sich nach dem Grundsatz „Vorsorge ist besser als Nachsorge" an Ihren Arzt wenden. In Zusammenhang mit der Erkennung dieser Krankheitsgruppe und für den Fall, dass jemand unter den Lesern ist, der unter einem Karzinom leidet: Tabuisieren und verdrängen Sie dieses Thema bitte nicht, sondern reden Sie mit Vertrauten – auch wenn dies schwerfällt – offen über Ängste, Schmerz und Krankheit. Ein diesbezüglich konsequentes Vorgehen empfiehlt sich für Krebskranke, für die wir unsere Empfehlung eher noch als Fragestellung beginnend mit „Wem" und nicht „Ob" an die Hand geben möchten. Für Gesunde und Geheilte gilt: Die Vorsorgeuntersuchung sollte Teil Ihres bewussten Gesund-Seins sein.

4.3 Schäden und Schädigungen des Haltungs- und Bewegungsapparates

Eine weitere Krankheitsgruppe, der wir uns nun zuwenden möchten, ist ebenfalls zur Volkskrankheit mutiert. Es handelt sich um Erkrankungen des Haltungsapparates, von denen wir eine besonders hervorheben wollen: die Wirbelsäulenschäden.

Generell besteht Ihr Haltungsapparat aus aktiven und passiven Komponenten, die wir Ihnen in **Tab. 2** nahe bringen möchten:

Aktiver Bewegungsapparat		Passiver Bewegungsapparat	
Anatomische Gruppe	Funktion im Körper	Anatomische Gruppe	Funktion im Körper
Skelettmuskulatur	Bewegungen, Stützfunktion	Knochen	Bewegung, Schutz, Stützfunktion, Mineralienspeicher
Sehnen	Verbindung von Muskeln und Knochen	Knorpel	Pufferfunktion durch hohe Elastizität und geringe Zugfestigkeit
Schleimbeutel, Sesambein	Reduktion von Reibungen	Bänder	Stabilitäts- und Stützfunktion von Gelenken

Tab. 2: Gruppen und Funktionen des menschlichen Bewegungsapparates

Die kontrollierte Steuerung Ihres Haltungsapparates erfolgt über Reflexbögen des Nervensystems. Kommt es zu Schädigungen, ist Ihr Körper in der Lage, diese bedingt auszugleichen. Das ist in Zusammenhang mit Work-Life-Balance deshalb wichtig, weil die Skelettmuskulatur von sehr großer Bedeutung für die Prophylaxe und die Rehabilitation von Schädigungen ist.

Bezüglich des Haltungsapparates gibt es zwei Formen von Schädigungen, deren Übergänge fließend sind. Von Haltungsschwäche sprechen wir, wenn eine von der Norm abweichende Haltung – wie beispielsweise ein Hohlrundrücken – sichtbar ist. Ursächlich sind Haltungsschwächen, die auf Dysbalancen zwischen Skelett- und Muskelwachstum zurückzuführen sind. Daher werden Haltungsschwächen besonders in den Wachstumsphasen deutlich; sie können aber auch erst im Senium oder während langer Bettruhephasen auftreten. Haltungsschwächen können darüber hinaus auch auf neurogene zentrale Störungen zurückführbar sein. Für uns ist hierbei wichtig, dass Haltungsschwächen durch gezieltes Training, physiologische Wohnungs- und Arbeitsplatzgestaltung und Physiotherapie ausgleichbar sind.

Die schmerzhafte Steigerung von Haltungsschwächen sind die sog. Haltungsschäden, die durch gezieltes Training nicht mehr kompensiert werden können. Ursachen für Haltungsschäden sind muskulärer, neurologischer oder ligamentärer (vom Bandapparat ausgehender) Art.

4.3.1 Wirbelsäulenschäden und Wirbelsäulenschädigungen

Die Wirbelsäule hat in unserem Körper herausragende Funktionen: Sie ermöglicht den aufrechten Gang, von ihr gehen die meisten Bewegungen aus, sie hält das Gleichgewicht, fängt Stöße ab und schützt zudem das Rückenmark und die von ihm ausgehenden Nerven. Vor allem spiegelt sie auch oftmals seelische Vorgänge wider. Wenn sich jemand auffallend „hängen lässt", „von Kummer gebeugt" ist oder allzu „halsstarrig" ist, sind dies körpersprachliche Zeichen, die darauf hinweisen, dass sich unser Gegenüber derzeit nicht in einem Balance-Zustand befindet. Der im rückwärtigen Schulterbereich lokalisierte Trapezmuskel wird daher auch als „psychischer

Muskel" bezeichnet, der signifikant häufig bei längerfristiger psychosomatisch starker Beanspruchung zu Verspannungen neigt.

Bevor wir Ihnen einige der Schwächen und Schäden des Haltungsapparates erklären, möchten wir Ihnen das Nötigste aus der Anatomie der Wirbelsäule nahe bringen. Sie besteht aus
- der Halswirbelsäule (HWS) mit 7 Halswirbeln,
- der Brustwirbelsäule (BWS) mit 12 Brustwirbeln,
- der Lendenwirbelsäule (LWS) mit 5 Lendenwirbeln und
- der Kreuz- und Steißbeinregion.

Die Beweglichkeit der Wirbelsäule beruht vor allem auf den zwischen den Wirbeln lokalisierten Knorpeln, den Ihnen bekannten Bandscheiben, die – entsprechend dem jeweiligen Wirbelsäulenbereich – differente Erscheinungsformen haben. Bandscheiben befinden sich zwischen dem zweiten Halswirbel (Zählweise jeweils von oben nach unten) und dem knöchernen Kreuzbein. Eine Vielzahl von Bändern und die Wirbel selbst ermöglichen Bewegungen und grenzen diese gleichzeitig ein. Durch die Zwischenwirbellöcher verlassen die Nerven das Rückenmark und senden Zeichen in die jeweilige Körperregion. Ein komplexes Muskelsystem, die autochtone Muskulatur, befindet sich paarig an der Wirbelsäule und ermöglicht so das Funktionieren des Gesamtsystems.

Im Gegensatz zu Vierfüßlern ist das Körpergewicht nicht auf vier Beine verteilt. Das Gewicht lastet bei uns Menschen auf der unteren Wirbelsäule, dem Becken und den Beinen. Rückenschmerzen sind in Deutschland noch vor Herz-Kreislauf-Erkrankungen häufigster Anlass für einen Arztbesuch. Bei einer Befragung durch das Sozialmedizinische Institut der Universität Lübeck gaben beispielsweise von cirka 1400 Männern und Frauen im Alter von 25 bis 72 Jahren auf die Frage „Wo hatten Sie in den letzten 12 Monaten Schmerzen?" mit deutlichem Abstand (72 %) der Befragten Rückenprobleme an, gefolgt vom Nacken (63 %). Ein „vorprogrammiertes" Problem unserer Statik ist hierbei der deutliche Knick im Lendenwirbelbereich. Daher kommt es dort, insbesondere im Übergang vom Lendenwirbel- in den Kreuzwirbelbereich zu den mit Abstand meisten Bandscheibenproblemen:
- Lendenwirbelsäule   62 %

- Halswirbelsäule 24 %
- Brustwirbelsäule 14 %

Bäker/Reisky (2000, S. 19f.) verweisen darauf, dass in Westdeutschland in den neunzehnhundertachtziger Jahren ca. 50 Prozent aller vorzeitigen Rentenanträge aufgrund von Bandscheibenerkrankungen gestellt wurden und 20 Prozent aller Arbeitsunfälle mit Folge der Arbeitsunfähigkeit auf Bandscheibenschäden zurückgeführt werden konnten. Wir möchten Ihnen nun einige der Hauptursachen für Wirbelsäulenprobleme nennen:

4.3.1.1 Altersbedingte Abnützungen (Degeneration) von Wirbeln und Bandscheiben

Degenerationssymptome, auf die Sie durch subjektives Schmerzempfinden aufmerksam werden, sind für Ihren Hausarzt auf Röntgenaufnahmen gut erkennbar. Ursächlich vollzieht sich während des Alterungsprozesses eine Veränderung der Wirbel, die dünner und poröser werden und gleichzeitig Randzacken aufweisen können (Osteophyten). Die Bandscheiben verändern sich ebenfalls; sie werden trockener und dünner, der Bänderapparat schlaffer und unbeweglicher. Es wurde bereits erwähnt, dass Ihr Körper selbst in der bedingten Lage ist, die aus diesem natürlichen Alterungsprozess entstehenden Haltungsschwächen zu kompensieren (zum Beispiel durch Muskelwachstum). Um schmerzhafte Degenerationserscheinungen von ihrem Entstehungszusammenhang her erklären zu können, bedarf es beispielsweise der Prüfung von Gelenkfunktionen, Bändern und der autochtonen Muskulatur. Dies macht Ihr Hausarzt ggf. in Zusammenarbeit mit weiteren Fachärzten (z. B. Orthopäden). Dennoch möchten wir Ihnen an dieser Stelle einige der häufigsten Bandscheibenschädigungen und Schäden beschreiben, damit für das „Kreuz mit dem Kreuz" Ihre Sensibilität da ist, bevor wir in die sportpräventive Thematik einsteigen.

4.3.1.2 Bandscheibenschaden (Prolaps)

Die zwischen den Wirbeln des beweglichen Teils der Wirbelsäule liegenden Zwischenwirbelkörper (Bandscheiben) wirken vor allem als Stoßdämpfer und üben Ausgleichsfunktionen bei Bewegungen der Wirbelsäule aus. Sie bestehen im Wesentlichen aus:

- Knorpeligen Faserringen, deren Fasern bedingt durch ihre Laufrichtung zwei Wirbel miteinander verbinden. Die Faserringe ermöglichen das Abfangen der physikalischen Einwirkungsfaktoren Zug, Druck und Drehung.
- Einem inneren Kern, dem Gallertkern und der inneren Flüssigkeit, der Gallertflüssigkeit. Je nach Art der Einwirkung der physikalischen Einwirkungsfaktoren bewegt sich dieser Kern, um die Druckbelastungen auszugleichen.

Da die Bandscheiben zur Gruppe der Knorpel gehören, findet die Versorgung über das Aufsaugen von Nährstoffen benachbarter Gewebestrukturen statt, nicht über Blutgefäße. Belastungseinflüsse und Ernährungsstörungen wirken sich dauerhaft negativ auf die Bandscheiben aus. Hinzu kommt: Ab einem Alter von ca. 30 Jahren beginnen die Bandscheiben zu degenerieren. Sie trocknen in ihrem Inneren mehr und mehr aus und die Faserringe werden zunehmend dünner und rissiger. Wenn man betrachtet, dass aufgrund dieser physiologischen Vorgänge statistisch gesehen 39,2 Prozent der Bandscheibenschäden zwischen dem 30. und 39. und 29 Prozent in der darauf folgenden Lebensdekade eintreten, ist für den vermutlichen Großteil der Leser dieses Buches indirekte Vorsicht geboten! Wir leiten daher für das Work-Life-Balance Konzept ab, dass körperliche Belastung altersgerecht durchgeführt werden muss, soll sie denn positive (präventive) Folgen mit sich bringen. Das Alter allein ist nicht ausschlaggebend für Bandscheibenvorfälle, sonst wäre statistisch eine linear steigende Tendenz zum höheren Alter erkennbar. Es müssen mehrere Faktoren zusammentreffen, ehe es zum Bandscheibenschaden kommt (z. B.: Belastung durch sog. Spitzenbelastungen, die gerade diese beiden Altersgruppen besonders treffen).

> **Tipp:** Flaches Liegen ist besonders gesund. Denn besonders nachts findet die Regeneration der Bandscheiben statt. Je höher sich Ihr Oberkörper in der Schlafposition befindet, umso weniger Druck wird den Bandscheiben in der Nacht genommen. Bei flachem Liegen kommt es dem hingegen zum körpereigenen „Längszug", den gezielten Effekt kennen die Vorbelasteten unter Ihnen eventuell durch das Strecken im Rahmen einer orthopädischen Behandlung.

In der Einführung dieses Teilabschnitts diskutierten wir bereits den Unterschied zwischen Schädigungen und Schäden des Bewegungsapparates. Der eigentliche Bandscheibenschaden, auch als „Vorfall" bezeichnet, ist somit irreparabel. Es kann jedoch sehr wohl heißen, dass jemand nach einem akuten Vorfall wieder vollkommen beschwerdefrei sein kann. Vor allem durch die altersbedingte Veränderung der Bandscheiben kommt es zu immer stärkeren Missverhältnissen zwischen den Bandscheiben (und ihrem erhöhten Innendruck) und den Wirbelsäulenbändern. Diese Instabilität wird von weiteren zum Beispiel geweblichen Alterungserscheinungen und erblichen Belastungen begleitet.

Die Bandscheiben altern schneller als andere Knorpel und sind demnach besonders früh anfällig für die beschriebenen Verschleißerscheinungen. Bei einem Bandscheibenschaden reißt der Faserkern an einer Stelle und Inneres tritt aus der Bandscheibe aus. In besonders schlimmen Fällen kann es über den Austritt von Gallertflüssigkeit zum Verlassen des Gallertkerns der Bandscheibe kommen. Problematisch ist vor allem die Form der Wirbelkörper mit Dorn- und Querfortsätzen. In diesem Gesamtsystem von Wirbelkörpern und Bandscheiben ist das Rückenmark eingebunden, von dem die verschiedensten Nervenstränge in die jeweilige Körperperipherie führen. Das ist deshalb entscheidend, weil von den verschiedenen Bereichen des in der Wirbelsäule lokalisierten Rückenmarks entsprechend unterschiedliche Nervenstränge abgehen. Durch den erhöhten Druck kommt es bald zur Reizung und Schwellung der Nervenwurzeln. Die Schmerzempfindungen können über die Rückenschmerzen hinaus dementsprechend unterschiedlich sein. Denn: Dadurch, dass aus der Bandscheibe Flüssigkeit – oder sogar der Kern – nach außen gelangt, wird es für die Nervenfasern dementsprechend enger im Rückenmark und den Austrittslöchern.

Der mit 95 Prozent aller Bandscheibenvorfälle größte Gefahrenherd ist die Lendenwirbelsäule, bei der es im Extremfall zu massiven Taubheitsgefühlen oder Schmerzen (Lumbalgien) kommen kann. Im wesentlich selteneren Fall des Bandscheibenschadens in der Hals- und Brustwirbelsäule werden zu den ursächlichen Schmerzen hinaus unter anderem Zwischenrippenschmerzen, Armschmerzen, Kopfschmerzen empfunden. Wichtig ist, dass die

Nicht- und zu späte Behandlung dieses Schadens am Bewegungsapparat organische Folgen haben kann (Beschwerden im Magen-Darm-Bereich, der Gallenblase, der Nieren, des Herzens).

Da wir in diesem Rahmen nur ansatzweise auf diese Thematik eingehen können, möchten wir Ihnen auf jeden Fall Tipps zur Hand geben, wann Sie schnellstmöglich Ihren Hausarzt einschalten sollten, dazu einige der Phänomene:

- Plötzlich auftretender stechender Schmerz in der Wirbelsäule mit bald folgenden Schmerzen in der Peripherie (bei einem Bandscheibenschaden in der Lendenwirbelsäule kann es zu Kribbeln, eventuell zu späterer Taubheit in einem Bein führen). Im Brust- und Halsbereich kann diese Taubheit auch von einem Herzinfarkt oder einer Angina Pectoris herrühren – deshalb: unverzüglich zum Arzt.
- Die Beschwerden treten in den meisten Fällen nur auf einer Körperseite auf.
- Ist Bewegung noch möglich, so ist sie mit extremen Schmerzen verbunden. Bestimmte Haltungen sorgen für Schmerzlinderungen und Entlastungen.
- Es besteht im geschädigten Bereich eine erhöhte Druckempfindlichkeit.
- Kopfschmerzen und Schwindelgefühl bei Schädigung im Bereich der Halswirbelsäule.

Nur ein relativ geringer Prozentsatz von Bandscheibenschäden (zirka 10 Prozent) muss tatsächlich operativ behandelt werden. Der weitaus größere Anteil von Bandscheibenvorfällen kann demnach konservativ versorgt werden. Dies hängt davon ab, ob die Nervenwurzelschwellung zum Abklingen gebracht werden kann.

4.3.1.3 Bandscheibenvorwölbungen (Protrusion)

Bei der Bandscheibenvorwölbung (Protrusion) handelt es sich um eine Schädigung des Faserrings einer Bandscheibe. Landläufig spricht man auch von der verrutschten Bandscheibe, im Lendenwirbelbereich vom Hexenschuss. Im Gegensatz zum Schaden unterbleibt der Riss und der Austritt von Gallertflüssigkeit und ggf. des Kerns aus der Bandscheibe. Bandscheibenvorwölbungen treffen eher junge Menschen, die (noch) über genügend Gallertmasse verfügen. Als Folge von Spitzenbelastungen (z. B. ein schweres Möbelstück heben) treten akute Schmerzen, Bewegungsunfähigkeit oder eine allmählich aufkommende Steifheit auf, die in tiefe, stumpfe und anhaltende Schmerzen übergehen. Auch bei der Bandscheibenvorwölbung werden bestimmte Bewegungen schmerzhaft und somit eingeschränkt. Für gewöhnlich (in 90 Prozent der Fälle) bilden sich die Protrusionen in einer Zeit von bis zu 6 Wochen wieder zurück. Es kann jedoch sein, dass die Bandscheibenvorwölbung überdauert und ggf. mit chronischen Beschwerden verbunden bleibt. Es wurde bereits erwähnt, dass Schädigungen durch den Körper ausgeglichen werden können. Im Fall von Bandscheibenvorwölbungen bedeutet es, dass die Wirbelsäulenschule gute Möglichkeiten bietet; an dieser Stelle möchten wir auf eine Vielzahl weiterführender Literatur hinweisen. Auch Krankenkassen bieten ihren Versicherten mittlerweile Kurse zur Wirbelsäulenschule. An der Vorbeugung und Rehabilitation von Bandscheibenvorwölbungen können Sie entscheidend teilhaben. Es gibt noch eine Vielzahl weiterer Möglichkeiten der Erkrankung Ihrer Wirbelsäule. Wir haben diese beiden Krankheiten herausgehoben, weil sie sehr häufig auftreten und zu schmerzhaften Zuständen führen. Work-Life-Balance soll Ihnen helfen, diese Krankheiten möglicherweise zu verhindern oder den täglichen Umgang mit ihnen zu lindern.

4.3.2 Arthrose

Krankheiten der Arthrosegruppe zählen zu den irreversiblen Schäden des Bewegungsapparates, genauer eines Gelenkknorpels. Als degenerative Gelenkserkrankung ist die Arthrose ursächlich auf das Missverhältnis von Belastung und Belastbarkeit des Knorpels zurückzuführen. Anatomisch betrachtet kommt es bei der Arthrose zur Auffaserung und Demarkierung der Knorpelsubstanz und in der Folge zum Abschliff des Gelenkknorpels. An den Abschleifungsprozess kann sich die Veränderung der Knochen und die Zerstörung der knöchernen Gelenksflächen anschließen. Die beginnende Arthrose macht sich durch Spannungsgefühle im betroffenen Gelenk bemerkbar, mit zunehmendem Stadium werden die Schmerzgefühle stärker. Daneben ist Gelenksteifigkeit ein häufiges

Symptom. Beides, Schmerzempfindungen und Steifigkeit werden durch kalte und feuchte Witterung verstärkt. Gelenkgeräusche und Gelenkinstabilität können die Krankheit dann kennzeichnen. Neben den Erbanlangen können Verletzungen und/oder dauerhafte Fehlbelastungen Arthose hervorrufen. Das beste Beispiel ist die sog. X-Bein-Stellung. Aufgrund dauerhafter Fehlhaltung ist die Gefährdung der entsprechenden Gelenke wesentlich größer als bei geraden Beinen.

> **Tipp:** Haben Sie Ihre Beinstellung schon einmal überprüft oder überprüfen lassen? Bereits in vielen Sporthäusern sind die Verkäufer dahingehend geschult, Ihnen Informationen über Ihre Beinstellung geben zu können, da es Joggingschuhe für „normalbeinige" sowie für X- und O-Beintypen gibt.
> Nahezu drei Viertel der Menschen bekommen im Lauf des Lebens Arthrose. Mit größter Wahrscheinlichkeit sind davon die Kniegelenke (Gonarthrose) betroffen. Körperliche Belastung ist wegen der besseren Versorgung der Knorpel daher von großer Bedeutung, um Arthrose vorzubeugen. Wichtig ist in diesem Zusammenhang und dem von Work-Life-Balance, dass die richtige Bekleidung und vor allem die richtigen Schuhe bei sportlicher Betätigung außerhalb des Wassers sehr wichtig sind.

4.4 Beeinflussbare Risikofaktoren – Ihre präventive Interventionschance

Wie schon mehrfach angedeutet: Sie haben im Vorfeld der bis hierher genannten Krankheiten viele Möglichkeiten, Ihr Leben in Balance zu bringen. Hier gilt der Grundsatz: Vorsorge ist besser als Nachsorge. Mit den oben genannten Krankheitsbildern und „Drohszenarien" wollten wir Sie zu einem wichtigen Schritt motivieren: dem, sich der gelebten Körperlichkeit zu öffnen. Wenn Sie sich allein die alarmierende Zahl steigender Infarkte (sowohl Herz- als auch Hirninfarkte) vor Augen führen, die steigende Wahrscheinlichkeit, dass es zunehmend jüngere Menschen trifft, dann stellt sich die Frage, wie – und nicht ob – einige Konzessionen an den Körper empfehlenswert sind.

Uns ist dabei sehr wohl bewusst, dass Sport bei vielen unserer Leser bislang im Hintergrund stand – und wahrscheinlich auch weiterhin stehen wird. Das kann und darf es aus unserer Sicht auch! Wir möchten andererseits nochmals auf eines hinweisen: Ernährung und Bewegung sind zwei leicht umzusetzende und realisierbare Interventionschancen, um ein gesundes und hohes Alter erreichen und im Erwerbsleben erheblich belastbarer sein zu können. Work-Life-Balance dabei in Ihren Alltag zu integrieren, sollte in der Umstellung von Gewohnheiten langsam und konstant statt abrupt vor sich gehen. Die empfohlene Geschwindigkeit der Umstellung sollten Sie jedoch konsequent verfolgen.

> **Tipp:** Vielleicht hilft Ihnen folgender Gedanke: Die Umsetzung von gelebter Körperlichkeit nimmt Zeit Ihres „Tages- oder Wochenzeitkontos" in Anspruch. Zeit, die Sie bislang in die eine oder andere Überstunde, die Familie oder den Verein investiert haben. Dagegen ist überhaupt nichts einzuwenden: Nur, wenn Sie dem Unternehmen, der Familie oder dem Verein weiterhin und möglichst lang gesundheitlich ausgewogen zur Verfügung stehen möchten, dann empfiehlt es sich, einmal einen Gedanken an Work-Life-Balance zu verwenden. Das ist keine Zeitverschwendung, für die Sie ein schlechtes Gewissen haben müssen, sondern eine langfristige Investition!

Konkreteres zu den Realisierungsmöglichkeiten von Work-Life-Balance und den Vorteilen von ausgewogener Ernährung und Bewegung erfahren Sie im nächsten Kapitel.

In diesem Teilabschnitt möchten wir noch einmal auf die Bedeutung der beeinflussbaren Gesundheitsfaktoren eingehen, von denen es eine Mehrzahl gibt. Der Grundsatz lautet dabei im Work-Life-Balance-Verständnis: Lieber langfristig kleine Schritte bei den beeinflussbaren Faktoren, als schnell einen großen Schritt erfolglos abzubrechen. Zuvor seien hier die nicht beeinflussbaren Faktoren genannt:

- Erbanlagen (Gibt es beispielsweise viele Fälle der oben genannten Krankheiten in Ihren Familien? Dann erhöht sich die Wahrscheinlichkeit, dass Sie ebenfalls über solche Erbanlagen verfügen)
- Lebensalter (da die Arteriosklerose bedingten Ablagerungen sich nicht innerhalb kurzer Zeit entwickeln)

- Männliches Geschlecht (weist signifikant höhere Infarktwahrscheinlichkeiten auf)

Tab. 3 zeigt in der Übersicht, welches die nicht beeinflussbaren und welches die beeinflussbaren Faktoren von Arteriosklerose sind.

Risikofaktoren der Arteriosklerose

Nicht beeinflussbare	Beeinflussbare
• Erbanlagen • Lebensalter • männliches Geschlecht	• Bluthochdruck • Zuckerkrankheit • Fettstoffwechselstörungen • Übergewicht • Ernährung • Fibrinogenspiegel • Homocysteinspiegel • Harnsäurespiegel • Vitaminmangel • Stress • Bewegungsmangel • Rauchen

Tab. 3: Risikofaktoren der Arteriosklerose

Diese Übersicht lässt eines erahnen, was die Medizin in Untersuchungen verifiziert hat: Jeder Mensch entwickelt im Laufe seines Lebens arteriosklerotische Veränderungen. Über die beeinflussbaren Risikofaktoren lässt sich dieser Prozess jedoch verlangsamen – und das wiederum liegt an Ihnen. Die ersten vier der genannten beeinflussbaren Risikofaktoren werden auch als Metabolisches Syndrom („Wohlstandssyndrom") oder auch als „tödliches Quartett" bezeichnet. Wegen deren Gefährlichkeit möchten wir auf diese Risikofaktoren in gebotener Kürze eingehen. Gefährlich sind diese Krankheiten daher, weil sie arteriosklerotische Krankheiten erst dann fühlbar machen, wenn sie als Mangel in Ihrem Körper spürbar werden. Daher gilt auch bezüglich der beeinflussbaren Risikofaktoren: Vorsorge ist besser als Nachsorge. Die Routineuntersuchung beim Hausarzt hilft und unterstützt Sie bei der Umsetzung von Work-Life-Balance!

4.4.1 Übergewicht

Seit vielen Jahren steht die Ernährung im Interesse vieler gesundheitsbewusster Menschen. Dabei gibt es in einer schwer übersehbaren Anzahl von Medien eine noch größere Anzahl an Meinungen zu diesem Thema. Fest steht: Durch den Verzehr richtiger Nahrungsmittel können Sie die Wahrscheinlichkeit einer Vielzahl der im Vorfeld beschriebenen Krankheiten erheblich reduzieren. Die erkennbaren Ernährungsstörungen sind auf den Verzehr zu vieler gesättigter Fettsäuren und raffinierter Kohlehydrate und zu vieler Kalorien insgesamt zurückzuführen. Das beruht darauf, dass der menschliche Körper ursprünglich durch Veranlagung darauf ausgerichtet ist, Reserven auszubilden, wenn genügend hierzu notwendige Nahrungsmittel vorhanden sind. Im Gegensatz zu früheren Zeiten verfügen die meisten Westeuropäer über genügende Möglichkeiten diese Fettstoffreserven aufzubauen. Die Folgen wie zum Beispiel Arteriosklerose bedingte Krankheiten, Knorpelschäden (beispielsweise durch erhöhte Dauerbelastung der Menisken oder Sprunggelenke), Bluthochdruck (Hypertonie) oder Diabetes (Typ II b) können die Folge sein. Wirkt sich das Übergewicht so stark auf den Organismus aus, dass es zu Hypertonie kommt (oberer, systolischer Wert höher als 160 mm/Hg und unterer, diastolischer Wert von über 95 mm/Hg), dann erhöht sich beispielsweise das Schlaganfallrisiko um das Fünffache. Bei rechtzeitiger Erkennung und Behandlung durch Blutdrucksenkung kann diese Wahrscheinlichkeit jedoch um 40 Prozent gemindert werden. Übergewicht (Adipositas) und dessen Folgeerscheinungen sind mittlerweile ein gesamtgesellschaftliches Problem unserer westlichen Industriegesellschaft geworden und betreffen als solche vor allem die jungen Leute. Unseres Erachtens ist es ein wesentlicher gesamtgesellschaftlicher Lernprozess, eine Balance zwischen den angebotenen Nahrungsmitteln und dem zu finden, was dann nachher tatsächlich individuell an Ernährung zugeführt wird. Im Rahmen des nächsten Kapitels wird auf die Kreta-Methode hingewiesen, die vorzüglich zu unserem Work-Life-Balance-Verständnis passt. Hierbei geht es nicht um eine rigide Diät, der Sie sich „unterwerfen" sollen, sondern um ein langfristig angelegtes Balanceverständnis bezüglich Ihrer Ernährung.

Betreffend der oft gestellten Frage „Wann bin ich eigentlich übergewichtig?" gibt es mehrere Methoden zu deren Feststellung. Die wohl bekannteste und tradierte Methode ist die der Waage. Üblicherweise gibt es bei diesem Messinstrument Faustformeln, die lauten:

- Normalgewicht = Körpergröße in Zentimetern minus 100
- Idelagewicht für Frauen = Normalgewicht minus 15 %
- Idealgewicht für Männer = Normalgewicht minus 10 %

Da es jedoch genetisch bedingt verschiedene Körperkonstitutionstypen gibt (leptosomer, großer und schlanker Konstitutionstyp; athletischer, muskulöser und kräftiger Konstitutionstyp; pyknischer, rundlicher und eher breiter Konstitutionstyp), zudem Muskelmasse schwerer wiegt als Fett und Knochen verschieden schwer sein können, erscheint die Waage als Messinstrument allein aus diesen Gründen heraus als eher ungeeignete Messmethode.

An dieser Stelle möchten wir Sie bezüglich der Frage, ob Sie zu erhöhtem Gewicht oder Übergewicht neigen, eine deutlich bessere Methode nennen. Diese Methode können Sie mit einem Fettanzeigemesser/Fatclipper grob, aber kostengünstig selbst durchführen, indem Sie an vier Stellen Ihres Körpers diese Messung durchführen (Bizeps, Trizeps, Schulterblatt und Hüftfalte vorn. Dieser Wert wird dann durch vier geteilt und führt zum Ergebnis von **Tab. 4**). Bei der Messung der Fettwerte des Schulterblattes bedürften Sie allerdings der Hilfe einer weiteren Person. Präziser in der Aussagekraft sind Infrarotmessungen oder die sog. bioelektrischen Impedanzanalysen (BIA). Für letzteres Messverfahren brauchte man vor kurzem noch speziell ausgebildetes Personal, mittlerweile gibt es diesbezügliche Messvorrichtungen, die ähnlich einfach zu benutzen sind wie Waagen. Tabelle 4 gibt Ihnen eine Übersicht über die altersabhängigen Normwerte.

Alter	Frauen	Männer
17–29 Jahre	25 %	15 %
30–39 Jahre	27,5 %	17,5 %
Über 40 Jahre	30 %	20 %

Tab. 4: Normwerte für den Körperfettanteil

Neben dieser von uns favorisierten Methode zur Feststellung der Körperfettanteile gibt es eine dritte Messmethode, die wir Ihnen vorstellen möchten. Hierbei handelt es sich um die sog. „Body Mass Index" oder kurz BMI-Methode. Hierbei wird das Körpergewicht in kg durch die Körpergröße × 2 geteilt. Für einen Herren, der ein Körpergewicht von 78 kg bei einer Größe 1,75 m aufweist, bedeutet das konkret 78 : 3,06 und ergibt einen Wert von 24,49. Dieser Wert liegt, wie **Tab. 5** zeigt, leicht im übergewichtigen Bereich.

Gewicht	Frauen	Männer
Untergewicht	< 19	< 20
Normalgewicht	19–24	19–25
Übergewicht	> 24	> 25
Adipös (fettleibig)	> 30	> 30
Massiv adipös	> 40	> 40

Tab. 5: Körpergewicht-Körpergrößeverhältnis mit der BMI-Methode

Die BMI-Methode ist als Messinstrument ein wenig genauer als die Waage, jedoch bei weitem nicht so präzis, wie dies bei der Bestimmung des Körperfettanteils der Fall ist.

Insgesamt betrachtet ist Übergewichtigkeit in Zusammenhang mit falscher Ernährung eine große gesundheitliche Herausforderung, für uns als westliche Industriegesellschaft allgemein und für jeden von uns individuell in seiner täglichen Verantwortung sich selbst gegenüber.

4.4.2 Bewegungsmangel

Eine weitere Konsequenz der Lebensführung in den westlichen Industriegesellschaften ist der Bewegungsmangel. Im engeren Sinne bedeutet dieser Begriff, dass primär die Muskelbeanspruchung unterhalb einer kritischen Schwelle liegt. Diese ist deshalb als kritisch zu bezeichnen, weil
- der Mensch einen muskulären Anteil von 35 bis 40 % am Gesamtkörper aufweist und allein dadurch schon die Bedeutung der Muskulatur deutlich wird,
- alle inneren Organe (z. B. Herz, Kreislaufsystem usw.) sowie die

Hormone und das Nervensystem sind darauf ausgerichtet, ihre Muskeln zu bewegen,
- letztlich durch Bewegungsmangel eine Vielzahl weiterer Folgemängel auftreten können.

Nachfolgend möchten wir Ihnen nochmals die verschiedenen körperlichen Auswirkungen nennen, die aufgrund von Bewegungsmangel entstehen können:

Über die bereits beschriebenen Krankheiten (Arteriosklerose bedingte Krankheiten, Bandscheibenschäden und -schädigungen, Arthrose) kann es bedingt durch Bewegungsmangel zu weiteren Erkrankungen kommen, die hier nur angedeutet werden können:

- Osteoporose, weil die Knochen nur mangelnder Druck- und Biegebelastung ausgesetzt sind
- erhöhte Verletzungsneigung der Muskulatur, da sie schwach ist und motorische Defizite aufweist
- erhöhte Infektionsgefahr des Immunsystems, da das allgemeine Abwehrverhalten des Körpers nachlässt
- Schädigung des Nervensystems, da die Psyche eher zu depressivem Handeln neigt und das vegetative Nervensystem sich durch Dauerstress oder Bluthochdruck auf das Herz negativ auswirken kann

Allein aufgrund dieser Aufzählung möchten wir vorsichtig die Wichtigkeit von einem Minimum an körperlicher Aktivität unterstreichen. Denn auch hier gilt: Vorsorge ist besser als Nachsorge. Wichtig ist in diesem Zusammenhang aber bereits hier, dass gelebte Körperlichkeit im Rahmen von Work-Life-Balance Freude machen soll – denn nur, wenn Sie Spaß an einer oder mehreren Ihnen wohlgefälligen Formen der Bewegung haben, wird diese Komponente fester Bestandteil Ihres Lebens. Ihr Körper wird es Ihnen – als wohl dosiertes Gesundheitstraining mit entsprechender Ernährung – langfristig danken.

4.4.3 Rauchen

Viele der in Tab. 3 genannten beeinflussbaren Faktoren werden im nächsten Kapitel eingehend behandelt, weil Work-Life-Balance ja langfristig in Ihr Leben und vielleicht auch das Ihrer Familie, Ihres

Freundeskreises und Ihrer Kollegen Einzug halten sollte. Spaß ist hierbei ein wichtiger Faktor, weil dieser Ihr Konzept bestärkt. Daher möchten wir in Zusammenhang mit Herz-Kreislauf-Erkrankungen und Schlaganfällen nur noch auf einen Aspekt eingehen: Den Genuss und vor allem die Wirkung des Rauchens. Das konsequente (starke) Begrenzen scheint dabei viel schwieriger zu sein, als gänzlich von diesen oftmals lieb gewonnenen Angewohnheiten abzulassen.

Wir können und wollen nicht ggf. plötzlich einen Nichtraucher aus Ihnen machen, kommen aber nicht umhin, Ihnen in diesem Zusammenhang die Auswirkungen – des Rauchens – auf Ihren Körper nahe zu bringen. Denn leider hält man es allzu oft mit dem Rauchen wie mit dem Bluthochdruck oder der Zuckerkrankheit: Erst, wenn die Mangelerscheinungen da sind, fängt man an nachzudenken.

Das Risiko von Arteriosklerose und den Folgeerscheinungen ist bei Rauchern wesentlich höher als bei Nichtrauchern. Es potenziert sich mit der Zahl der Raucherjahre und der gerauchten Zigaretten. Dabei gibt es neben Kohlenmonoxid und Nikotin ca. 500 weitere Giftstoffe (Stolte 1976), die toxische Wirkungen in Ihrem Körper haben – sei es als aktiver oder als passiver Raucher! Zur Wirkung des Kohlenmonoxids: Dieses hat eine 245-mal größere Bindungsfähigkeit (Affinität) zum Hämoglobin als Sauerstoff. Die Folge sind beispielsweise geminderte Leistungsfähigkeit und Konzentrationsschwäche. Bei konstantem Rauchen schädigt das Kohlenmonoxid die Gefäßinnenwände und hat somit zentralen Anteil an den oben genannten arteriosklerotischen Krankheiten. Nikotin erhöht die Herzfrequenz. So kann das Rauchen bereits einer Zigarette je nach Gewöhnungsgrad die Schlagzahl um 10 bis 20 erhöhen, wenngleich dieser Prozess reversibel ist. Problematischer und irreversibel sind die gefäßverengende Wirkung und teilweise zu beobachtenden sog. Gefäßspasmen. So kann das Rauchen allein einer Zigarette bereits letale Folgen haben, auch wenn die Wahrscheinlichkeit hierfür gering ist. Auf jeden Fall bleibt bezüglich des Nikotins festzuhalten: Arteriosklerose rührt oft vom Rauchen her. Erhöhtes Schlaganfall- und Herzinfarktrisiko sowie das sog. „Raucherbein" zeigen in dramatischer Form, warum Arteriosklerose und Rauchen sehr viel miteinander zu tun haben!

Was bei diesen Zahlen allerdings bedenklich stimmt, ist gerade für Nichtraucher die Tatsache, dass nur ungefähr 30 Prozent einer Zigarette tatsächlich im Mund des Rauchers ankommen, der Rest wird in die Umwelt abgesondert. Rauchen (passiv/aktiv) hat über das Herz-Kreislauf-System hinaus Auswirkungen auf die Thermoregulation des Körpers. Bereits beim Rauchen einer Zigarette kommt es zu einer Gefäßengstellung, die zu Temperaturrückgängen zwischen 0,6 und 3,8 Grad innerhalb von 2 Minuten führt und bis zu 4 Stunden dauern kann. Der Körper ist dabei mit zunehmenden Raucherjahren immer schlechter in der Lage, die Gefäßengstellung zu revidieren.

> Unsere **Empfehlung und Bitte:** Der über achtzigjährige voluminöse Herr, der genüsslich an seiner zweiunddreißigsten Zigarette zieht und den Kindern im Innenhof beim Fußballspielen zuschaut, ist die absolute Seltenheit. Versuchen Sie, sich dem Rauchen (auch als Passivraucher) zu entziehen, wo es eben möglich ist!

4.4.4 Alkohol

Während die Fachwelt sich bei den negativen Auswirkungen des Rauchens einig ist, liegen bezüglich des Alkoholgenusses verschiedene Sichtweisen vor. In seinem Buch „Täglich Wein" beschreibt Nicolai Worm, welche Herzinfarkt reduzierende Wirkung vom Rotwein ausgeht. Auch die Kreta-Diät, auf die wir später noch eingehen, lehnt Alkohol nicht strikt ab. Worm geht sogar von täglich 0,4 Liter Wein bei einem Mann und 0,3 Liter Wein bei einer Frau aus, um die positive Wirkung des Weins auf die Physis zu erlangen. Weineck weist demgegenüber auf die Abnahme pharmakologischer Reaktionen hin. Für viele Leser des deutschen Sprachraums ist bei dem oben erwähnten täglichen Alkoholmengengenuss bereits die Grenze zur Abhängigkeit erreicht. Fakt ist, dass zu viel Alkohol den Körper auf jeden Fall negativ beeinflusst. Das betrifft nicht nur Alkoholiker oder Menschen, die wir als solche bezeichnen würden, sondern auch jeden Leser dieses Buches. Erhöhter Alkoholkonsum führt zum Absinken der muskulären Leistung, zu geistigen Fehlleistungen, steigert den Blutdruck und den Energiestoffwechsel, um nur einige physiologische Folgen zu nennen.

5. Veränderte physische Disposition durch Work-Life-Balance

Mit diesem Kapitel möchten wir Ihnen Anregungen geben, zwei Elemente intensiver in Ihr Leben zu integrieren, um somit Work-Life-Balance leben zu können. Um diesen Integrationsprozess mit größtmöglicher Wahrscheinlichkeit alsbald zu beginnen, um ihn langfristig zu etablieren, empfiehlt es sich, diese zwei Elemente langsam zu integrieren. Gelebte Körperlichkeit kann bei unserem Work-Life-Balance-Konzept auf der physischen Ebene vor allem durch zwei Komponenten langfristig positiv beeinflusst werden: durch Bewegung und Ernährung. Es liegt dabei an Ihren Erfahrungen und Einstellungen diesen beiden Themen gegenüber, wie intensiv Sie sich hierauf im Alltag einlassen wollen und können. In diesem Zusammenhang und aus unserer Beratungspraxis heraus möchten wir Ihnen bezüglich Ernährungsvorschläge und sportlicher Betätigung nur Alternativen vorschlagen, die Sie ohne große Komplikationen umsetzen und im Alltag dauerhaft realisieren können.

Als motivierende Einstimmung zum Thema Gesundheitssport möchten wir Ihnen eine kleine Auswahl positiver Folgeerscheinungen regelmäßiger körperlicher Betätigung aufzeigen:

Organsegment	Auswirkungen
Herz	• Absinken des Ruhe- und des Belastungspulses
	• Verbesserung der Sauerstoffversorgung des Herzmuskels
Lunge	• Verbesserte Sauerstoffaufnahmefähigkeit
	• Erhöhte Selbstreinigungsfunktion
Wirbelsäule	• Beseitigung von Dysbalancen
	• Haltungsverbesserung
	• Erhöhter Stoffwechsel in den Bandscheiben
Muskulatur	• Erhöhte Funktionsfähigkeit
	• Kräftigung der Muskeln

Muskulatur	• Verletzungsvorbeugung
	• Schnellere Regenerationsfähigkeit
	• Erhöhte Koordinationsfähigkeit
Psyche	• Steigende Stressverarbeitungsfähigkeit
	• Gesteigertes Selbstbewusstsein
	• Gesteigerte Ausgeglichenheit
Immunsystem	• Stärkung des unspezifischen Immunsystems
	• Sinkende Infektionsanfälligkeit
	• Niedrigere Tumorrate
Arterielles Blutgefäßsystem	• Vorbeugung gegen Arteriosklerose
	• Erhaltung der Gefäßelastizität
	• Verbesserung der Mikrozirkulation
Gelenke	• Höhere Stoffwechselaktivität
	• Verbesserte Beweglichkeit
	• Verletzungsvorbeugung
	• Arthrosevorbeugung
Stoffwechsel	• Erhöhung der Stoffwechselaktivität
	• Absenken überhöhter Blutfettwerte
	• Verbesserung des Zuckerstoffwechsels
	• Vermehrte HDL-Cholesterinproduktion
Venensystem	• Verbesserter Blutrückfluss
	• Vorbeugung von Krampfadern und anderen Stauungsbeschwerden
	• Minderung der Thrombosegefahr
Nervensystem	• Verringerte Produktion negativer Stresshormone
	• Beruhigende Wirkung auf das vegetative Nervensystem
	• Erhöhte Konzentrationsleistung
	• Erhöhung der Libido

Tab. 6: Auswirkungen von Sport auf Organe des Menschen

Skeptiker werden dieser Auflistung sicherlich entgegenhalten, dass Bewegung immer zugleich auch Abnutzungserscheinungen hervorruft. Aber: Auch die leidenschaftlichsten Befürworter von Winston Churchills knapper These „No Sports!" (seine Antwort auf die Frage, wie er so alt geworden sei) werden bei dem rasanten Anstieg der im Kapitel 4 beschriebenen Bewegungsmangelkrankheiten anerkennen müssen, dass sich die Wahrscheinlichkeit deutlich erhöht, befolgt man die Philosophie Churchills bei konstant hohem Niveau der anderen beeinflussbaren Risikofaktoren. Die Vorteile eines ausgewogenen und konstruktiven Körpertrainings tragen erheblich zum subjektiven Wohlempfinden bei und sind zugleich mitentscheidend bezüglich der Erhöhung der Lebenserwartung (durch Reduzierung der Risikofaktoren). Die hier genannten und weitere positive Folgen von kontinuierlich geplanter und durchgeführter Bewegung sollten Sie im Sinne von Work-Life-Balance so auswählen, dass sie dementsprechend Ihren Alltag sinnvoll ergänzen und Sie positiv stimulieren, dabei aber nicht zur zusätzlichen Belastung werden. Die oben genannten Vorteile treffen – im Rahmen des gesundheitssportlich Machbaren – auch für körperlich behinderte Menschen zu, denen wir an dieser Stelle die deutliche Ermutigung aussprechen möchten, sich zu betätigen.

Ähnlich verhält es sich mit unserem Verständnis von Ernährung. Essen und Trinken sollten eigentlich nicht nur der Flüssigkeits- und Nahrungsaufnahme dienen, sondern – wenn eben möglich – zu Momenten im Tagesablauf werden, auf die wir uns freuen. Essen und Trinken sind zentrale Bestandteile unseres Work-Life-Balance-Verständnisses. Mit der richtigen Ernährung verfügen wir über eine hervorragende Möglichkeit, etwas für unsere Gesundheit zu tun, ohne uns übermäßig anstrengen zu müssen. Generell stellt sich eingangs die Frage, wie die bewusste Steuerung der Ernährung positive Auswirkungen auf unsere Ernährung haben kann. Eine Vielzahl von diversen Diät-Beratern gibt uns in der Literatur mit verschiedensten Methoden Aufschluss darüber, was wir alles nicht dürfen – eine ebenso große Vielzahl von Kochbüchern versucht, uns die Gerichte verschiedener Kulturen und Regionen neben der heimischen Küche im wahrsten Sinne des Wortes schmackhaft zu machen. Welche Rolle übernimmt im Rahmen unseres Verständnisses von Work-Life-Balance die Kreta-Diät und warum präferieren wir diese?

Wohl jeder von uns kennt diese Art „Karfreitags-Phänomen", hat man sich einmal zur Kostreduzierung entschlossen: Die Auslagen in den (Feinkost-) Geschäften sind prall gefüllt, von überall her locken verführerische Essensdüfte und bei Tisch trinken die meisten genussvoll ein Glas Wein. Die Versuchung zum Rückfall ist bei diesem nur angedeuteten Diätszenario allzu groß, auch für relativ starke Charaktere. Demhingegen ist es bei dem Stress, dem die meisten von uns täglich ausgesetzt sind, verständlich, wenn Sie sich nach einem anstrengenden und langen Arbeitstag etwas Gutes antun und sich selbst belohnen wollen. Hierzu gleich vorweg: Mit Maß ist das vollkommen in Ordnung. Uns führte daher der Spannungsbogen zwischen den individuellen Ernährungspräferenzen und den Folgen von Bewegungsmangelkrankheiten der Überflussgesellschaft unter anderem zur Kreta-Diät, die wir Ihnen im zweiten Teilabschnitt dieses Kapitels nahe bringen möchten. Als langfristige Diätmethode ist sie ideal geeignet, die oben beschriebene Dysbalance im Sinne unseres Work-Life-Balance-Verständnisses zu ergänzen, ohne Sie in den abrupten Weg der sofortigen, dauerhaften und ganzheitlichen Askese zu zwingen. Die Kreta-Diät basiert auf einer einfach umsetzbaren Methode, die sich zudem leicht in Ihren Alltag integrieren lässt. An dieser Stelle möchten wir kurz auf mögliche direkte Folgeschäden fehlerhafter Ernährung hinweisen.

- Schlafstörungen
- Unpässlichkeit
- Zu dünner/dicker Stuhlgang
- Vermehrte Harntätigkeit
- Verstopfungen/Blähungen

Bereits hier möchten wir Ihnen einige hilfreiche **Tipps** geben, mit denen Sie maßgeblichen Einfluss auf Ihr Ernährungsverhalten nehmen können:
- Essen Sie gründlich, kauen und trinken Sie bitte langsam. Zeit lassen.
- Meiden Sie schwere Speisen am Abend, sie liegen unangenehm im Magen.
- Mehrere kleinere Mahlzeiten am Tag sind bedeutend besser als nur wenige.
- Überessen Sie sich nicht, nachdem Sie Heißhunger auf etwas hatten.
- Reduzieren Sie die Zufuhr gesättigter tierischer Fette.
- Reduzieren Sie rotes Fleisch, Vollmilchprodukte, Gebratenes und Frittiertes.

- Obst wirkt wahre Wunder und trägt viel zu Ihrer Vorsorge bei.
- Essen Sie genug Ballaststoffe und Fisch anstatt Fleisch.
- Trinken Sie genug. Mehr als 3 Liter sind erstrebenswert, 2 sollten es sein.
- Belassen Sie es bei geringen Mengen Alkohol pro Tag.

Wenn Sie diese Punkte beachten und umsetzen, dann tun Sie bereits jetzt sehr viel Gutes für Ihren Körper. Mit der Kreta-Diät haben Sie die Möglichkeit, Ihre gesundheitsorientierte Ernährung weiter zu optimieren.

5.1 Gesundheitstraining als Work-Life-Balance-Intervention

Sie haben, wenn Sie dieses Buch lesen, (unwissend) unmittelbar oder mittelbar mit Bewegungsmangelkrankheiten zu tun und entscheiden eventuell gerade, ob Sie in Zukunft (mehr) Sport treiben sollen. Denn unweigerlich konkurriert Ihre Fitness mit anderen privaten und beruflichen Interessen. Bevor wir daher genauer in die sportiven Themen einsteigen, sollten Sie sich selbst klar darüber sein, dass Sport, sollten Sie es ernst mit Work-Life-Balance meinen, Bedeutung in Ihrem Alltag einnehmen wird, wenn dies bisher noch nicht der Fall ist. Sie können durch körperliches Training positiv steuernd auf den zwangsläufigen Degenerationsprozess des Alterns einwirken, halten Ihr Herz-Kreislauf-System, Ihre Knochen, Gelenke und den gesamten Organismus förmlich auf Trab. Gerade wegen dieser vielen Vorteile für Ihren Organismus ist es von großer Bedeutung, dass Sie Sport nur in Verfassungen durchführen, in denen er diese positive Wirkung auch voll entfalten kann. Körperliche Aktivitäten sollten so ausgewählt sein, dass sie Sie positiv stimulieren, so dass die gesteigerte Fitness und Gesundheit zum (gewollten) kräftigenden Nebeneffekt wird.

Wir möchten Ihnen eingangs den Begriff des Gesundheitstrainings näher bringen. Er kann sowohl präventiven als auch rehabilitativen Charakter haben, das liegt an der Ausrichtung Ihrer Trainingsziele. Bezüglich dieser beiden Begriffe ist anzumerken, dass bei der Gestaltung eines Trainingsplans in der Rehabilitation der abschließende Trainingszyklus wieder präventiv ausgerichtet ist. Es gibt sehr spezielle Formen des Gesundheitstrainings wie das Cardiotraining oder das Wirbelsäulentraining. Das Trainingsziel für Gesundheitstraining ist daher ein gänzlich anderes als es im Breitensport der Fall ist (beispielsweise in den Senioren-Fußballligen). Die Erhöhung der eigenen Vitalität, die Steigerung der körpereigenen Abwehrmechanismen stehen hierbei im Vordergrund. Gesundheitstraining umfasst dabei sehr wohl Erfolgs- und Glücksmomente, es sind andere, als sie Leistungs- und Breitensportler suchen.

> **Tipp:** Belohnen Sie sich beispielsweise mit der Auswahl der Lauf- oder Fahrstrecke, der Länge der Trainingseinheit, dem Abwechslungsreichtum. Variieren Sie häufiger, damit Ihr Gesundheitstraining nicht zur Routine im negativen Sinne mutiert.

Gesundheitssport hat im Sinn von Work-Life-Balance präventiven Charakter, fördert und stabilisiert in seinen Wirkungen Ihre Physis und Psyche. Eine wichtige Frage ist gerade für viele Geschäftsreisende, wie verbindlich Trainingspläne sind. Unsere Einstellung im Sinne von Work-Life-Balance ist die, dass Sport – auch Gesundheitssport – nur dann effektiv sein kann, wenn er innerlich freiwillig durchgeführt wird. Daher ist uns wichtiger, welche Sportarten Sie gerne machen und ob diese im positiven Einvernehmen mit Ihren ererbten Anlagen und erlebten Erfahrungen stehen. Nur wenn dieses Bezugssystem positiv ist, hat Gesundheitssport die reale Chance, langfristig in Ihrem Zeitplaner Platz zu bekommen und somit zur freiwilligen Verbindlichkeit (Vertrag mit sich selbst) zu werden.

5.1.1 Beispiele für geeignete Work-Life-Balance-Sportarten

Generell ist jede Sportart, jede Form sportiver Betätigung unter dem Aspekt von Bewegungsmangelkrankheiten ein großer Pluspunkt in der Ausgestaltung Ihres Alltags. Daher werden die eher sportlichen Leser dieses Buches Vorkenntnisse haben, die wir mit diesem Teilabschnitt eventuell ergänzen oder vertiefen können. Vielleicht ergeben sich auch Denkanstöße über Zusammenhänge, die Sie bislang nicht oder anders gewertet haben. Sollten Sie bislang noch keinen Sport betrieben haben, ergeben sich mit der Lektüre dieses Kapitels vielleicht neue Denkanstöße für Sie. In der Folge möchten wir Ihnen einige Sportarten vorstellen und Ihnen einige der Vor- und Nachteile aufzählen. Generell sollte gelten: Zwei Mal in der Woche sollten Sie mindestens Sport, vor allem Ausdauersport, betreiben, drei Mal wäre wünschenswert. Komplettiert werden kann das Wochenprogramm darüber hinaus durch mehrmalige zehn- bis fünfzehnminütige Trainingseinheiten pro Woche, bei denen Kräftigung und Dehnung den Schwerpunkt ausmachen. Auch hierzu bringen wir Ihnen praktikable Vorschläge, die Sie im Extremfall sogar leicht im Hotel umsetzen können. Nun aber zu den Ausdauersportarten, die wir Ihnen als allgemeines Gesundheitstraining vorschlagen möchten.

5.1.1.1 Jogging

Die Laufschuhe anziehen – und los geht's. So einfach dieser Sport in der Vorstellung der meisten Leute ist, umso schwieriger ist die Umsetzung für viele Gegner des Joggens. Generell empfiehlt sich diese Sportart, wenn Sie Ausgleich und Entspannung im Sport suchen. Grundsätzlich hat Joggen den Vorteil, individuell oder in Laufgruppen betrieben werden zu können, beides hat seine Vor- und Nachteile. Zwei Gegenstände sollten zu Ihrer Grundausstattung gehören, wenn Sie mit dieser Sportart beginnen: Gute Laufschuhe und ein Pulsmesser. Gerade bezüglich der Laufschuhe gilt, dass diese häufig genug erneuert werden sollten, dies gilt insbesondere für Straßenläufer, die meistens auf hartem Untergrund laufen. Ebenfalls sollte ein Pulsmesser zu Ihrer Ausrüstung gehören, da es für Laien ein leicht verifizierbares Messinstrument ist, die richtige Trainingsintensität (hier Geschwindigkeit) zu wählen. Ein allgemein sinnvolles anfängliches Ziel könnte lauten, innerhalb eines bestimmten Zeitraums eine halbe Stunde mit einer Pulsfrequenz von konstant 130 zu laufen. Gerade zu Anfang empfiehlt es sich nicht, Tempo-Wechselläufe, Fahrtenspiele o. Ä. ins Training zu integrieren; die Frage der Sinnhaftigkeit solcher sportlicher Aktivitäten stellt sich im Gesundheitstraining aber generell.

Veränderte physische Disposition durch Work-Life-Balance

Abb. 2: Jogging für Ausgleich und Entspannung (Foto Jürschick)

Tipp: Die kontinuierliche und konstante Ausdauerbelastung ist beim Jogging im Rahmen von Gesundheitstraining von vorrangiger Bedeutung. Steuern Sie Ihr Training durch subjektives Wohlempfinden und mit Hilfe des Pulsfrequenzmessgerätes.

Vorteile des Joggens
- Stärkung des Herz-Kreislauf-Systems
- Verbesserung der Körperhaltung
- Förderung von Selbstdisziplin und psychischer Stabilität
- Entspannung, teils sogar meditativ wirkend
- Stärkung des Immunsystems
- geringer organisatorischer Aufwand zur Vorbereitung
- auch und besonders auf Reisen gut durchführbar
- allein oder in Gruppen organisierbar (je nach Vorliebe)

Zu beachten:
- Hauptmuskelgruppen (Agonisten) werden optimal belastet, deren „Gegenspieler" (Antagonisten) nicht wesentlich

- Verhärtungsgefahr von Muskeln und Sehnen ohne ständig begleitende Funktionsgymnastik
- nur für Personen geeignet, die vom Gewicht her maximal Normalgewicht zuzüglich 10 Prozent aufweisen
- bei vorwiegend hartem Laufuntergrund (geteerte/gepflasterte Straßen) besteht Schädigungsgefahr für die Knie, die Hüfte und die Sprunggelenke
- Gefahr bei Hypertonie (Bluthochdruck) durch die erhöhten Anforderungen an das Herz-Kreislauf-System) und bestehenden Gelenk- und/oder Wirbelsäulenproblemen
- Jogging ist kein Ganzkörpertraining, der absolute Schwerpunkt liegt auf den Beinen

Wir möchten mit dieser Auflistung verdeutlichen: Laufen ist eine sehr gute und zugleich einfach praktizierbare Möglichkeit des Gesundheitssports. Als Grundlage für Ihren Körper im Balance-Zustand ist es sehr geeignet. Es ist jedoch keine Wundersportart, als die es in mancher Literatur angepriesen wird. Auf jeden Fall sollte Jogging durch weitere sportliche Aktivitäten ergänzt werden.

Eine Variante, die erst in jüngster Zeit aufkam, ist das „Nordic Walking/Wogging", bei dem Touren-, Langlauf- oder Teleskopstöcke zur Ausrüstung hinzu genommen werden. Hierbei soll derselbe Effekt erwirkt werden wie beim klassischen Langlauf; Muskelpartien des Oberkörpers sollen somit ebenfalls eingebunden werden.

5.1.1.2 Langlauf (Sommervariante Skirollern), klassischer Stil

Skilanglauf und die sommerliche Alternative des sog. Skirollertrainings sind hervorragend geeignete Gesundheitssportarten, da über die Beine hinaus auch der Oberkörper, vor allem die Arme, zum Einsatz kommen. Zum Joggen kommen zwei weitere Aspekte hinzu: Koordinationsschulung (durch gezielten Stockeinsatz) und Schonung der Gelenke (geringere Stoßbelastung als beim Joggen). Problematisch ist im Gegensatz zum Jogging, dass diese Fortbewegungsart zuerst erlernt werden muss, das bezieht sich vor allem auf das Langlaufen im Sommer. Hier kann es im Sturzfall zu empfindlichen und schmerzhaften Stürzen kommen.

Vorteile des klassischen Langlaufens
- genau wie beim Joggen

- Schonung von Gelenken, Hüfte und Wirbelsäule
- Belastung von deutlich mehr Muskelgruppen des Oberkörpers (insbes. bergauf)
- Schulung von Koordinationsfähigkeit und Balanceverhalten
- auch und gerade für ältere Menschen gut erlernbar

Zu beachten:
- Das Erlernen der Sportart ist notwendig.
- Bei der Sommervariante erhöhte Verletzungsgefahr im Sturzfall.
- Für die Wintervariante sind meistens längere Anfahrtswege einzuplanen.
- Höhere Materialpflege notwendig (Skier wachsen usw.)

Leider kann die klassische Form des Langlaufs sich nur schwerlich vom Image von Knickerbockern und roten Wollsocken trennen. Trotz dieses Vorurteils ist diese Sportart hervorragend geeignet, einen wertvollen Beitrag zu Ihrem individuellen Gesundheitssport beizutragen. Die wesentlich dynamischere und sportlichere Variante ist der Skatingstil. Er ist technisch anspruchsvoller und birgt einige Gefahren in sich, gerade die Sprunggelenke und die Menisken betreffend.

5.1.1.3 Inline-Skaten (Wintervariante Schlittschuhlaufen)

Als technische Voraussetzung ist die Skating-Technik des Ski-Langlaufs und vor allem Schlittschuhlaufen von großem Vorteil. Wie beim Langlaufen liegt ein großer Vorteil dieser Sportart in der entfallenden Stoßbelastung des Bewegungsapparates. Meistens stellt sich – allein aufgrund der höheren Fortbewegungsgeschwindigkeit – ein höherer Spaßfaktor ein als beim Joggen, was mit wachsender Routine durch kunstvolle Bewegungen (ähnlich dem Eiskunstlaufen) ergänzt werden kann. Da diese auf dem Asphalt betriebene Sportart konstant ähnliche Anforderungen stellt wie das Skirollen im Sommer, sollten Sie über das notwendige Gleichgewichtsgefühl verfügen. Sinnvoll wäre zudem, die notwendigen Voraussetzungen (vor allem Bremsen!) in einem Kurs zu erlernen. Genau wie beim Radfahren sollte die notwendige Sicherheitsausrüstung (Helm, Handschutz, Ellenbogenschutz, Knieschutz) selbstverständlich sein. Um die Effizienz des Inline-Skatens für Ihre Gesundheit zu erhöhen, ist auch hierbei der Einsatz von Langlauf-

oder Teleskopstöcken empfehlenswert. So kann auch bei dieser Sportart der Oberkörper trainiert werden.

Vorteile des Inline-Skatings
- wie beim Langlaufen/Skirollern (Skatingtechnik)
- hoher Spaßfaktor bei der Ausführung
- geringer Organisationsaufwand

Zu beachten:
- hohe Verletzungsgefahr (wegen der Bremsprobleme haben 60 Prozent der Skating-Sportler verletzungsbedingte Sturzerfahrungen)
- nicht empfehlenswert, wenn Sie Knie- oder Sprunggelenksschädigungen haben
- reines Inline-Skating fördert nur den Aufbau einiger Muskelgruppen der unteren Körperhälfte
- relativ hohe technisch-koordinative Anforderungen

5.1.1.4 Schwimmen

Diese Sportarten bietet Ihnen ebenfalls große Vorteile, vor allem den: Sie trainieren Ihr Herz-Kreislauf-System bei gleichzeitiger Schonung des Bewegungsapparates. Die bekanntesten Fortbewegungsformen sind Brust-, Kraul- und das Rückenschwimmen. Dennoch ist Vorsicht bei der Ausführung geboten: Allzu häufig beobachten wir, wie gut gemeinte sportliche Betätigung falsch ausgeführt wird. Hier ist es wie bei falscher Gerätehandhabung im Fitnessraum, welche sich langfristig schädigend auswirken kann. Das betrifft alle drei Schwimmtechniken in Umsetzung und Ausführung. Das vorherige Erlernen eines guten Schwimmstils sollte auf jeden Fall eine der Konsequenzen sein, sollten Sie sich für das Schwimmen als Haupt-Gesundheitssportart entscheiden. Mögliche und häufig bemerkte Fehlerquellen sind beispielsweise ein in der Langzeitwirkung schädigender Beinschlag beim Brustschwimmen oder das Nach-Vorne-Ein-und-Ausatmen beim Kraulen. Hier wird ebenfalls oft ein unökonomischer Beinschlag eingesetzt. Der Vorteil ist aber, dass Schwimmtechniken auch noch in fortgeschrittenem Alter erlernbar sind. Wenn es daher das feuchte Medium sein soll: Nur Mut.

Vorteile des Schwimmens
- effektives Herz-Kreislauf-Training
- sehr gutes Training sehr vieler Muskelpartien des Körpers

- extrem geringes Verletzungsrisiko
- sehr gute Eignung zur Vorsorge und bei Haltungs- und Bewegungsfehlern
- besondere Eignung zur Stabilisierung der Wirbelsäulen-, Brust- und Schultermuskulatur bei richtig angewandter Schwimmtechnik

Zu beachten:
- Die Wassertemperatur (gut geeignet: 26 bis 28° Celsius), in der Rehabilitation beispielsweise von Bandscheibenschäden, sollte es eher noch wärmer sein.
- Herzpatienten sollten vorher auf jeden Fall mit ihrem Arzt sprechen, da der Wasserdruck den Rückstrom des Blutes zum Herzen erhöht.
- Die meistens erforderliche Anfahrt zum Schwimmbad oder zu einem See, eventuelle Eintrittsgelder sowie die Nachbereitung der Wäsche erfordern einen gewissen zeitlichen und ggf. monetären Aufwand.

5.1.1.5 Aquagymnastik und Aquajoggen

Diese Sportart hat einen phänomenalen Einzug in der Rehabilitation erlebt. Aquagymnastik eignet sich oft bereits in der therapeutisch begleiteten Phase postoperativer Situationen, um zu schnellem Muskelwachstum beitragen zu können. Die Erfolge hierbei sind sehr groß. Erstaunlich ist andererseits, dass es diese Sportart bislang trotz geringen organisatorischen Aufwands kaum geschafft hat, zum Breitensport zu werden. Viele der aquagymnastische Übungen können auch ohne Hilfsmittel ausgeführt werden, auch ohne den Ihnen vielleicht bekannten Schaumstoffgürtel. Komplette Trainingseinheiten in der Aquagymnastik beinhalten sehr abwechslungsreiche Komponenten, die idealerweise mit Musik unterstützt werden können. Mit dieser hervorragenden Sportart schonen Sie Ihren Bewegungsapparat, fördern Ihre Kräftigung und schulen ggf. sogar Ihre Koordinationsfähigkeit.

Mittlerweile gibt es in Abwandlung zum Aquatraining bereits Fitnessgeräte, die im Wasser eingesetzt werden. Hierbei obliegt es jedoch Ihren individuellen Präferenzen, diesen „Hybriden" aus Kraftraum und Aquatraining auszuprobieren.

Vorteile der Aquagymnastik
- Vorteile wie beim Schwimmen
- von fast allen Interessierten einsetzbar
- ideal in viele Rehabilitationspozesse integrierbar
- abwechslungsreich gestaltbar mit vielen Übungsformen im Ausdauer-, Kräftigungs- und Koordinationsbereich

Zu beachten:
- wie beim Schwimmen
- Anzuraten ist zumindest die anfängliche Teilnahme an Interessengruppen mit Trainer.

5.1.1.6 Radfahren

Rad fahren haben die meisten von uns auch bereits in den Kinderjahren gelernt, es stellt somit gewohnte Anforderungen an Technik und Koordination und ist Ihnen somit ähnlich vertraut wie das Joggen. Dennoch gibt es auch bei dieser Sportart einige Dinge, die Sie beachten sollten, bevor Sie „loslegen". Genau wie beim Joggen wird beim Radfahren lediglich die untere Körperhälfte mit einigen Muskelpartien gefordert. Hinzu kommt, dass Sie im Sinne von Work-Life-Balance und Gesundheitssport möglichst aufrecht sitzen sollten, das betrifft vor allem diejenigen, die bereits Probleme mit der Wirbelsäule hatten. Hier ist das Rennrad das falsche Sportgerät. Ebenfalls zu beachten ist, dass aufgrund der im Vergleich zum Joggen geringeren Reizintensität der anzusetzende Zeitfaktor um das Anderthalb- bis Zweifache höher ist, um denselben Trainingseffekt zu erzielen. Beim zielgerichteten, auf Work-Life-Balance ausgerichteten Radtraining empfehlen wir Ihnen ebenfalls die Kontrolle mit einem Pulsfrequenzmesser, ähnlich den bisher genannten Sportarten außerhalb des Wassers.

Neben den normalen Tourenrädern mit Mehrfach-Gangschaltungen (eine Abwandlung hiervon sind die City-, andere die Trekking-Räder), die wir Ihnen hier empfehlen, gibt es die Alternative des Mountainbikings. Hierbei gilt dasselbe wie beim Joggen: Bergläufe machen ebenfalls nur gut Durchtrainierte. Steile Anstiege mit dem Mountainbike sollten weniger Ihr Ziel sein als eine optimale Pulsfrequenz.

Vorteile des Radfahrens
- Stärkung des Herz-Kreislauf-Systems bei Schonung des Bewegungsapparates
- abwechslungsreich durch rasche Fortbewegung (im Vergleich zum Joggen)
- zum Fettabbau gut geeignet
- geringes Verletzungsrisiko

Zu beachten:
- Auch hier sollte gelten: Helmpflicht nicht nur für Kinder
- den Anforderungen entsprechendes Sportgerät mit aufrechter Sitzhaltung
- Beachten Sie die optimale Sattelhöhe („Faststreckung der Beine")
- ggf. Schädigungsgefahr der Flora (Mountainbiking sollte umweltverträglich betrieben werden, das betrifft vor allem das sog. Downhill-Fahren)

5.1.1.7 Wandern (Walking, Power-Walking, Bergwandern)

Intensives Wandern, im Neudeutschen auch als „Power-Walking" bezeichnet, führt ebenfalls zu den positiven Folgen für das Herz-Kreislauf-System, die bereits durch das Joggen bekannt sind. Durch die im Vergleich zum Joggen geringere Reizintensität müssten Sie aber einen noch höheren Zeitansatz einplanen als beim Radfahren, um denselben Effekt zu erzielen wie durch das Joggen. Hierbei raten wir Ihnen ebenfalls zur entsprechenden Ausrüstung, was insbesondere die witterungsangepasste Kleidung und die Schuhe betrifft.

Eine bei vielen (auch nicht in der Alpenregion lebenden) beliebte Ausdauersportart ist das Bergwandern. Hierbei sollten Sie auf einen entsprechend guten Rucksack achten, wenn Sie Mehrtagestouren planen; entsprechendes Schuhwerk (Tourenstiefel) sollten verwendet werden und der Einsatz von Teleskopstöcken ist ratsam, um die Belastung des Bewegungsapparates beim Talgehen zu minimieren.

Vorteile des Wanderns
- wie beim Joggen
- geringer Organisationsaufwand
- geringe Verletzungsgefahr

Zu beachten:
- witterungsangepasste Kleidung

- gute Schuhe
- höherer Zeitaufwand als bei anderen Ausdauersportarten

5.1.1.8 Generelle Anmerkungen zu Sportarten im Work-Life-Balance-Verständnis

Tennis, Golf, Reiten, Rudern, Tanzen, Aerobic, Karate usw. Es gibt eine Vielzahl weiterer wirklich lukrativer Sportarten, die Ihren Alltag bereichern könnten. Jede Sportart hat ihre individuellen Vorzüge. Vielleicht betreiben Sie schon eine der hier beschriebenen oder eine andere Sportart. Wichtig für die konsequente Umsetzung von Work-Life-Balance und ein positiv ausgerichtetes Gesundheitsbewusstsein sind das tatsächliche und regelmäßige Praktizieren von Bewegung. Als Faustregel hierfür gilt wie bereits erwähnt: Zwei Mal die Woche wäre mindestens ratsam, drei bis vier Mal wünschenswert. Die Länge und Intensität der Belastung sollte Ihrem Alter, Ihrer Gesamtverfassung und der ausgeführten Sportart entsprechen. Insbesondere für Neueinsteiger, die auf der Suche nach einer ihnen entsprechenden und liegenden Sportart sind, empfiehlt sich die Rücksprache mit dem Hausarzt (evtl. einem Sportmediziner) und sportlichem Fachpersonal (zum Beispiel Sportlehrern), um sich über die gesundheitlichen Möglichkeiten und Grenzen sowie alternative Sportarten zu informieren. Sportlehrer sind meistens in der Lage, Ihnen Tipps zu geben, wo Sie probeweise Material kostengünstig ausleihen können, bevor Sie in eine Ihnen nicht liegende Sportart investieren.

> **Tipp:** Wenn Sie körperlich behindert sein sollten und bisher noch keine sportliche Tätigkeiten in Erwägung gezogen haben: Haben Sie sich schon mit dieser Thematik auseinander gesetzt? Es gibt eine Vielzahl von Gesundheitssportarten, die Sie problemlos ausführen können, ob allein, zu zweit oder in Gruppen.

5.1.2 Hinzukommende Alternativen für ganzheitliches Work-Life-Balance-Training

Joggen, Wandern, Radfahren – die meisten der hier vorgestellten, ohne große Umstände umsetzbaren Gesundheitssportarten haben den offensichtlichen Nachteil, vor allem die untere Körperhälfte zu trainieren. Work-Life-Balance sollte jedoch darüber hinaus das Ziel verfolgen, den gesamten Körper in das Training einzubeziehen. Wir empfehlen Ihnen daher im Sinne ganzheitlicher Work-Life-Balance, diese Sportarten durch weitere wertvolle Komponenten zu ergänzen. Wir haben Ihnen zwei Übungskombinationen zusammengestellt, die Sie ebenfalls ohne großen organisatorischen Aufwand in Ihren Alltag integrieren können. Bei der Ausführung der beiden Varianten haben wir uns aus Zeitgründen (wir gehen davon aus, dass Sie bei minimalem Zeiteinsatz Maximales für Ihren Körper tun wollen) dazu entschieden, eine Kombination zusammenzustellen, die Ihnen zwei bis drei Mal pro Woche zirka eine Viertelstunde abverlangt und die Sie zu Hause genauso durchführen können wie im Hotelzimmer. Selbstverständlich können Sie diese Übungsmodule durch eigene, Ihnen bekannte Komponenten ergänzen oder austauschen. Wir haben uns für diejenigen Übungsvarianten entschieden, welche problemlos umsetzbar sind und die auch bei dauerhaft falscher Ausführung nicht zu Schädigungen/Schäden führen können. Viele der hier genannten Übungen werden Ihnen bekannt und daher eventuell auch vertraut sein. Die hierzu benötigten Sportgeräte sind:

- Sport- oder Freizeitbekleidung
- Gymnastikmatte/Iso-Matte, besser noch eine Therm-a-Rest-Matte; es genügt aber auch ein weicher Teppich oder Rasen als Untergrund.
- Thera-Band (bei der Übungsvariante 2)

Tipp: Sie können die Freude an diesen Trainingseinheiten sehr schnell steigern und die für die einzelnen Trainingsmodule vorgesehenen Phasen ideal kontrollieren, wenn Sie sich Musikkassetten oder CD's zusammenstellen. Für das Warming-Up und die Kräftigungsübungen empfehlen wir Ihnen dabei eher flotte, rhythmusbetonte Musik, für die Dehnungsübungen und das Cool-Down eher ruhige Entspannungsmusik. Wir sind überzeugt davon: Sie werden merken, wie sehr Ihnen diese Übungseinheiten bald zur positiven Gewohnheit werden. Mit der Musik können Sie ebenfalls Ihr Taktgefühl „auf Trab" halten. Wir raten Ihnen darüber hinaus, mehrere Musikkombinationen zusammenzustellen, um auch hierbei Abwechslungsreichtum zu haben.

Wir empfehlen Ihnen, Ihre Viertel-„Sportstunde" folgendermaßen aufzuteilen:
- Warming-Up (2 Minuten)
- Kräftigung (8 Minuten)
- Stretching (4 Minuten)
- Cool-Down (1 Minute)

Zwei Alternativen für Work-Life-Balance-Ergänzungsprogramme

Warming-Up (2 Minuten): Hüpfen, springen und traben Sie auf Ihrer Matte. Steigern Sie dabei langsam und kontinuierlich die Geschwindigkeit (Vorsicht: Nicht zu schnell steigern). Bauen Sie leichte Bewegungsvarianten wie die sog. Seit-Ausfallschritte ein, um auch Muskelgruppen wie den Aduktoren mitzuteilen, dass sie bald zum Einsatz kommen. In der zweiten Phase des Warming-Up's kreisen Sie Arme und Schultern vorwärts und rücklings. Abschließend kreisen Sie die Hüfte. Bei dieser Übung kommt es auf die saubere Ausführung, nicht auf die Geschwindigkeit an.

Übungsvariante 1: Kräftigung ohne Sportgerät (8 Minuten)

Liegestütz: Führen Sie diese kniend auf der Matte aus; sie vermeiden somit dauerhaft gefährdende Fehlbelastungen der Wirbelsäule in der gestreckten Position und stärken vor allem die Muskulatur des Schultergürtels, einige Arm- und Rückenmuskelgruppen. Unser Vorschlag: dreimal zehn Liegestützen mit jeweils kurzer Zwischenpause.

Angedeutete Sit-Up's: Zur Ausführung legen Sie sich flach auf den Rücken, beginnen Sie durch Nicken mit dem Aufbeugen der Wirbelsäule und beenden Sie das Aufrichten des Oberkörpers, wenn Ihre Schulterblätter sich vom Boden gelöst haben. So vermeiden Sie das ruckartige und daher ggf. wirbelsäulenschädigende komplette Aufrichten aus der Rückenlage. Die Beine sollten dabei angewinkelt, die Füße in Gänze auf dem Boden sein, die Arme gestreckt parallel am Körper. Trainiert wird vor allem die obere gerade Bauchmuskulatur. Unser Vorschlag: dreimal zehn angedeutete Sit-Up's mit jeweils kurzer Zwischenpause.

Beinkreise im Liegen: Bleiben Sie hierzu in der Rückenlage und heben Sie bei fast durchgestreckten Beinen die Füße einige Zentimeter vom Boden. Halten Sie die Füße beisammen und führen dann langsam kleine Kreiselbewegungen durch. Unser Vorschlag: zwei mal 15 kleine Kreise mit kleiner Zwischenpause. Sollten Sie damit anfangs Schwierigkeiten haben, so genügt es, die Füße in geschlossener, fast gestreckter Haltung in einer bestimmten Höhe für einen Zeitraum von ca. zehn bis fünfzehn Sekunden zu halten. Insbesondere empfehlen wir Lesern mit Lenden- oder Brustwirbelsäulenproblemen, zur Stabilisierung ein Handtuch in den Bereich der Lendensäulenvorwölbung zu legen. Diese Empfehlung ist darüber hinaus auch an Beschwerdefreie gerichtet. Sie trainieren mit dieser Übung Ihre untere gerade Bauch-, Ihre Gesäß- und Oberschenkelmuskulatur.

Armkreise im Liegen: Drehen Sie sich aus der vorherigen Lage in die Bauchlage, strecken Sie die Arme in ganzer Länge nach vorn aus und bewegen Sie diese nun in kleinen Kreisen. Achten Sie bitte darauf, dass Sie nicht ins Hohlkreuz (Hyperlordose) geraten. Bei dieser Übung werden vor allem wiederum die Muskelpartien der Schulter beansprucht. Unser Vorschlag: dreimal 20 Sekunden mit kurzer Zwischenpause.

Skifahrerhocke: Nehmen Sie bitte an der Wand Platz – nur ohne Stuhl. Hierbei sollten Sie darauf achten, dass Ihre Schulterblätter Kontakt zur Wand haben und die Knie möglichst um 90° angewinkelt sind. Sollte das anfangs nicht funktionieren, nehmen Sie einfach einen Ihnen lösbaren flachen Winkel. Diese Übung trainiert vor allem Ihre vordere Oberschenkelmuskulatur. Unser Vorschlag: dreimal 20 Sekunden mit jeweils kurzer Zwischenpause.

Wadenstrecken: Aus dem festen und aufrechten Stand heraus heben Sie Ihre Hinterfüße gleichzeitig vom Boden bis in die Faststreckung, als wenn Sie über eine Mauer schauen wollen. Hernach setzen sie sie aber nicht am Boden ab, sondern senken sie nur, ehe sie wieder anheben. Damit trainieren sie vor allem den sog. zweiköpfigen Wadenstreckermuskel. Unser Vorschlag: dreimal 15 Wiederholungen mit kurzer Zwischenpause.

Übungsvariante 2: Kräftigung mit Thera-Band (8 Minuten)

Vorbemerkung: Thera-Bänder gibt es in verschiedenen Stärken (grün, rot, blau und schwarz). Je nach beanspruchter Muskelgruppe und Ihrem Trainingszustand können Sie dann entscheiden. Wir haben uns für die Vorstellung des Thera-Bandes entschieden, weil es den „Trainingseffekt aus der Westentasche" ermöglicht, Sie dieses Sportgerät problemlos überall hin mitführen können – ohne großen organisatorischen Zusatzaufwand. Zu beachten ist bei allen Übungen, die wir Ihnen vorschlagen und die Sie darüber hinaus selber durchführen, dass über den Zug hinaus auch die Entlastungsphase des Thera-Bandes langsam geschieht, dieses somit nicht zurückschnellt. Die hier vorgestellten Übungen empfehlen wir Ihnen, mit langsamer Geschwindigkeit auszuführen.

Armstreckmuskulatur: Befestigen Sie das Thera-Band an einem Haken oder am Oberrand einer Tür. Im Stehen oder Knien (Abstand von dem Haken zwischen 50 cm und 1 m) hat das Thera-Band bei angewinkelten Armen leichte Spannung. Strecken Sie nun die Arme bis in die Faststreckung durch. Normal trainierten Damen empfehlen wir die grüne Bandstärke und dreimal 15 Wiederholungen, Herren die blaue Bandstärke mit dreimal 15 Wiederholungen.

Schultermuskulatur: Setzen Sie sich mit dem Gesäß auf das Thera-Band und einen Stuhl. Die beiden Bandenden werden vom Mittelpunkt aus (unter dem Gesäß) parallel zum aufrechten Oberkörper zu den halb nach oben durchgestreckten Armen geführt. Zur Muskelbeanspruchung der hebenden Schultermuskulatur bringen Sie die Arme nun in die Faststreckung. Unsere Empfehlung für Damen: zwei Serien mit zwölf Wiederholungen, grünes Band; Herren: dasselbe, aber mit dem blauen Band.

Bauch-, Oberschenkel- und Armstreckmuskulatur: Befestigen Sie das Thera-Band an der Türklinke (Damen: grün, Herren: blau). Nehmen Sie nun einen Abstand von 1,5 bis 2 m von der Tür (Gesicht zur Tür). Sie befinden sich in leicht angehockter Stellung, die Füße sind parallel hüftbreit auseinander und zeigen ebenfalls zur Tür. Die Hände sind hängend in der Ausgangsstellung bei leicht angespanntem Thera-Band knapp vor dem Körper. Versuchen Sie nun, das Thera-Band mit fast durchgestreckten Armen am Körper vorbei bis hinter den Körper zu ziehen. Unser Vorschlag: Damen bei drei Serien zehn Wiederholungen, Herren ebenfalls.

Gerade und schräge Bauchmuskulatur: Belassen Sie das Thera-Band an der Türklinke und begeben Sie sich in die der Tür abgewandte Rückenlage. Ein Handtuch zur Stütze der Wirbelsäule wäre im Lendenwirbelbereich ratsam. Legen Sie die Ferse des einen Beines auf das angewinkelte Knie des anderen Beins. Das leicht angespannte Thera-Band wird von Ihren Händen oberhalb des Gesichtes bei fast durchgestreckten Armen ergriffen. Ziehen Sie nun das Thera-Band weitest möglich seitlich am Oberschenkel vorbei. Bei der zweiten Serie führen Sie die Übung seitenverkehrt aus. Versuchen Sie, das Thera-Band jeweils kurz in der Endstellung zu halten. Wir empfehlen Damen (grünes Band) und Herren (blaues Band) zwei Sätze mit zwölf Wiederholungen.

Äußere Hüft- und Gesäßmuskulatur: Befestigen Sie das Thera-Band mit einer Halteschlaufe an einem ihrer Fußgelenke (das Thera-Band hängt ebenso noch an der Türklinke), so dass Sie dieses Bein hinter Ihrem Standbein in fast gestreckter Haltung hin und herpendeln können; hierbei sollte das Thera-Band im Extrem des Außenpendels gut angespannt sein. Versuchen Sie dabei bitte, den Oberkörper möglichst aufrecht zu halten. Die Stellung ist parallel zur Wand. Hinweis: Es empfiehlt sich, zur Stabilisierung bei der Übungsausführung Hilfestellung an einer Wand zu suchen. Wir empfehlen Damen und Herren zwei Serien mit zwölf Wiederholungen, den Damen das grüne und den Herren das blaue Band. Der zweite Übungssatz sollte seitenverkehrt durchgeführt werden.

Hintere Oberschenkel- und Gesäßmuskulatur: Das Thera-Band hängt weiterhin an der Türklinke, der Sie sich nun bitte wieder frontal zuwenden. Das Thera-Band bleibt im Sprunggelenksbereich und ist bei der Ausgangsstellung leicht angespannt. Nun bewegen Sie bitte ihr fast durchgestrecktes Bein nach hinten. Sie können sich seitlich wieder gerne eine Hilfestellung durch einen Stuhl suchen. Versuchen Sie, das Bein in der hintersten Position für eine kurze Zeit zu halten. Auch hier halten wir zwei Übungsserien mit zwölf Wiederholungen für angebracht (die zweite ebenfalls seitenverkehrt). Damen empfehlen wir das grüne, Herren das blaue Thera-Band.

Anmerkungen zu den Übungsvarianten 1 und 2: Beide sind mit geringem organisatorischem Aufwand verbunden. Sollten Sie sich gerade im Stadium der Rehabilitation befinden, empfehlen wir in jedem Fall die vorherige Rücksprache mit Ihren behandelnden Ärzten und Therapeuten.

Gesundheitstraining als Work-Life-Balance-Intervention

Abb. 3: Übung mit dem Thera-Band (Foto Jürschick)

Stretching (4 Minuten)

In Kombination mit den hier durchgeführten Übungen und den weiter oben beschriebenen Ausdauersportarten kommt dem Stretching eine sehr große Bedeutung zu. Stretching erhöht Ihre Beweglichkeit, beugt Muskelverkürzungen vor und wirkt sogar kräftigend. Aus einer Vielzahl Ihnen bekannter Übungen sollten Sie sich die zweckmäßigen heraussuchen. Beim Stretching empfehlen wir Ihnen zudem, die Übungen von den weiter außen liegenden Muskelgruppen zu denen eher im Körperzentrum lokalisierten hin durchzuführen. Beim Stretching kann man viele Haltungsfehler machen, die zwar kaum schädigend wirken, wohl aber die Effizienz verringern können. Über dies hinaus raten wir Ihnen, aus der Vielzahl von Stretchingübungen eine Mehrzahl herauszusuchen, die Sie in Ihr Kurzprogramm übernehmen.

Cool-Down (1 Minute)

Im Prinzip ist das der gegenläufige Prozess des Aufwärmens, die „Rückführung Ihres Körpers in den Normalzustand" mit dem positiven Effekt von so viel kräftigendem und Bewegungsradius erhaltendem Training, dass Sie gestärkt auf die zukünftigen physischen Belastungen zugehen können. Führen Sie dementsprechend abschließend die Ihnen bekannten Übungen der Aufwärmphase verkürzt und zunehmend langsam durch.

5.1.3 Ergänzende Empfehlungen zum Gesundheitstraining

Generell empfehlen wir allen Interessierten, auch vor der Aufnahme von Gesundheitstraining eine Untersuchung auf Belastungsfähigkeit hin zu machen. Das betrifft Sie insbesondere, wenn Sie bereits Erfahrungen mit einer der im Kapitel 4 genannten Krankheiten haben. Darüber hinaus sollten Sie vom Gesundheitstraining absehen, wenn Sie

- derzeit an akuten Entzündungen oder Infektionen leiden,
- an Herzrhythmusstörungen leiden, die unter Belastung größer werden,
- einen schweren Herzfehler haben,
- einen schweren Leber- oder Nierenschaden haben,
- an einer schweren Schilddrüsenerkrankung leiden,
- unter unbehandeltem Bluthochdruck leiden und/oder
- Bluthochdruck aufgrund organischer Ursachen haben.

Wir haben Ihnen hier aufgrund der Rahmenbedingungen lediglich einige Sportarten vorstellen können, die ohne großen zusätzlichen organisatorischen oder materiellen Aufwand durchführbar sind. Darüber hinaus empfehlen wir Ihnen aber den Kontakt zu Fachleuten (z. B. Laufgruppen in Sportvereinen) und das Studium von Fachliteratur, ehe Sie bei einer Sportart „loslegen". Ihnen ist bekannt, dass in Fitnessstudios Trainingspläne erstellt werden. Im Sinne eines förderlichen Gesundheitstrainings sollten Sie nach Rücksprache mit Fachleuten und Ihrem Arzt mit dem Gesundheitstraining beginnen, damit Sie Ihrem Ziel Work-Life-Balance kontinuierlich näher kommen. Die spontane und zu intensive Aufnahme kann sogar bei Gesundheitstraining zu Schädigungen und Schäden führen, die Sie nicht beabsichtigen.

Selbstverständlich ist das hier vorgestellte Programm ergänzungsfähig durch Sauna, Dampfbad, Yoga usw. Diese Komponenten ergänzen und sind sehr förderlich im Sinne von Work-Life-Balance, nehmen aber auch mehr Zeit in Anspruch.

5.2 Ernährung als Work-Life-Balance-Intervention

Das bisher Geschriebene sollte verdeutlichen, dass wir alle Teilbereiche des tibetanischen Pentagramms selber beeinflussen können, so auch die Gesundheit durch Gesundheitstraining und die Ernährung. Durch Essen, Trinken und die Atmung stellen wir einerseits Wachstum und Zellerneuerung sicher. Die Ernährung ist Grundlage unserer physischen Existenz. Andererseits ist die bedrohlich hohe Zahl von Bewegungsmangelkrankheiten neben zu wenig körperlicher Auslastung auch auf zu reichhaltige und falsche Ernährung zurückzuführen. Zwei Beispiele hierfür: Die Bundesbürger essen derzeit jährlich zwischen 48 und 53 Kilogramm puren Fettes, kommen im Vergleich aber nur auf 77 Kilogramm Obst und Gemüse und belegte 2002 somit EU-weit den unrühmlichen elften Platz beim Verzehr von Letzterem. Stellen Sie sich bitte eingangs dieses Teilabschnitts im Sinne von Work-Life-Balance die Frage, ob Sie mit Ihrer Figur und Ihrer körperlichen Leistungsfähigkeit zufrieden sind (beziehen Sie das bitte gerne auch auf die vorhergehenden Kapitel). Zur Beantwortung dieser Frage gehören sowohl ein Messverfahren (wir empfehlen die Körper-Fettgewebe-Methode, siehe oben) als auch die Blutwerte und vor allem Ihre persönliche Einstellung zu dieser Frage. Die umfassende Beantwortung dieser Frage ist deswegen zweckmäßig, weil bereits geschildert wurde, dass sehr wohl auch schlanke Menschen zu viel Fettanteile im Blut haben können.

Gewichtsreduktion ist eines der zentralen Themen, das mittlerweile zunehmend Eltern bereits bei der Ernährungsplanung ihrer Kinder im Vorschulalter, aber auch Erwachsene aufgrund zunehmender Schreibtischarbeit betrifft. Aus diesem Handlungsbedarf heraus entwickelte man eine Vielzahl von Diäten und Kuren, die teilweise radikal wirken, in den meisten Fällen aber nach Beendigung bald wieder zum alten Umfang zurückführen. Im Sinne von Work-Life-Balance bedeutet ausgewogene Ernährung – genau wie wir es mit dem Gesundheitstraining anvisieren – eine bei der Umsetzung oftmals nur geringfügige Umstellung Ihrer bisherigen Ernährungsgewohnheiten.

5.2.1 Einige Vorinformationen über die Ernährung

Die Ernährung dient unserem Stoffwechsel und bewirkt somit alle biochemischen Vorgänge im Körper. Hierzu benötigt unser Körper sechs Bausteine, die er nicht oder in zu geringen Mengen herstellt. Dazu gehören:

Wasser

Zirka 60 % des menschlichen Körpers bestehen aus Wasser. Es löst die noch folgenden Nährstoffe und transportiert diese. Die absolute Mehrzahl biochemischer Reaktionen funktioniert nur in der Zusammenarbeit mit Wasser.

Fette

Denken Sie bei Fett bitte nicht gleich an etwas Unangenehmes. Es ist einerseits Energielieferant, vor allem aber Energiereserve. Eine dauerhafte Leistung – nehmen wir beispielsweise die Ausdauerbelastung Marathonlauf – wäre ohne den Abruf von fetten Energiereserven nicht möglich. Fette werden unterschieden in gesättigte Fettsäuren, die in tierischen Produkten vorkommen, und ungesättigten Fettsäuren, die den Großteil pflanzlicher Fette ausmachen. Problematisch ist es, wenn aus der Wärme- und Schutzfunktion (für innere Organe) zu große Fettpolster werden. Dennoch sind Fette für die körpereigenen Abläufe essentiell. Butter, Schweine-, Rind- und Lammfleisch, Eier und Vollmilchprodukte beinhalten viele gesättigte Fettsäuren und können bei konstanter Überzufuhr Bewegungsmangelkrankheiten auslösen. Ungesättigte Fettsäuren finden sich vor allem in pflanzlichen Ölen. Auf die Bedeutung des kretischen Olivenöls für die Kreta-Diät gehen wir später noch ein.

Kohlehydrate

Kohlehydrate werden zu Blutzucker (Einfach-, Zweifach und Vielfachzucker) umgebaut und sind die wichtigsten Energielieferanten des Körpers. Den Einfachzucker, der in vielen Früchten vorkommt, kann der Körper direkt verwerten, die anderen Kohlehydrate werden in der Leber umgewandelt. Hauptvorkommen in Nudeln, Reis, Kartoffeln, Brot und Gemüse.

Proteine

Proteine bzw. Eiweiß sind relativ große Moleküle, die sich aus den sog. Aminosäuren zusammensetzen. Die Zellen Ihres Körpers benötigen Eiweiß zur Bildung körpereigenen Eiweißes, welches wiederum direkt am Wachstum, Regenerationsprozessen und dem Ersatz verschiedener Körpergewebe wie Knochen, Muskeln und Bindegeweben beteiligt ist. Radikalkuren, bei denen Sie hungern, wirken in der Form, dass – wenn Fett- und Glykogenspeicher erschöpft sind – Aminosäuren als Ersatz herangezogen werden, zu Lasten der sonstigen Funktionen. Daher sei schon jetzt darauf hingewiesen: Vorsicht beim Umgang mit Radikalkuren. Das Nahrungseiweiß tierischer Herkunft hat in der Regel eine höhere Wertigkeit, weil es mehr essentielle (vom Körper nicht herstellbare) Aminosäuren enthält.

Vitamine

Vitamine sorgen für das Funktionieren Ihrer Zellaktivitäten, sie kontrollieren das Zellwachstum und die Zellregeneration und sind daher lebenswichtig. Bereits die Unterschreitung der Mindestzufuhr eines einzigen Vitamins führt wahrscheinlich zu Störungen Ihrer Gesundheit. Wir möchten hier nicht auf die Vitamine en detail eingehen. Eine ausgewogene Kost enthält all die Vitamine, die Sie täglich im Körperhaushalt benötigen. Im Zusammenhang mit der Kreta-Diät möchten wir bereits hier auf die besondere Bedeutung der Folsäure (gehört zum Vitamin-B-Komplex) verwiesen. Folsäure befindet sich vor allem in grünem Blattgemüse, Pilzen, Leber, Nüssen, getrockneten Bohnen, Erbsen und Vollkornbrot.

Mineralstoffe

Mineralstoffe sind anorganische Verbindungen, die für zahlreiche chemische Prozesse im Körper benötigt werden. Vor allem werden Ihnen Magnesium und Kalziummangel bekannt sein, wenn Sie zu Krämpfen neigen oder an Osteoporose leiden. Auch auf die Mineralstoffe können wir im Rahmen dieses Buches nicht genauer eingehen, da es mindestens 20 gibt, die an der Stoffwechselkonrolle und am Funktionserhalt beteiligt sind.

Ballaststoffe

Ballaststoffe gehören nicht zu den sechs lebensnotwendigen Bausteinen, die der Körper unbedingt zu seiner Existenz benötigt. Ballaststoffe sind von entscheidender Bedeutung für die Gesundheit, da sie sättigend (und zugleich kalorienarm) sind und durch ihre darmvergrößernde Wirkung die Weiterbeförderung von Abfallprodukten unterstützen. Sie senken sogar den („schlechten") LDL-Cholesterinspiegel im Blut, weil sie die Resorption bereits verdauter Fette hemmen.

Diese sechs Bausteine (plus Ballaststoffe) sind allesamt notwendig für Sie und Ihre Leistungsfähigkeit. Die Frage ist die nach der Zusammensetzung der verschiedenen Bausteine. Egal, ob „Mittelmeerpyramide" oder „Ernährungspyramide", um nur zwei Beispiele zu nennen – in den unseres Erachtens seriösen Ernährungsratgebern geht es um dieselbe prozentuale Aufteilung der Ernährung, mit der Sie ihr diesbezügliches Work-Life-Balance-Ziel erreichen, eine ausgewogene Ernährung für ein langes und vitales Leben.

Die Frage ist, wie die Kombination der Ernährung aussehen sollte, die einen Balance-Zustand ermöglicht. Fest steht dabei, dass Sie wahrscheinlich von einigen lieb gewordenen Gewohnheiten Abschied nehmen sollten, die uns unsere Überflussgesellschaft ermöglicht. Fest steht aber ebenso, dass die Umstellung der Ernährung so "schmerzfrei" sein sollte, dass Sie nicht nach ein paar Wochen Askese frustriert zu alten Gewohnheiten zurückkehren. Als Stütze nehmen wir später die Einteilung in mehrere Nahrungsmittelgruppen vor, die wiederum entscheidend für die Häufigkeit auf dem Speiseplan ist.

5.2.2 Gelebte Work-Life-Balance-Ernährung auf Kreta

In den neunzehnhundertfünfziger Jahren hat ein amerikanisches Forscherteam eine Untersuchungsreihe begonnen, bei der über den Zeitraum von 15 Jahren die Sterblichkeitsrate von Krebs- und Herzgefäßursachen quantifiziert wurden. Die Studie wurde außer in den USA noch in weiteren Ländern durchgeführt (West-Deutschland, Finnland, Niederlande, Italien, Jugoslawien, Japan und Griechenland). In Griechenland wurden als Testregionen Korfu und Kreta ausgewählt. Die Ergebnisse waren genau so verblüffend wie eindeutig:
- In den Mittelmeerländern traten signifikant weniger arteriosklerosebedingte Krankheiten auf als in den anderen Ländern, was insbesondere Herzgefäßschäden betraf. Die Untersuchungen ergaben beispielsweise, dass bei einem Paralleltest die Sterblichkeitsrate in der Altersgruppe zwischen 50 und 69 Jahren in den USA um das 60fache höher war als auf Kreta.
- Dieses Ergebnis konnte ebenfalls für Krebskrankheiten als Todesursache verifiziert werden.
- Von der zweiten Testregion Griechenlands, Korfu, unterschied sich Kreta nochmals erheblich durch die deutlich niedrigste Sterblichkeitsrate in beiden Kategorien.

Diese revolutionäre Erkenntnis, anfangs „Kretaparadoxon" genannt, wurde in der Folge mit vielen wissenschaftlichen Untersuchungen versucht ursächlich zu erklären, um allgemeine Schlussfolgerungen ziehen zu können. Das Ergebnis war die Ernährung. Die Kreter ernährten sich anders als die Menschen der anderen Testregionen. Sie aßen deutlich mehr Obst und Gemüse, viel weniger Fleisch (als wir) und Fisch (als die Japaner) und tranken über dies viel weniger Alkohol (als vor allem Franzosen und Italiener). Bei diesen einführenden Worten möchten wir eines deutlich betonen:

Hier steht „weniger", nicht aber das Wort „kein". Work-Life-Balance sollte langsam und kontinuierlich in Ihrem Alltag Einzug halten, die Ernährung so gut sein, dass die Umstellung langfristig Spaß macht. Denn auch neueste Untersuchungen in den USA und Frankreich zeigten, dass kretische Ernährung Ihre Herzinfarktrisiko senken: Im Institut Nationale de la Santé in Lyon wurde unter Leitung von Prof. Michel de Lorgeril (St. Etienne) ein Test mit Herzinfarktgeschädigten gemacht (mit deren Einverständnis). Die eine Halbgruppe ernährte sich als Kontrollgruppe weiterhin mit den bis dahin bekannten Diäten, die zweite nach den Gepflogenheiten der Kreter: Sie aßen vor allem Obst, Gemüse, Brot und dazu als ganz wichtigen Baustein Olivenöl, dessen hervorragende Wirkung bereits weiter oben beschrieben wurde. Wegen der Klarheit der Ergebnisse wurde die Studie nach etwas über zwei Jahren abgebrochen: Bei der Umstellung auf die kretische Ernährung kann die Wahrscheinlichkeit eines Zweitinfarktes um 70 bis 76 Prozent reduziert werden, amerikanische Studien der staatlichen Gesundheitsorganisation für kardiale Prävention bestätigen das. Wie beim Gesundheitssport sollte auch für die Ernährung gelten: Was nach einer Krankheit gut tut, ist auch für die Prophylaxe von großem Wert. Die meisten von Ihnen sind beruflich mit großer Wahrscheinlichkeit stark eingebunden und stehen somit zumindest zeitweilig unter starkem Stress. Diese Rahmenbedingungen möchten wir mit einbeziehen, wenn wir Ihnen nun einige praktische Tipps zur Ernährung geben wollen. Zu grundlegenden Aussagen zur Ernährung geben wir Ihnen jeweils ein oder zwei Beispiele, die wir im Team selbst bei unserer Ernährung anwenden.

Eine weitere wichtige Voranmerkung zur Ernährung der Kreter, die nicht nur ob ihrer Zusammenstellung gesund, sondern – um im griechischen Kontext zu bleiben – phasenweise eher spartanisch ist: Die Kreter sind über die Kombination ihrer Mahlzeiten hinaus streng gläubig (griechisch-orthodox). Das heißt, dass vor allem im relativ konservativen Inland die Fastenzeiten im orthodoxen Jahreszyklus konsequent eingehalten werden. Das heißt: In den sieben Wochen vor Ostern, fünf Wochen vor Weihnachten und einigen Tagen im August sammeln die Kreter einen fast vierteljährlichen glaubensbedingten Fastenzeitraum an, in dem eigentlich keine Fleisch-

und Milchprodukte verzehrt werden. In dieser Zeit sind dementsprechend nur Gemüse und Hülsenfrüchte zulässig. Das heißt, dass die Kreter sich fast automatisch (inkludieren wir den Glauben in diesem Zusammenhang als automatische, weil tradierte Rahmenbedingung) gesund ernähren. Die gesunde Ernährung sollte aus folgenden prozentualen Komponenten bestehen:

Obergruppe	Gruppe	Nahrungsmittel	Häufigkeit
Gefahrengruppe I	Rotes Fleisch und Schweinefleisch	Wildbret, Rind, Lamm und Schweinefleisch	Einige Male pro Monat (2- bis max. 3-mal)
	Streich- und Kochfette und Süßigkeiten	Butter, Margarine, Nougatcreme	Max. 40 Gramm/Tag
Gefahrengruppe II	Helles Fleisch/ Seefisch	Hühnchen, Pute, Truthahn	Einige Male pro Woche (2- bis 3-mal)
	Tierische Produkte	Joghurt, Käse, Wurst, Eier	Einige Male pro Woche (2- bis 3-mal)
Fördergruppe I	Obst und Gemüse (insbes. Hülsenfrüchte)	Äpfel, Bananen, Kiwis, Erbsen, Linsen	Obst mehrmals täglich, Gemüse tägl. variieren
Fördergruppe II	Getreidewaren, Reis, Kartoffeln	Brot, Nudeln, Polenta, Reis, Kartoffeln	Brot mehrmals täglich, restliche tägl. variieren

Tab. 6: Ausgewogene Work-Life-Balance-Ernährung

Gestatten Sie uns zwei weitere Bemerkungen zu der Ihnen vorliegenden Auflistung. Olivenöl empfiehlt sich aufgrund seiner prophylaktischer Wirkung bei Ihrer täglichen Ernährung als fester Bestandteil. Die zweite Anmerkung betrifft das Thema Alkohol. Es scheint tatsächlich so zu sein, dass Alkohol gerade bei der zu Arteriosklerose führenden Thrombenbildung positiv prophylaktische Wirkungen hat. Hierbei scheint insbesondere der Rotwein aufgrund seines Inhaltsstoffes Resveratrol geeignet. Im Übrigen trinken auch die „Weltgesundheitssieger" aus Kreta täglich Wein. Nur ist dies eine Gratwanderung, bei der man relativ schnell beim „Zuviel" ist. Wenn

Sie mehr trinken, wirkt der Alkohol als „Blocker" bei den Verdauungsvorgängen (Fettverbrennung). Das Enzym Alkohol-Dehydrogenase, das in der Leber aktiv ist, zersetzt den Alkohol. Bei diesem Entgiftungsvorgang wird Energie freigesetzt (ca. 7 Kalorien pro Gramm Alkohol). So liefert allein der Alkohol einer Flasche Wein zirka 500 Kalorien – eine gesamte Mahlzeit. Weiter oben wurden die täglich möglichen – aber bitte nicht nötigen – Verzehrmengen bereits erwähnt: Wenn Sie zu zweit eine Flasche Wein aufteilen, wobei Frauen eher ein bisschen weniger trinken sollten (0,3 l) als Männer (0,4 l), ist das die Obergrenze bezüglich des Weinkonsums, den wir Ihnen empfehlen. Dabei empfehlen wir auf jeden Fall auch längere Phasen alkoholischer Abstinenz, ähnlich wie die Kreter es in ihren glaubensbedingten Fastenzeiten machen. Ansonsten kann Alkohol bei regelmäßigem Konsum bei länger anhaltendem zu starkem Verzehr zu den in Kapitel 4 dargestellten Folgen führen.

Wir möchten Ihnen nun die wichtigen Komponenten kretischer Ernährung vorstellen:

Obst (Fördergruppe I)

Für viele bekennende Fleischesser ist es unvorstellbar, sich Schritt für Schritt von der gewohnten Ernährung mit einem Stück Fleisch am Tag und ein wenig Aufschnitt zum Frühstück und Abendessen auf Obst umzustellen. Doch es ist möglich und in vielen Fällen auch notwendig. Obst können Sie ziemlich viel essen, dennoch sind sehr große Mengen zum Abnehmen eher nicht geeignet. Allein der Einkauf von Obst lädt schon zu den farbenfrohen kleinen Ständen auf Marktplätzen oder zu den wohlriechenden Abteilungen der Supermarktketten ein.

Die süßen Früchte beinhalten zahlreiche Ballaststoffe, Fruchtsäuren, Kohlehydrate, Mineralien und Vitamine. Dabei ist zu beachten: Obst aus der jeweiligen Saison und nahe liegenden Regionen ist vitaminreicher als Importware mit langen Transportwegen. Obst enthält Frucht- und Traubenzucker, beides ist insulinfrei abbaubar und steht dem Körper schnell als Kohlehydrate zur Verfügung.

Trockenobst ist ambivalent zu betrachten: Als Beigabe zum Müsli kann es als Teil des Frühstücks zur Verdauung anregen. Sollten Sie jedoch dazu neigen, Trockenobst am Arbeitsplatz als „Süßigkeit für

Zwischendurch" zu positionieren, möchten wir Sie warnen: Durch den Trocknungsprozess werden viele Vitamine zerstört, industrieller Zucker wurde dem hingegen zugegeben. Dementsprechend sollten Sie den ständig flankierenden Konsum von Trockenobst in Grenzen halten.

Von den Kontrollgruppen, die zum Ergebnis der Kreta-Diät führten, waren die Kreter mit Abstand diejenige Gruppe, die das meiste Obst verzehrte. Leben und alt werden wie die Kreter heißt: Bauen Sie Obst fest in Ihren Speiseplan ein.

> **Tipp:** Wir empfehlen Ihnen, täglich mindestens 200 g Obst zu essen. Das sind zum Beispiel eine Banane und ein Apfel oder 2 Kiwis und eine Orange. So kommen Sie allein schon beim Obst auf jährlich 73 kg. Eingangs des Kapitels wurde im Gegensatz dazu noch erwähnt, dass die Deutschen beim Verzehr von Obst und Gemüse gemeinsam jährlich auf beklagenswerte 77 kg kommen.
>
> Obst eignet sich sowohl als kleine Zwischenmahlzeit als auch als lukrativer Chips-Ersatz am Abend. Während der Arbeit möchten wir Sie vor stark tropfenden Früchten wie Orangen oder Pfirsichen warnen, wenn Sie den Verzehr nicht entsprechend vor- und nachbereiten können. Eine Banane oder ein Apfel lassen sich dagegen optimal auch in der Business-Kleidung am Arbeitsplatz essen.

Gemüse und Hülsenfrüchte (Fördergruppe I)

Die heimischen Gärten und Äcker bieten eine Vielzahl an Gemüse- und Hülsenfruchtsorten. Gemüse und Hülsenfrüchte sind gehaltvolle Eiweißlieferanten. Folsäure (beispielsweise in Spargel, Spinat oder grünen Bohnen enthalten), das Vitamin B6 (unter anderem zu finden in Vollkornprodukten, Kartoffeln, Bananen) und Lycopen (reichlich in Tomaten enthalten) sind unter anderem von zentraler Bedeutung für die wichtigen Immunreaktionen und darüber hinaus wichtig zur Vorbeugung von Arteriosklerose. Kohlgemüse eignet sich zur Prophylaxe mehrerer Krebskrankheiten. Hülsenfrüchte sind zudem reich an weiteren B-Vitaminen und liefern Kalzium für die Vitalität der Knochen. Hinzu kommt, dass Hülsenfrüchte und Gemüse eine wichtige Ballaststoffwirkung haben. Es gibt eine Vielzahl weiterer Argumente, die tägliche Kost auf Gemüse und Hülsenfrüchte umzustellen. Ein anderes Problem ist, dass es –

von der in italienischen Restaurants üblichen Gemüsesuppe (Minestrone) einmal abgesehen – aus der Mode gekommen ist, die sog. „Eintöpfe" zu essen, die die Generation nach dem Zweiten Weltkrieg allzu häufig essen musste. Vielleicht sind gerade Eintöpfe auch deswegen unmodern, weil sie oft lästige Nebenwirkungen mit sich brachten (eine gewisse „musikalische" Nebenwirkung). Das können Sie vermeiden, wenn Sie die Hülsenfrüchte einen Tag vorher einweichen. Das Wasser bitte weiterverwenden, weil in ihm ausgeschwämmte Nährstoffe enthalten sind.

> **Tipp:** Hier möchten wir Ihnen eine Alternative für einen sehr geschmackvollen Eintopf präsentieren, den wir – vorsichtshalber (da Sie nicht wissen, wie Ihr Magen darauf reagiert) – erst einmal an einem freien Arbeitstag empfehlen möchten.
>
> Zutaten für unseren Eintopf „Mutters Erbsensuppe" (2 Personen): 200 g ungeschälte Erbsen (einen Abend zuvor in 1 l Wasser einweichen) aus der Packung, 1 Stange Lauch, 1 große Gemüsezwiebel, ½ Bund frische Petersilie, 1 Karotte, 4 Kartoffeln, 1 gehäufter Esslöffel Gemüsebrühe.
>
> Zerkleinern Sie bitte Lauch, Zwiebel, Karotte und Kartoffeln und geben dann die Gemüsebrühe in das Wasser mit den Erbsen. Kochen Sie diese Inhalte kurz auf, und geben anschließend die restlichen Zutaten hinzu. Das Ganze unter mehrfachem Umrühren 70 min. bei geringer Wärmezufuhr ziehen lassen. Ein wahrer Feingeschmack offeriert sich Ihnen, zu dem Sie keine weiteren (fleischlichen) Zutaten benötigen. Je nach eigenem Ermessen verfeinern Sie den Eintopf mit eigenen Zutaten. Ähnlich wie mit diesem Beispiel des Erbseneintopfes können Sie mit allen Hülsenfrüchten gestalterisch tätig werden (Gersten- bzw. Graupensuppe, Linseneintopf). Bei Karotteneintopf brauchen Sie nicht einmal am Abend vorher einzuweichen.
>
> Über diese Empfehlung aus unserer eigenen Ernährungspraxis für unsere Bergsteiger- und Segelgruppen hinaus gibt es zahllose Möglichkeiten, insbesondere Salate so geschmackvoll herzurichten, dass eine Mahlzeit zu einem wahren Augenschmaus wird. Schon ein wenig Kreativität kann hier erheblich zum täglichen Work-Life-Balance-(Er)Leben beitragen.
>
> Wenn Sie mehrfach in der Woche Eintöpfe „nach Mutters Art" mit Salatvariationen im Gesamtgewicht von täglich 200 g mischen, kommen Sie wiederum auf 73 kg/Jahr. Kombiniert mit den zwei Stücken Obst haben

Sie somit fast das Doppelte von dem auf Ihrem Habenkonto, was die Bundesbürger derzeit durchschnittlich im selben Zeitraum verzehren.

Getreideprodukte, Kartoffeln und Reis (Fördergruppe II)

Während die Bedeutung von Obst bereits u. a. als „schnelle" Kohlehydratlieferanten erwähnt wurde, stellen Getreideprodukte, Kartoffeln und Reis die „langsameren" Energielieferanten, die dementsprechend auch längerfristig sättigen. Die Produkte der Fördergruppe II werden ausschließlich durch Zusätze zu Fettmachern, sei es durch Frittieren der Kartoffeln (z. B. als Pommes Frites), oder durch Zugabe von Sahne zu den Nudeln (z. B. Tomaten-Sahne-Sauce). Hier sind insbesondere Kartoffeln zu erwähnen, die neben ihrer lang sättigenden Wirkung sehr viel Vitamin C enthalten. Sollten Sie sich die Mühe machen und selber Nudelteig machen, achten Sie bitte auf den Typ. Je höher, desto wertvoller für die Ernährung (Typ 405 ist schlechter als Typ 1050. Der Typ hängt von der Aschezahl ab: Je höher die Aschezahl, umso mineralstoffreicher und wertvoller ist das Mehl nach dem Verbrennungsvorgang). Das gilt ebenfalls für Brot. Brot wurde bereits von den Vorgängern der Kreter, den Minoern vor über 4000 Jahren in Mengen verzehrt.

> **Tipp:** Auch hier möchten wir Ihnen wieder ein kleines Beispiel unserer eigenen Küche geben, das wieder sehr einfach herzustellen ist. Unsere Gäste waren bislang stets begeistert:
> Zutaten für unser Nudelgericht „Pasta Christina" (für zwei Personen): 2 gestrichene große Kaffeetassen Penne, 2 frisch geschnittene Tomaten, 250 ml Tomatensauce, 1 Knoblauchzehe, Petersilie, Pfeffer, Oregano, 1 l Gemüsebrühe, 4 Esslöffel Olivenöl.
> Bringen Sie die Brühe zum leichten Kochen und geben Sie dann die Nudeln hinzu. Die Nudeln sollten bissfest (al dente) sein, damit sie optimal schmecken. Gießen Sie die Nudeln in einem Sieb ab und erhitzen Sie derweil das Olivenöl (Achtung: nicht über 180° C, da das Olivenöl ansonsten seinen Wert verliert). Geben Sie sodann die restlichen Zutaten hinzu und schmecken diese mit Pfeffer und Oregano ab.
> Es gibt über dieses Beispiel hinaus eine Vielzahl von sehr schmackhaften und einfachen Aufläufen, Nudel-, Kartoffel- und Brotgerichten (Pitta-Brot mit Knoblauch und Olivenöl), die Sie vielen Kochbüchern und Zeitschriften entnehmen können.

Betreffend der Fördergruppen lautet unser Rat: Tun Sie's, so werden Sie kontinuierlich Work-Life-Balance leben und ggf. auch Gewichtsreduktion betreiben können. Mit genügend Abwechslung werden Sie kontinuierlich Freude an einer leicht geänderten Ernährungsweise haben. Wenn Sie zudem genügend „lohnende" Zwischenmahlzeiten einbauen und vor allem genügend „lohnende" Flüssigkeit zuführen, wird es Ihnen stets schmecken und Sie werden sich aller Voraussicht nach rundherum wohl fühlen.

Im Bereich der Gefahrengruppe möchten wir uns an dieser Stelle nur insoweit äußern, als dass die in der obigen Tabelle angeführten Mahlzeiten pro Woche in Ergänzung zu unseren Tipps in der Einleitung dieses Kapitels zu einer leichten Änderung des Ernährungsverhaltens führen sollten.

Anhand der bisherigen Kapitel wird deutlich, dass die Kreter dem tibetanischen Pentagramm sehr nahe kommen. Sie sind sehr gläubig, stehen traditionell in festen familiären Verbindungen, gehen ihrer primär agrarischen Arbeit mit Gelassenheit und Ausgewogenheit nach, ernähren sich gesund und sind körperlich aktiv; stimmen diese Komponenten überein, kommt quasi automatisch als Folge die Anerkennung, „einer von ihnen zu sein". Als Mitteleuropäer mit Führungs- und Managementaufgaben können wir in der Modifizierung dieser Lebensform versuchen, unseren individuellen Gewinn aus der Lebensweise der Kreter zu ziehen, um so zu langem, vitalem Leben in Work-Life-Balance zu gelangen.

Die kretische Ernährungsweise betont über die Produkte der beiden Fördergruppen das Olivenöl, dessen schützende Wirkung bei den eingangs erwähnten Versuchsgruppen unterstrichen wurde. Unsere Empfehlung hierzu: Versuchen Sie, durchschnittlich täglich 2 Esslöffel Olivenöl zu sich zu nehmen – dies ist beispielsweise bei einem Salat oder unserem Pastagericht leicht möglich. Das Öl sollte – um seine schützende Wirkung beibehalten zu können – jedoch nicht über 180° erhitzt werden. In der jüngeren Zeit sind einige Bücher mit einer Vielzahl kretischer Gerichte erschienen, wo Sie auch über unsere kurzen Empfehlungen hinausgehende Informationen zur Kreta-Diät nachlesen können. Neben Olivenöl wird bei der kretischen Ernährungsweise die gesundheitlich präventive Funktion der Gewürze betont, da sie Träger vieler Nährstoffe sind.

6. Work-Life-Balance im Rahmen unternehmerischer Organisationsentwicklung

Die bisherigen Kapitel betrafen die individuelle Ebene von Work-Life-Balance. In diesem und dem Folgekapitel thematisieren wir die Umsetzungsmöglichkeiten – hier ist nur von sekundärer Bedeutung, ob dies eine Profit- oder Non-Profit-Organisation ist – im Rahmen einer Organisation bzw. Unternehmung.

6.1 Work-Life-Balance als integrale Funktion nachhaltigen Wirtschaftens

Insbesondere die letzten Jahre haben gezeigt, was eine Rezession in der modernen postindustriellen Gesellschaft für Folgen hat: Fusionen, Insolvenzen, Massenentlassungen und -arbeitslosigkeit sind Themen, die uns täglich direkt und indirekt berühren. In kurzen Worten: Die Unternehmenswelt hat sich binnen kurzer Jahre vollkommen geändert, betriebliches Management und betriebliche Organisationsentwicklung muss unter völlig geänderten Rahmenbedingungen stattfinden. Hierzu gehören:

Verringerung ökonomischer Ressourcen

Zum einen hat sich der für unser Wirtschaftssystem notwendige Verkäufermarkt gerade im letzten Jahrzehnt in einen Käufermarkt gewandelt, mit dem viele Produkte/Dienstleistungen im Vergleich zu ausländischen Mitkonkurrenten nicht Schritt halten konnten. Bei den – trotz der Rezession – anhaltenden Forderungen der Arbeitnehmerseiten (die wiederum u. a. durch multiple Kostenexplosionen und einen angewöhnten hohen Lebensstandard bedingt werden) sind Wertschöpfung und Gewinnspannen für die Unternehmen derzeit geringer als vor einigen Jahren. Die Folgen sind bekannt und können in letzter Konsequenz am Abwandern deutscher Unternehmen ins Ausland und an der konstant zunehmenden Arbeitslosigkeit bemessen werden. Eine Folge hieraus sind staatlicherseits die fehlenden Steuereinnahmen, die beispielsweise zu Überlastungen der Krankenhäuser, der gesetzlichen Krankenversicherung, unregelmäßiger Müllentsorgung und zu mangelhaftem Straßenunterhalt führen. Mittel- und langfristig werden geringere physische Belastbarkeit der jüngeren Generationen (u. a. hervorgerufen durch Bewegungsmangelkrankheiten) und die Überalterung unserer Gesellschaftsform für Änderungsbedarf sorgen, der bereits jetzt konturiert vorzufinden ist.

Verringerung ökologischer Ressourcen

Allein die vielen Fichten-Monokulturen in den nördlichen Kalkalpen weisen uns auf die Sünden unserer Vorfahrengenerationen hin, die uns heute über diesen Bereich hinaus auch bei unseren Gesprächen mit Fischern im Mittelmeer und der Nordsee bestätigen: Die natürlichen Ressourcen gehen zur Neige, die Ökosysteme sind hoch sensibel und anfällig. Den Treibhauseffekt können wir mittlerweile durch die monsunartigen Regenfälle im Sommer, die Aggressivität der Sonne und vieles mehr täglich spüren. Aufgrund dieser subjektiv spürbaren Veränderungen tangiert es uns oft nur peripher, wenn Heuschreckenplagen oder Dürrekatastrophen in der südlichen Hemisphäre noch viel deutlicher zeigen, dass sich die Nord-Süd-Spanne bezüglich der Grundversorgung von Menschen drastisch verändert: Eine weitere Rahmenbedingung, die in ganzheitlichem (holistischen) Work-Life-Balance-Denken zu beachten ist.

Verringerung sozialer Ressourcen

Die Welt hat seit Einführung des World-Wide-Web und des Internets ein weiteres Element zur Steigerung der Komplexität und des Global Villages erhalten. Ökonomische, politische und gesellschaftliche Einflüsse – das zeigen die Anschläge vom September 2001 und die bisherigen amerikanischen Reaktionen darauf – haben weltweite direkte Dimensionen. Gerade die technischen Innovationen haben besonders in den letzten zwei Jahrzehnten so sehr Einzug in unseren Alltag gehalten, dass bereits eine kurze Auszeit für den Mutterschutz zumindest zu kurzfristigen Problemen führen kann, sich wieder an den technischen Fortschritt der jeweiligen

Software usw. anzupassen. Problemgebiete, die hieraus entstehen, sind beispielsweise soziale Ungerechtigkeit bildungsschwächerer Gesellschaftsgruppen, fehlende (wegen des Zeitdrucks) Kommunikation in den Unternehmungen, fehlende Unternehmensidentifikation, was in letzter Konsequenz heißt: Der zunehmende Druck und die geringeren sozialen Ressourcen führen mittel- und langfristig auf der individuellen Ebene bei vielen zu den Krankheiten und Dysbalancen, die wir Ihnen in den Kapiteln 2 und 4 vorgestellt haben.

Die von der UN beauftragte Brundtland-Kommission kam bereits 1987 zur Erkenntnis, dass Entwicklung und Prosperität so zu gestalten sei, dass sie den Bedarf an Ressourcen der Gegenwart deckt, ohne zugleich folgenden Generationen die Möglichkeiten ihrer Nutzung zu verbauen. Die von uns angedeuteten und von der Brundtland-Kommission dargestellten sowie weitere Erkenntnisse führten auf dem UN-Umweltgipfel von Rio de Janeiro (1992) zum Begriff des nachhaltigen Wirtschaftens. Dort wurde die Agenda 21 formuliert, ein Aktionsprogramm, das auf das nachhaltige Wirtschaften abzielt. Ihre Unterzeichner fordern dazu auf, ökonomisch, ökologisch und sozial im Sinne des nachhaltigen Wirtschaftens zu wirtschaften und zu handeln. Darüber hinaus hebt sie die Verantwortung zu globalem Denken und Handeln hervor. Sie fordert neue Konsummuster, den Transfer umweltverträglicher Technologien, die Verringerung der Umweltbelastungen im Kontext jeweiliger kultureller Kontexte.

6.1.1 Ökonomisches Handeln als Komponente nachhaltigen Wirtschaftens

Ziel des nachhaltigen Wirtschaftens auf ökonomischer Ebene ist ein möglichst gutes Versorgungsniveau der Mitarbeiter. Dies wird unter anderem durch ein stabiles Preisniveau, stetiges Wirtschaftswachstum, welches keine Dissonanzen zu ökologischen und sozialen Aspekten aufweist, und einen hohen Beschäftigungsgrad deutlich. Auf unternehmerischer Ebene bedeutet nachhaltiges Wirtschaften unter anderem:

Unternehmen stellen sich Wandlungsprozessen im Sinne von Work-Life-Balance und dem nachhaltigen Wirtschaften offen und kreativ der ihrer eigenen und der Zukunft ihrer Mitarbeiter. Gesellschaftliche, ökonomische, politische und soziale Trends fordern die Unternehmen in ihren Kernfunktionen. Die Gesellschaft ist zunehmend stärker individuell ausgerichtet, älter, technologischer und weniger arbeitsintensiv. Der innere Wandel Ihrer Unternehmung sollte sich dabei in einem solchen Bezugssystem zwischen unternehmerischer Vision und der Außen-Realität befinden, so dass daraus eine logische, offene und wandlungsfähige Unternehmensstrategie erwächst. Innovations- und Technologiemanagement sind hierfür zwei äußerst wichtige Schlüsselbegriffe. Für die Unternehmungen ergeben sich hieraus zwei Aufgaben: zum einen die Aufrechterhaltung des Normalbetriebes und weiterhin die auf die Zukunft ausgerichtete Umstrukturierung der Unternehmung im Sinne des nachhaltigen Wirtschaftens. Diese parallel laufenden Projektmechanismen erfordern von den Mitarbeitern eine Vielzahl an Kompetenzen in Bereichen der Planung, Steuerung, Kommunikation und Führung. Auch die deutsche Gesetzgebung – auf sie gehen wir im Rahmen des nächsten Kapitels ein – verankert einen zunehmend breiten Handlungsspielraum einzelner Mitarbeiter einer Unternehmung beispielsweise durch das Gesetz über Teilzeitarbeit, Erziehungsfreiräume oder die Telearbeit.

Wichtige Voraussetzung für eine wandlungsfähige Organisation ist seine Unternehmungskultur. Nach Hinterhuber/Krauthammer (1999, S. 93) ist sie

> „die Summe aller gelebten und anerkannten Werte, Normen und Zielvorstellungen und bestimmt konkret das menschliche Verhalten in jeder unternehmerischen Tätigkeit".

Work-Life-Balance hat hierin große Chancen: Einen Wandlungsprozess hin zu mehr ganzheitlichem Denken im Sinne von Work-Life-Balance bedeutet die Erhöhung von Arbeitszufriedenheit, höherer Identifikation der Mitarbeiter eines Unternehmens und zu Reduktion von Fehlzeiten durch präventives gesundheitsorientierteres Denken von Unternehmensführung und Mitarbeitern.

Tipp: Immer mehr Menschen arbeiten mittlerweile an Schreibtischen und in Büros. In der Konsequenz bedeutet das: Der Arbeits- und Sitzplatz wird immer entscheidender für die Gesundheit der Mitarbeiter eines Unternehmens. Finanzielle Ausgaben in der Informationstechnologie erscheinen dabei oftmals notwendig und unumgänglich; weniger jedoch diejenigen für die Ausgestaltung des Arbeits- und Sitzplatzes. Unser Team nutzt aufgrund von praktizierter Work-Life-Balance seit Jahren die Möbel von Moizi, die dahingehend sehr innovativ sind. Die nachhaltige Wandlungsfähigkeit eines Unternehmens kann in der Tat unter anderem durch die Nutzung kreativer und gesundheitsfördernder Möbel zum Ausdruck kommen.

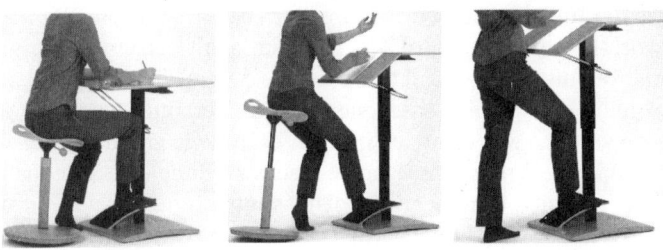

Abb. 4, 5, 6: Beispiel eines flexiblen Arbeitsplatzes im Sinne von Work-Life-Balance (Fotos Moizi)

Aus den präventiv gesundheitsorientierten Prinzipien heraus sind flexible Arbeitsplätze zukunftsweisend für wandlungsfähige Unternehmungen. Am selben Arbeitsplatz in mehreren Haltungen arbeiten zu können, unterstützt und fördert darüber hinaus nicht nur bei Schäden im Haltungsapparat den Work-Life-Balance-Gedanken.

Eine weitere Notwendigkeit für die Offenheit gegenüber Veränderungen ergibt sich aus der hierarchischen Struktur der Organisation und der daraus resultierenden Flexibilität für innovative Vorschläge. Hierarchische Strukturen haben unseres Erachtens ihren Sinn und ihre Notwendigkeit, sie sollten jedoch nicht Schranken und Barrieren beim innovativen Wandel der Organisation sein. Die Binnenkommunikation eines Unternehmens sollte authentisch mit dem übereinstimmen, was in der externen Kommunikation nach außen getragen wird. Hierzu gehören vor allem ein intaktes soziales Umfeld der Mitarbeiter, Anerkennung (die über den rein monetären Vergütungsaspekt hinausgeht) und die Förderung im Rahmen von

Persönlichkeits- (in diesem Zusammenhang: Führungskräfte- und Personal-) Entwicklung. Lernen wird ein immer entscheidenderer Faktor für die Lukrativität eines Arbeitsplatzes. „Lerning by doing", „Training on the job" und Traineeprogramme zeigen, dass immer häufiger am Arbeitsplatz gelernt wird, die pädagogischen Kompetenzen von Vorgesetzten somit immer entscheidender für die Entwicklung der Mitarbeiter sind. Work-Life-Balance meint in diesem Zusammenhang das balancierende Prinzip von „Fördern" und „Fordern", das einerseits dem real vorhandenen Leistungsdruck, aber auch der Individualität von Mitarbeitern dauerhaft Rechnung trägt.

Work-Life-Balance betrifft letztendlich auch Personalrecruitingverfahren und die Entlassung von Mitarbeitern. Beide Situationen Vorstellungsgespräche/Assessment-Center-Verfahren und notwendig gewordene Kündigungen bringen Betroffene grundsätzlich aus ihrer Balance. Work-Life-Balance meint im Sinne eines nachhaltig wirtschaftenden Unternehmens den verantwortungsvollen Umgang mit (zukünftigen) Mitarbeitern. Letztendlich ist für ein Unternehmen, das nach den Kriterien der Nachhaltigkeit wirtschaften will, entscheidend, wie erfolgreich es in der Vergangenheit ökologische und soziale Faktoren integrieren konnte und wie es unter dem Aspekt der Ökonomie reagiert hat, wenn es zu Dysbalancen zu den anderen beiden Feldern kam.

Weitere Kriterien nachhaltigen Wirtschaftens im Sinne von Work-Life-Balance sind

- langfristige ökonomische Leistungsfähigkeit unter Erhaltung der Produktiv-, Sozial- und Humanpotentiale,
- Wertschöpfung und gerechte Verteilung (nicht nur auf den Makrokosmos Unternehmen bezogen),
- Bedürfnisorientierung, gemessen an Märkten, Kunden und der Umwelt und
- die mögliche Übernahme lokaler, regionaler und globaler Verantwortung.

6.1.2 Soziales Agieren als Komponente nachhaltigen Wirtschaftens

Was im Wesentlichen mit dem kategorischen Imperativ Kants gemeint ist, betrifft das soziale Handeln einer Organisation seinen Mitarbeitern/Mitgliedern gegenüber, aber auch das umgekehrte Verhältnis. Das heißt, dass das Selbstbild der Mitarbeiter von Organisationen sich noch deutlicher von dem eines „Mit-Arbeiters" in Richtung eines „Mit-Unternehmers" entwickeln wird. Um mehrfach Synergien zu nutzen, bedarf eine Organisation nicht nur der geistigen oder körperlichen Kompetenz eines Mitarbeiters, sondern vielmehr auch seiner „soft skills" wie beispielsweise Teamfähigkeit und soziale Kompetenzen. Führungskräfte werden immer mehr zu Projekt- und Prozesscoaches, die Mitarbeiter zu sog. Projektanten oder Projektoperatoren.

Soziales Handeln heißt im Sinne von Work-Life-Balance und des nachhaltigen Wirtschaftens: Die Organisation stellt Rahmenbedingungen, zu denen unter anderem möglichst hoher Wohlstand, soziale Gerechtigkeit und (Alters-) Sicherheit und Ausbildung und Bildung der oben erwähnten Fähigkeiten zählen. Als Führungskräfte sollten wir uns daher Fragen stellen, wie wir Mitarbeiter fördern, sie qualifizieren, sie informieren und für das Unternehmen stets neu begeistern können.

Soziales Handeln betrifft – wie bereits angedeutet – auch die Mitarbeiter in ihrer Verantwortung dem Unternehmen und sich selbst gegenüber. Vorgesetzten und Mitarbeitern gegenüber sozial kompetent zu handeln heißt, Work-Life-Balance ins Arbeitsleben zu übertragen. Hierzu zählen:

Kooperationsfähigkeit

Auch andere oder neue Mitarbeiter können gute, eventuell bessere Ideen haben als man selbst. Diese zuzulassen und zu fördern ist wichtig, richtig, nicht aber immer einfach. Insbesondere, wenn dies der Konkurrent um eine lukrative Beförderung oder Versetzung ist. Verbissenheit, Neid oder krampfhafte Erfolgssucht sind wenig hilfreich, sein Leben in Balance zu halten oder bringen zu wollen. Kooperationsfähigkeit heißt aber auch, seine eigene Position zu halten und sie auszubauen, wenn dies sinnvoll erscheint. Feed-back-Gespräche mit vertrauten Kollegen oder Coaches sind hierzu gut geeignet.

Sensibilität

Kooperationsfähigkeit setzt Sensibilität voraus. Nur wer im richtigen Maß sensibel ist, kann den Balanceakt zwischen der Durchsetzung notwendiger Führungsentscheidungen und den Interessen des eigenen Teams positiv gestalten. Ganzheitlichkeit im Sinne von Work-Life-Balance bedeutet bezüglich der Sensibilität, Probleme und Gefühle der Mitarbeiter und Vorgesetzten zu erkennen (oder zu erahnen) und diese im Verhalten des Gegenübers zu berücksichtigen. Sensibilität meint bezüglich Ihrer Selbstreflexion die realistische Einschätzung Ihrer selbst in der Wirkung auf andere.

Kontaktfähigkeit

Kontaktfähigkeit meint die Kompetenz, in ausgeglichenem Maß (ohne verschlossen oder aber zudringlich zu sein) auf andere zugehen zu können und eigene Ziele und Absichten rechtzeitig und authentisch zu kommunizieren. Kontaktfähig zu sein heißt auch, mit anderen hilfsbereit und vertrauensvoll umgehen zu können.

Integrationsfähigkeit

Work-Life-Balance ist ein holistischer Ansatz. Das bedeutet im unternehmerischen Alltag, Probleme frühzeitig erkennen zu können und diese – der Eskalationsstufe angemessen – entsprechend kanalisieren und führen zu können, damit Ihr Team tatsächlich ein Team im Sinne der Übersummativität („Das Ganze ist mehr als die Summe seiner Teile") ist. Integrationsfähigkeit meint somit Balance halten zu können zwischen diversen Spannungsfeldern, ohne führungsschwach oder autoritär zu sein.

Selbstkontrolle und Selbstreflexivität

Wie wirken Sie im Konfliktverhalten oder in Zuständen innerer Spannung? Denken Sie hierbei bitte an die Kapitel 2 und 4, wozu aggressives oder auch depressives Verhalten, Stress und andere interne Verhaltensmuster führen können. Selbstkontrolle heißt bezüglich Ihrer Work-Life-Balance immer auch Selbstreflexivität, betrifft aber auch Ihr Umfeld, indem Sie andere nicht provozieren, nicht gegen andere intrigieren und berechenbar sind.

Über diese individuelle Ebene hinaus können Unternehmen auch im Sinne von Work-Life-Balance sozial aktiv und engagiert sein und somit nachhaltig wirtschaften. Im Gesamtverbund mit der Gesellschaft und der in ihr stattfindenden Politik sind Unternehmen und Mitarbeiter aufgefordert, ihren Beitrag zu sozialer Sicherheit und Gerechtigkeit und Chancengleichheit zu leisten.

> **Tipp:** Haben Sie Erfahrungen mit Simulationsspielen? Diese Form der oft mehrtägigen Fortbildungen sind hervorragend geeignet, um verschiedenste Kompetenzbereiche zu trainieren. Allein im Bereich der methodischen Kompetenzen kann ein Team sehr vieles für die Weiterentwicklung der eigenen Organisation unternehmen:
>
> - **Analytische Kompetenz:** Hierzu zählt v. a. die Kompetenz, eigene Aufgabenschwerpunkte zu erkennen, ableiten und auch eingrenzen zu können.
> - **Konzeptionelle Kompetenz:** Wie schnell können Sachverhalte mit der angemessenen Methode angegangen und umgesetzt werden (Potential zum Entwurf einer Problemlösungsstrategie).
> - **Kombinatorische Kompetenz:** Gemeint ist hiermit die effektive Vernetzungsfähigkeit vorhandener Daten zur raschen Aufgabenerfüllung. Können allgemeine und speziell vorhandene Informationen anderer Abteilungen zur Entwicklung eines alternativen Lösungsvorschlags beitragen?
> - **Effizienzkompetenz:** Der Einsatz der richtigen Methode ist meistens entscheidend vom Faktor Zeit abhängig. Die Wahl der richtigen Methode bedeutet neben dem Inhalt vor allem, eine zeitlich angemessene auszuwählen, um Termine und Absprachen einhalten zu können.
> - **Entscheidungskompetenz:** Wurden alle relevanten Methoden geprüft, die wirklich wichtigen Informationen erarbeitet und richtig bewertet, die richtigen Alternativen aufgezeigt und ggf. die Risiken richtig eingeschätzt (unter dem Vorweg-Aspekt der Wahrscheinlichkeitsempirie)?
> - **Kontrollkompetenz:** Wurden die individuellen Arbeitsziele so formuliert, dass das Projekt – gemessen an den Zielen – erfolgreich verlief? Wurde der Plan für das Vorgehen erfolgreich umgesetzt? Waren die Arbeitsabläufe aufeinander abgestimmt?

Hier einige weitere Kriterien, wie Unternehmen ihr soziales Engagement nach den Prinzipien des nachhaltigen Wirtschaftens ausrichten können:
- Sicherung von Arbeits- und Ausbildungsplätzen
- Beachtung der Arbeitnehmerinteressen
- Gleichberechtigung von Männern und Frauen
- Soziale Rücksichtnahme
- Übernahme eines Teils globaler Verantwortung
- Sicherstellung von Aus- und Weiterbildungschancen
- Sicherstellung optimaler gesundheitlicher Voraussetzungen und
- Unterstützung bei der Altersvorsorge

6.1.3 Ökologisches Handeln als Komponente nachhaltigen Wirtschaftens

Aus unseren häufigen Begegnungen mit der alpinen Natur (während der Beratungstätigkeit) wird uns die Wichtigkeit des Ökologie orientierten beruflichen Handelns immer wieder sehr deutlich. Exemplarisch zeigen die Alpen Probleme auf, die sich leicht auf alle andere Regionen übertragen lassen können. So treffen wir beispielsweise auf eine ausgesprochene Zentrendominanz, die Konsequenzen wie Pendelfahrten oder die Verstädterungen kleinerer Umlandgemeinden nach sich zieht. Ziel auf unternehmerischer Ebene sollte hierbei zum Beispiel sein, dieser Tendenz durch gezielte Unterstützung (bei der Auftragsvergabe) ländlicher regionaler Unternehmen zu fördern. So können wir dazu beitragen, anderen Menschen, die in diesen Regionen leben, Arbeitsstrukturen aufzubauen, die weitgehend unabhängig vom Pendeln sind. Mit diesem Aspekt von Nachhaltigkeit können wir so zur Work-Life-Balance anderer Menschen beitragen und fördern die Umwelt.

Darüber hinaus lohnt sich für Unternehmen mittel- bis langfristig die Integration des nachhaltigen Wirtschaftens in die eigenen Strukturen. Die Vergangenheit und aktuelle Ereignisse zeigen, dass die Käufer zunehmend sensibel auf das Umweltverhalten von Unternehmen reagieren. Es ist daher richtungweisend, sich neben der Entwicklung von Produkten gleichsam Gedanken über die Wiederverwertung von Reststoffen zu machen, um den Anteil des nicht wiederverwertbaren Endabfalls möglichst gering zu halten. Grundsätzlich sollte hierbei gelten, dass nicht-erneuerbare Ressourcen nur in vertretbarem Umfang genutzt werden, parallel dazu an der Entwicklung funktionell gleichwertigen erneuerbaren Ersatzes gearbeitet wird. Auf der ökologischen Ebene nachhaltig – und somit langfristig im Sinne von Work-Life-Balance – zu wirtschaften heißt, den möglichen Eigenbeitrag zum Schutz der Erdatmosphäre, des Bodens, des Süßwassers usw. zu leisten, um somit von unseren ökologischen Zinsen zu leben und nicht vom Kapital.

Kriterien für den ökologisch-nachhaltigen Umgang mit der Umwelt können sein:
- Schonender Umgang mit den Ressourcen
- Minimierende Umweltbelastung beim Produktionsvorgang
- Verantwortungsbewusster Umgang mit dem Ökosystem
- Minimierung der Risiken für Menschen und Umwelt

Grundsätzlich gilt im Sinne der Ganzheitlichkeit des nachhaltigen Wirtschaftens, dass unsere Verantwortung des Handelns im „Jetzt" Auswirkungen für die kommenden Generationen hat und wir somit und darüber hinaus in globaler Verantwortung handeln.

6.2 Work-Life-Balance im Rahmen von Organisationsentwicklung

Auf die ökonomischen, sozialen und ökologischen Entwicklungen zum richtigen Zeitpunkt angemessen zu reagieren, ist eine für den Fortbestand der Organisation notwendige Kernfunktion von Entscheidern, die auch als „Leadership-Funktion" beschrieben werden kann. Bis zu den jeweiligen Entscheidungen sind wir – egal auf welcher Führungsebene – gut damit beraten, Entscheidungen im Team zu erarbeiten, um so die Organisation weiterzuentwickeln. Auffallend ist, dass bei der Begriffsbestimmung von Organisationsentwicklung wiederum der Begriff der Ganzheitlichkeit vorkommt:

> „Organisationsentwicklung ist die Strategie des geplanten Wandels, der durch die Beeinflussung von Organisationsstruktur, Unternehmenskultur und individuellem Verhalten zustande kommt, und zwar unter größtmöglicher Beteiligung der Arbeitnehmer. Die gewählte ganzheitliche Per-

spektive berücksichtigt die Wechselwirkungen zwischen Individuen, Organisationen, Technologie, Umwelt, Zeit sowie die Kommunikationsmuster, Wertestrukturen usw., die in der jeweiligen Organisation existieren" (Gabler 1997, S. 2897).

Wie schon bei den Ausführungen zum nachhaltigen Wirtschaften wird auch hier die zentrale Bedeutung der Unternehmenskultur deutlich. Innovative Organisationsentwicklung ist integrativ und emanzipierend, gleichwohl Führungsebenen vorhanden sind. Eine Unternehmenskultur, in der jeder Mitarbeiter seine „hard" und „soft skills" produktiv einbringen kann, ist in der Wirkung auf die Organisation flexibel und bleibt entwicklungsfähig. Der Organisationspsychologe Kurt Lewin unterschied bei seinen Erkenntnissen an den National Training Labs (1947 gegründet) drei Phasen des Wandels/der Entwicklung einer Organisation:

- Auftauen (Defreezing)
- Verändern (Changing)
- Stabilisieren und Generalisieren der Ergebnisse (Freezing)

Ein von uns darauf aufbauendes Phasenmodell von Organisationsentwicklung möchten wir Ihnen an dieser Stelle vorstellen:

- Orientierungsphase
- Leitzieldefinition und Situationsdiagnose
- Operationalisierung von Zielen-Analyseverfahren
- Planen und Umsetzen von experimentellen Projekten und experimentellen Situationen
- Analyseauswertung und Bewertung
- Entscheidung über weiteres Vorgehen (allgemeine Ausführung, weitere Experimentalsituationen oder Verwerfung)

Bei diesem Phasenmodell ist wichtig, dass einige Kriterien gegeben sein müssen, soll es sich um ganzheitliche Organisationsentwicklung handeln, die das Ziel der Work-Life-Balance verfolgt:

- Das Phasenmodell muss sich nach erfolgter Goutierung auf das gesamte Unternehmen übertragen lassen können.
- Es muss Mikroelemente wie Führung, Gruppendynamik sowie allgemeine Makroelemente der Organisation beachten.
- Leitziele müssen so gestellt sein, dass der Pilotprozess stets offen für Innovationen bleibt (adaptiver Prozess).

- Organisationsentwicklung ist ganzheitlich, überschreitet somit die Grenzen des Total Quality Managements und anderer Messinstrumente, die sich mit Strategien, Strukturen und Prozessen befassen.
- Ziel der Organisationsentwicklung bleibt Charakteristikum des Unternehmens: lernfähig zu bleiben. Insofern ist der Zustand des „Freezing" nur von temporärer Natur auf dem weiteren Weg der Entwicklung.

Einige zentrale Bereiche von Organisationsentwicklung möchten wir nachfolgend eingehender unter Aspekten praktizierter Work-Life-Balance besprechen.

Unsere Anpassung an die Arbeit/den Arbeitsplatz und die des Arbeitsplatzes an uns sind zwei verschiedene Prozesse, die dieselben Ziele verfolgen sollen: Das wertschöpfende Funktionieren der Organisation und die Bedürfnisbefriedigung von uns als Organisationsmitgliedern. Personalentwicklung ist ein unternehmerisch dynamisches Mittel hierzu; sie bietet Maßnahmen der Verhaltensmodifikation. Dies kann sich traditionell auf motorische oder kognitive Fähigkeiten beziehen, vielmehr aber auch auf emotionale, motivationale oder soziale Kompetenzen.

Bei der Erstellung solcher Entwicklungsprogramme sind – soll der Gedanke von Work-Life-Balance im Sinne von Nachhaltigkeit verankert werden – einige Aspekte grundsätzlicher Natur zu beachten:

Die zu überarbeitenden Lernziele des Unternehmens müssten allgemein umsetzbare Aspekte von Work-Life-Balance beinhalten, die sich in der Unternehmensphilosophie wiedererkennen lassen. Hierbei wird es besonders anfangs schwierig sein, wirklich alle Mitarbeiter eines Unternehmens auf freiwilliger Basis von den Vorzügen gelebter Work-Life-Balance zu überzeugen. Es empfiehlt sich aufgrund von Ängsten, Vorbehalten, Misstrauen u. v. m. bereits die Feststellung des Ist-Zustandes von Psyche und Physis durch externes Fachpersonal durchführen zu lassen. Im Rückgriff auf Kapitel 3 und 5 ist es wichtig, dass Work-Life-Balance auf beiden Ebenen als Bereicherung und nicht als oktroyierter Zwang empfunden wird. Das allgemeine Lernziel könnte aber für ein kleines Unternehmen oder eine Abteilung eines größeren Unternehmens für den Zeitraum eines Jahres lauten: „Durch individuelle Maßnahmen (im Einzelfall näher zu bestimmend) meines Work-Life-Balance-Plans trage ich aktiv zu Agilität und Dynamik des Unternehmens bei." Durch diese Zielsetzung – eventuell in einem psychologischen Vertrag verankert – fühlt sich jeder Mitarbeiter verpflichtet und ist somit intrinsisch motiviert.

Aus den Lernzielen heraus sollten Kriterien zur Überprüfung des Lernerfolges entwickelt werden. Abgeleitet vom individuell festzulegenden Soll-Zustand, dem Lernziel, sollten individuelle Evaluationskriterien bestehen, die überprüft werden. Hierzu empfiehlt sich abermals die Hinzuziehung externer Berater, die über die entsprechende Erfahrung verfügen, um diagnostische und Perspektivgespräche zu führen.

Entwicklung eines Lernprogramms, welches sich an den Lernzielen der Umsetzung von Work-Life-Balance im Unternehmen orientiert. Einige Unternehmen erwägen hierbei zum Beispiel die finanzielle Mitbeteiligung der Mitarbeiter, um deren Freiwilligkeit und Konstanz zu unterstreichen. Ziel dieses Punktes ist, unter Begleitung externer Fachkräfte Work-Life-Balance Schritt für Schritt zu erlernen, um die Mitarbeiter bei der Umsetzung des Lernprogramms nicht ihrem eigenen Schicksal zu überlassen. Die Begleitung zur behutsamen individuellen Einführung in die Work-Life-Balance-Thematik sollten psychologisch und sportlich geschulte Spezialisten unter Einbeziehung von medizinischem (Fach-) Personal begleiten. Hiermit ist nicht das regelmäßige Training unter der „Aufsicht/Kontrolle" der Spezialisten gemeint, was allein aus Kostengründen den Rahmen sprengen würde. Vielmehr geht es um feste Ansprechpartner, die über ein zu definierendes Bonussystem unter Eigenbeteiligung individuell unregelmäßig regelmäßig konsultiert werden können.

Überprüfung des Lernerfolges: Anhand von Fragebögen sollte nach einem angemessenen Zeitraum (beispielsweise 1 oder 2 Jahre) eine Mitarbeiterbefragung durchgeführt werden, wie das nach Abschluss von Seminaren mit Seminarkritiken ebenfalls üblich ist. Dieser Fragebogen könnte vor allem Veränderungen im Sozial- und Gesundheitsverhalten beinhalten. Wenn ungewollte Jojo-Effekte oder andere unsolide (und zu Invarianz führende) Methoden zugunsten einer soliden Organisationsentwicklung in Richtung nachhaltiger

Work-Life-Balance durchgeführt werden soll, so empfiehlt es sich, den Zeitraum lang genug anzusetzen.

Ein Beispiel: Als Testgruppe könnte eine Traineegruppe eingesetzt werden. Nehmen Sie an, Ihnen sei als Unternehmen das Problem mitgeteilt worden, dass junge Nachwuchs-Führungskräfte in dieser Zeit nach dem Studium – für gewöhnlich 18 bis 24 Monate – deutlich an Gewicht (i. S. des Kapitels 4 ist hier wohl eher die phänotypisch erkennbare Zunahme des Körperfettgewebeanteils gemeint) zunehmen. Eines der Lernziele des Traineeproramms könnte Work-Life-Balance sein. Hierzu wird zu Beginn des Traineeprogramms ein mehrtägiges Development-Center durchgeführt, bei dem Work-Life-Balance unter anderem thematisiert wird. In der temporalen Mitte (nach ungefähr einem Jahr) des Kurses am Ende (nach zwei Jahren) finden zwei weitere Veranstaltungen statt, bei denen unter anderem Work-Life-Balance thematisiert wird. In den beiden Zwischenphasen haben die Trainees die Möglichkeit, mit Bonussystem und eigenen Mitteln die Spezialisten aus den Bereichen Psychologie und Gesundheit zu konsultieren, um ihr individuelles weiteres Vorgehen abzustimmen. Nach Abschluss des Traineeprogramms findet eine Überprüfung statt. Wichtig ist bei der Instruktion solcher Gruppen das Vertrauen zu den Betreuern. Work-Life-Balance darf in diesem Zusammenhang nicht genutzt werden, um als ein Entscheidungskriterium bei der Personalauswahl genutzt zu werden.

Bei der Implementierung von Work-Life-Balance ist festzustellen, dass es je nach Führungsebene Unterschiede gibt, die durch sozialen Status, Alter, Vorerfahrungen usw. bedingt werden. Lernprogramm, Lerntempo, Gruppengröße und thematische Schwerpunkte sind dem entsprechend abzustimmen.

Work-Life-Balance kann – kontinuierlich eingesetzt – erheblich zur Dynamisierung Ihres Unternehmens, Ihrer Abteilung oder Ihres Teams beitragen. Sie kann zur erheblichen Veränderung der Atmosphäre am Arbeitsplatz und zur Veränderung desselben beitragen. Auch für Organisationen gilt, was bereits für die individuelle Ebene mehrfach betont wurde: „Zeit für sich selbst und Reflexion" und „Vorsorge ist besser als Nachsorge" sind lebensfördernd. Sie sollten ihre Chance auch in der unternehmerischen Umsetzung bei der Organisationsentwicklung erhalten.

7. Rechtliche Aspekte von Work-Life-Balance

Von Ingo Eikelmann

Der Gesetzgeber hat dem Gedanken der Work-Life-Balance in vielerlei Hinsicht Rechnung getragen. Die (arbeitsrechtlichen) Rahmenbedingungen hierfür finden sich im Wesentlichen im Arbeitsschutzrecht. Unter Arbeitsschutzrecht versteht man – allgemein formuliert – das Recht, das im weiteren Sinne dem Schutz der Arbeitnehmer dient. Das Arbeitsschutzrecht lässt sich, bezogen auf Work-Life-Balance, in vier Bereiche untergliedern:

7.1 Allgemeine Bestimmungen zum Arbeitnehmerschutz

Die wichtigsten allgemeinen Bestimmungen finden sich in folgenden Vorschriften:

7.1.1 Bürgerliches Gesetzbuch (BGB)

Neben allgemeinen Regelungen, die das Beschäftigungsverhältnis betreffen, wie beispielsweise die Definition des Arbeitsvertrages („Dienstvertrag", vgl. § 611 BGB), die Vergütung, die der Arbeitnehmer für seine geleisteten Tätigkeiten erhält (vgl. §§ 611, 612 und 614 BGB) und die Kündigungsfristen (vgl. §§ 621 ff. BGB), fallen insbesondere zwei Vorschriften auf. Zum einen das Gleichbehandlungsgebot des § 611a BGB, das die Ungleichbehandlung von weiblichen und männlichen Arbeitnehmern im Arbeitsleben ohne sachlichen Grund verbietet. Zum anderen besagt § 618 BGB, dass der Dienstberechtigte die Arbeitsräume so einrichten muss, dass der Dienstverpflichtete, soweit „die Natur der Dienstleistung es gestattet", gegen Gefahr für Leben und Gesundheit geschützt ist.

7.1.2 Gesetz über Teilzeitarbeit und befristete Arbeitsverträge (TzBfG)

Ein Arbeitnehmer ist befristet beschäftigt, wenn ein auf eine bestimmte Zeit geschlossener Arbeitsvertrag vorliegt. Das bedeutet, seine Dauer ist entweder kalendermäßig bestimmt (kalendermäßige Befristung) oder ergibt sich aus Art, Zweck oder Beschaffenheit der Arbeitsleistung (Zweckbefristung). Sinn des TzBfG ist zum einen das Verbot der Diskriminierung befristet Beschäftigter, zum anderen die Verbesserung der Chancen der Arbeitnehmer auf einen Dauerarbeitsplatz. In der Regel muss bei der Befristung des Arbeitsvertrages ein sachlicher Grund vorliegen. Beispiele hierfür sind in der Person des Arbeitnehmers liegende Gründe, die Vertretung eines anderen Arbeitnehmers, der nur vorübergehende Bedarf an Arbeitsleistung, die Befristung zur Erprobung, die Befristung im Anschluss an ein Studium bzw. eine Ausbildung oder die spezielle Eigenart der Arbeitsleistung.

Zwei Ausnahmen, die keinen rechtlichen Grund benötigen, sind jedoch anerkannt: Neueinstellungen für eine Dauer von bis zu zwei Jahren sowie im Zuge der „Hartz-Reform" die Einstellung von Arbeitnehmern über 52 Jahre.

Rechtsfolge einer unzulässigen Befristung ist eine so genannte Fiktion: Der Arbeitsvertrag gilt als auf unbestimmte Zeit geschlossen.

Teilzeitbeschäftigt ist ein Arbeitnehmer, wenn seine regelmäßige Wochenarbeitszeit niedriger ist als die Regelarbeitszeit eines vergleichbaren Vollzeitarbeitnehmers, d. h. es muss dieselbe Art von Arbeitsverhältnis und eine ähnliche oder gleiche Tätigkeit vorliegen. Aus dem Grundsatz der Vertragsfreiheit ergibt sich, dass ein Teilzeitarbeitsvertrag einvernehmlich wie jeder andere Arbeitsvertrag geschlossen werden kann.

Seit dem 1.1.2001 hat der Arbeitnehmer unter bestimmten Voraussetzungen sogar einen Anspruch auf Abschluss eines Teilzeitarbeitsvertrags. Diese Voraussetzungen ergeben sich aus § 8 TzBfG: Der Arbeitsvertrag muss länger als sechs Monate bestehen, der Arbeitnehmer hat die Verringerung der Arbeitszeit unter Angabe des genauen Umfangs und der Verteilung spätestens drei Monate vor deren Beginn beantragt und im Unternehmen müssen in der Regel mehr als fünfzehn Arbeitnehmer beschäftigt sein (auf die Anzahl der Personen in Berufsbildung kommt es dabei nicht an).

Der Arbeitgeber hat allerdings die Möglichkeit, den Antrag des Arbeitnehmers auf Arbeitszeitverringerung abzulehnen, wenn betriebliche Gründe (z. B. Störung des geregelten Arbeitsablaufs, Beeinträchtigung der Sicherheit im Betrieb oder das Entstehen unverhältnismäßiger Kosten) dem entgegenstehen.

7.1.3 Bundesurlaubsgesetz (BUrlG)

Das BUrlG setzt zwingend fest, dass jeder Arbeitnehmer in jedem Kalenderjahr Anspruch auf bezahlten Erholungsurlaub hat. Während dieses Urlaubs darf der Arbeitnehmer keine dem Urlaubszweck widersprechende Erwerbstätigkeit leisten. Somit zählt das BUrlG zu den wichtigsten, aber gleichzeitig auch bekanntesten rechtlichen Rahmenvorschriften des Work-Life-Balance-Gedankens.

Arbeitnehmer im Sinne dieses Gesetzes sind auch Auszubildende, Teilzeitbeschäftigte und leitende Angestellte. Für Schwerbehinderte, Jugendliche, Beschäftigte in Heimarbeit, Seeleute sowie Wehr- und Ersatzdienstleistende gelten besondere Urlaubsregelungen. Einen Urlaubsanspruch haben ferner Aushilfskräfte (z. B. Schüler und Studenten, „Ferienjob") und – für Zeitarbeitsfirmen interessant – der Leiharbeitnehmer gegen den Verleiher im Rahmen der Arbeitnehmerüberlassung.

§ 3 BUrlG legt die zeitliche Mindestdauer des Urlaubsanspruchs fest. Der Arbeitnehmer hat Anspruch auf 24 Werktage Erholungsurlaub. Allerdings gelten als Werktage alle Kalendertage, die nicht Sonn- oder gesetzliche Feiertage sind. Das bedeutet konkret, dass in diesen 24 Werktagen beispielsweise die Samstage bereits enthalten sind. Individuell oder tarifvertraglich wird aber meist eine für den Arbeitnehmer günstigere Regelung vereinbart. Gemäß § 13 BUrlG können innerhalb bestimmter Grenzen durch Tarifvertrag jedoch auch für den Arbeitnehmer unvorteilhaftere Vereinbarungen getroffen werden.

Bei der zeitlichen Festlegung des Urlaubs sind grundsätzlich die

Urlaubswünsche des Arbeitnehmers zu berücksichtigen, es sei denn, dass dringende betriebliche Belange entgegenstehen oder mit Urlaubswünschen anderer Arbeitnehmer, die aus sozialen Aspekten Vorrang verdienen, kollidieren. Ausnahmsweise ist der Urlaub aber zwingend zu gewähren, wenn der Arbeitnehmer dies im Anschluss an eine Maßnahme der medizinischen Vorsorge oder Rehabilitation verlangt. Der Urlaub muss grundsätzlich zusammenhängend gewährt werden. Ausnahmen sind betriebliche oder in der Person des Arbeitnehmers liegende Gründe. Auch muss der Urlaub grundsätzlich im laufenden Kalenderjahr gewährt werden. Eine Übertragung auf die ersten drei Monate des Folgejahres ist aus betrieblichen oder in der Person des Arbeitnehmers liegenden Gründen möglich.

7.2 Betrieblicher Arbeitsschutz

Die wichtigsten Bestimmungen des betrieblichen Arbeitsschutzes finden sich in folgenden Vorschriften:

7.2.1 Arbeitsschutzgesetz (ArbSchG)

Das ArbSchG vom 7. August 1996 wurde zuletzt geändert durch Gesetz vom 21. 6. 2002. Beim Arbeitsschutzgesetz handelt es sich im weitesten Sinne um ein Rahmengesetz für den (betrieblichen) Arbeitsschutz. Hierin sind die wesentlichen Pflichten von Arbeitnehmern und Arbeitgebern festgelegt. Es beinhaltet Verordnungsermächtigungen, d. h. die Bundesregierung wird mit Zustimmung des Bundesrates ermächtigt, einzelne Verordnungen im Bereich des Arbeitsschutzes vorzuschreiben, § 18 ArbSchG.

Das Arbeitsschutzgesetz dient auch der Umsetzung wichtiger EG-Richtlinien in Bezug auf den Arbeitsschutz. Als Beispiel lassen sich hier die Richtlinie 89/391/EWG über die Durchführung von Maßnahmen zur Verbesserung der Sicherheit und des Gesundheitsschutzes der Arbeitnehmer bei der Arbeit und die Richtlinie 91/383/EWG zur Ergänzung der Maßnahmen zur Verbesserung der Sicherheit und des Gesundheitsschutzes von Arbeitnehmern mit befristetem Arbeitsverhältnis oder Leiharbeitsverhältnis nennen.

Sinn des Arbeitsschutzgesetzes ist es, die Sicherheit und den Gesundheitsschutz der Beschäftigten bei der Arbeit durch Maßnahmen des Arbeitsschutzes zu sichern und zu verbessern. Es gilt in der Regel für alle Tätigkeitsbereiche, allerdings nicht für den Arbeitsschutz von Hausangestellten in privaten Haushalten und ebenso grundsätzlich nicht bei bestimmten Berufsgruppen, die durch speziellere Vorschriften geschützt werden (persönlicher Geltungsbereich). Das Tatbestandsmerkmal „alle Tätigkeitsbereiche" bedeutet, dass das Arbeitsschutzgesetz sowohl in der Privatwirtschaft als auch im öffentlichen Dienst Anwendung findet. Dementsprechend finden wir in § 2 II ArbSchG eine Aufzählung der Personen bzw. Berufsgruppen, die als „Beschäftigte" im Sinne dieses Gesetzes gelten: Arbeitnehmer, Auszubildende, so genannte „arbeitnehmerähnliche Personen" mit Ausnahme der in Heimarbeit Beschäftigten, Beamte, Richter, Soldaten und die in Werkstätten für Behinderte Beschäftigten.

Das generelle Verhältnis des ArbSchG zu anderen Rechtsvorschriften im Hinblick auf den Arbeitsschutz regelt § 1 III 1 ArbSchG: Pflichten, die der Arbeitgeber zur Gewährleistung von Sicherheit und Gesundheitsschutz des Beschäftigten bei der Arbeit nach sonstigen Rechtsvorschriften hat, bleiben unberührt. Dies gilt entsprechend für Rechte und Pflichten des Beschäftigten. Maßnahmen des Arbeitsschutzes im Sinne des ArbSchG sind Maßnahmen zur Verhütung von Unfällen bei der Arbeit und arbeitsbedingten Gesundheitsgefahren einschließlich der menschengerechten Arbeitsgestaltung. Aus dem Arbeitschutzgesetz ergeben sich sowohl für den Arbeitgeber als auch für den Arbeitnehmer konkrete Pflichten. Auf diese soll im Folgenden näher eingegangen werden.

Pflichten des Arbeitgebers

Der Arbeitgeber muss die erforderlichen Maßnahmen des Arbeitsschutzes unter Berücksichtigung der Umstände treffen, die die Sicherheit und die Gesundheit des Beschäftigten bei der Arbeit beeinflussen, § 3 ArbSchG. Der Arbeitgeber ist aber nicht nur für das Treffen der geeigneten Maßnahmen verpflichtet, sondern auch zur „Nachsorge". Dies bedeutet konkret, der Arbeitgeber hat auch Verpflichtungen für die Folgezeit. Er muss die Maßnahmen auf ihre Wirksamkeit überprüfen und – wenn nötig – die Maßnahmen an die sich ändernden Verhältnisse anpassen (Beispiele hierfür sind neue technische Möglichkeiten oder die Veränderung des Gesundheitszustands eines Arbeitnehmers). Der Arbeitgeber hat dabei eine Verbesserung von Sicherheit und Gesundheitsschutz des Beschäftigten anzustreben.

Bei den Maßnahmen des Arbeitsschutzes hat der Arbeitgeber gemäß § 4 ArbSchG folgende allgemeine Grundsätze zu beachten:

- Es besteht die Pflicht zur Prävention, d. h. Ziel ist die Vermeidung des Auftretens von Gefahren am Arbeitsplatz. Das bedeutet, dass die Arbeit so zu gestalten ist, dass eine Gefährdung für Leben und Gesundheit möglichst vermieden bzw. eine verbleibende Gefährdung möglichst minimiert wird.
- Konkret auftretende Gefahren sind an ihrer Quelle zu bekämpfen.
- Bezüglich der Maßnahmen muss der Arbeitgeber den Stand der Technik, Arbeitsmedizin und Hygiene sowie sonstige gesicherte arbeitswissenschaftliche Erkenntnisse berücksichtigen.
- Der Arbeitgeber hat die Aufgabe, die Maßnahmen zielgerichtet einzusetzen, d. h. mit dem Ziel zu planen, Technik, Arbeitsorganisation, sonstige Arbeitsbedingungen, soziale Beziehungen und Umwelteinflüsse auf den Arbeitsplatz sachgerecht zu verknüpfen.
- Individuelle Schutzmaßnahmen sind nachrangig zu anderen Maßnahmen.
- Der Arbeitgeber muss spezielle Gefahren für besonders schutzbedürftige Beschäftigtengruppen (z. B. Schwangere, Jugendliche, Behinderte, ältere Beschäftigte) berücksichtigen.
- Dem Arbeitnehmer sind geeignete, d. h. verständliche und ausführbare, Anweisungen zu erteilen.
- Eine willkürliche Diskriminierung der Geschlechter ist zu verhindern. Eine solche Regelung wäre nur dann zulässig, wenn sie aus biologischen Gründen zwingend erforderlich ist.

Fraglich ist, ob der Arbeitgeber die Kosten für die Maßnahmen des Arbeitsschutzgesetzes allein zu tragen hat. § 3 II Nr. 1 ArbSchG sagt aus, dass der Arbeitgeber zur Planung und Durchführung der Maßnahmen unter Berücksichtigung der Art der Tätigkeiten und der Anzahl der Beschäftigten für eine geeignete Organisation zu sorgen und die erforderlichen Mittel bereitzustellen hat. Noch deutlicher wird § 3 III ArbSchG, der besagt, dass der Arbeitgeber die Kosten für die Arbeitsschutzmaßnahmen nicht den Beschäftigten auferlegen darf. Daraus wird gefolgert, dass der Arbeitgeber nicht nur die Kosten für die einzelnen Arbeitsschutzmaßnahmen zu tragen hat, sondern in der Regel sogar für die Kosten der persönlichen Schutzausrüstung der Beschäftigten aufkommen muss.

Eine weitere wichtige Pflicht des Arbeitgebers besteht in der Dokumentation. Gemäß § 6 ArbSchG muss der Arbeitgeber über die je nach Art der Tätigkeiten und der Anzahl der Beschäftigten erforderlichen Unterlagen verfügen, aus denen das Ergebnis der Gefährdungsbeurteilung, die von ihm festgelegten Arbeitsschutzmaßnahmen und das Ergebnis ihrer Überprüfung hervorgehen. Bei einer gleichartigen Gefährdungssituation ist es allerdings ausreichend, wenn die Unterlagen zusammengefasste Angaben enthalten.

Dies gilt für Betriebe mit mehr als zehn Beschäftigten. In Kleinbetrieben unter zehn Beschäftigten hat der Arbeitgeber grundsätzlich keine Dokumentationspflicht, es sei denn, in sonstigen Rechtsvorschriften ist etwas anderes geregelt. Allerdings kann die zuständige Behörde bei Vorliegen von besonderen Gefährdungssituationen anordnen, dass Dokumentationsunterlagen verfügbar sein müssen. Bei Arbeitsunfällen hat der Arbeitgeber allerdings eine besondere Dokumentationspflicht, § 6 II ArbSchG. Der Arbeitgeber muss sämtliche Unfälle in seinem Betrieb, bei denen ein Beschäftigter derart verletzt oder getötet wird, dass er später für mehr als drei Tage völlig oder teilweise arbeits- oder dienstunfähig wird oder später daran stirbt, erfassen.

Eine weitere wichtige Pflicht des Arbeitgebers ist die arbeitsmedizinische Vorsorge bezüglich seiner Beschäftigten. Dies ergibt sich aus § 11 ArbSchG. Er hat den Beschäftigten auf Wunsch zu ermöglichen, sich je nach den Gefahren für ihre Sicherheit und Gesundheit bei der Arbeit regelmäßig arbeitsmedizinisch untersuchen zu lassen. Die arbeitsmedizinische Vorsorge beinhaltet Untersuchung und Beratung. Dies gilt allerdings nicht, wenn aufgrund der Beurteilung der Arbeitsbedingungen und der getroffenen Arbeitsschutzmaßnahmen nicht mit einem Gesundheitsschaden zu rechnen ist. Das bedeutet konkret, dass sich hier für eine Gesundheitsgefährdung keine Anhaltspunkte ergeben dürfen.

Nicht weniger wichtig ist auch die Unterweisungspflicht des Arbeitgebers, die sich aus § 12 ArbSchG ergibt. Er muss die Beschäftigten in Sicherheit und Gesundheitsschutz bei der Arbeit ausreichend und angemessen unterweisen. Diese Unterweisung hat während der regulären Arbeitszeit zu erfolgen. Die Unterweisung muss Anweisungen und Erläuterungen umfassen, die speziell auf den Arbeitsplatz oder den konkreten Aufgabenbereich des Beschäftigten ausgerichtet sind. Erfolgen muss diese Unterweisung bei der Einstellung, bei Veränderungen im Aufgabenbereich des Beschäftigten, bei der Einführung neuer Arbeitsmittel oder einer neuen Technologie vor Aufnahme der Tätigkeit. Die Unterweisung ist an die Gefährdungsentwicklung anzupassen und, soweit erforderlich, regelmäßig zu wiederholen.

Bei einer Arbeitnehmerüberlassung trifft die Pflicht zur Unterweisung den Entleiher. Der Entleiher hat die Unterweisung unter Berücksichtigung der Qualifikation und der Erfahrung der Personen, die ihm zur Arbeitsleistung überlassen werden, durchzuführen.

Verantwortlich für die Erfüllung dieser Pflichten des Arbeitgebers ist grundsätzlich der Arbeitgeber selbst bzw. dessen gesetzlicher Vertreter. Gemäß § 13 II i. V. m. § 13 I Nr. 5 ArbSchG kann er jedoch zuverlässige und fachkundige Personen schriftlich damit beauftragen, seine Aufgaben in eigener Verantwortung wahrzunehmen. Bezüglich der Beschäftigten im öffentlichen Dienst gilt § 14 ArbSchG. Demnach sind die im öffentlichen Dienst Beschäftigten vor Beginn ihrer Beschäftigung und bei Veränderungen in ihren Arbeitsbereichen über Gefahren für Sicherheit und Gesundheit, denen sie bei ihrer Arbeit ausgesetzt sein können, zu unterrichten. Dies gilt auch für Maßnahmen und Einrichtungen zur Verhütung dieser Gefahren und für erste Hilfe und sonstige Notfallmaßnahmen.

Pflichten und Rechte des Beschäftigten

Die Beschäftigten haben bezüglich des Arbeitsschutzes unter anderem die Pflicht zu sicherheitsgerechtem Verhalten und eine Unterstützungspflicht gegenüber dem Arbeitgeber.

Gemäß § 15 ArbSchG sind die Beschäftigten verpflichtet, innerhalb ihrer persönlichen Möglichkeiten sowie gemäß der Unterweisung und Weisung durch den Arbeitgeber für ihre eigene Sicherheit und Gesundheit sowie für die ihrer Mitarbeiter bei der Arbeit zu sorgen. Dies bedeutet konkret, dass die Beschäftigten insbesondere Maschinen, Geräte, Werkzeuge, Arbeitsstoffe, Transportmittel und sonstige Arbeitsmittel sowie Schutzvorrichtungen und die ihnen zur Verfügung gestellte persönliche Schutzausrüstung bestimmungsgemäß zu verwenden haben.

§ 16 ArbSchG regelt besondere Unterstützungspflichten der Beschäftigten. Sie haben dem Arbeitgeber oder ihrem Vorgesetzten jede von ihnen festgestellte unmittelbare erhebliche Gefahr für die Sicherheit oder Gesundheit sowie jeden an den Schutzsystemen festgestellten Defekt unverzüglich, d. h. ohne schuldhaftes Zögern zu melden. Des Weiteren sind sie verpflichtet, gemeinsam mit dem Betriebsarzt und der Fachkraft für Arbeitssicherheit den Arbeitgeber dahin gehend zu unterstützen, die Sicherheit und den Gesundheitsschutz der Beschäftigten bei der Arbeit zu gewährleisten und seine Pflichten (gemeint ist der Arbeitgeber) entsprechend den behördlichen Aufgaben zu erfüllen. Ferner sollen sie die von ihnen festgestellten Gefahren für Sicherheit und Gesundheit sowie Mängel an den Schutzsystemen auch der Fachkraft für Arbeitssicherheit, dem Betriebsarzt oder dem Sicherheitsbeauftragten nach § 22 SGB VII mitteilen. Die Beschäftigten haben jedoch bezüglich des Arbeitsschutzes nicht nur Pflichten, sondern auch ein Vorschlags- und Beschwerderecht.

Gemäß § 17 I ArbSchG sind die Beschäftigten berechtigt, dem Arbeitgeber Vorschläge zu allen Fragen der Sicherheit und des Gesundheitsschutzes zu machen.

§ 17 II ArbSchG gibt den Beschäftigten ein spezielles Beschwerderecht. Wenn die Beschäftigten aufgrund konkreter Anhaltspunkte meinen, dass die vom Arbeitgeber getroffenen Maßnahmen und die von ihm bereitgestellten Mittel nicht ausreichen, um die Sicherheit und den Gesundheitsschutz bei der Arbeit zu gewährleisten, können sie sich an die zuständige Gesundheitsbehörde wenden. Dies gilt aber explizit nur dann, wenn der Arbeitgeber der konkret vorgebrachten Beschwerde nicht abhilft. Durch diese Prozedur dürfen den Beschäftigten keine Nachteile entstehen.

7.2.2 Arbeitsstättenverordnung (ArbStättV)

Die Arbeitsstättenverordnung vom 20. März 1975 wurde zuletzt geändert durch Verordnung vom 27. 9. 2002. Die ArbStättV enthält die wichtigsten Vorschriften bezüglich der Beschaffenheit von Arbeitsstätten. Galt die Arbeitsstättenverordnung zunächst für den gewerblichen Bereich, hat sie sich nach Ablauf der gesetzlich vorgesehenen Übergangsfrist am 1. 1. 1999 auch auf die freien Berufe, den öffentlichen Dienst und Landwirtschaftsbetriebe ausgedehnt.

Der Begriff der Arbeitsstätte ist in § 2 ArbStättV definiert. Demnach sind Arbeitsstätten Arbeitsräume in Gebäuden einschließlich der Ausbildungsstätten, Arbeitsplätze auf dem Betriebsgelände im Freien, ausgenommen Felder, Wälder und sonstige Flächen, die zu einem land- oder forstwirtschaftlichen Betrieb gehören und außerhalb seiner bebauten Fläche liegen, Baustellen, Verkaufsstände im Freien, soweit sie im Zusammenhang mit Ladengeschäften stehen, Wasserfahrzeuge und schwimmende Anlagen auf Binnengewässern. Konkret gehören zur Arbeitsstätte Verkehrswege, Lager- Maschinen- und Nebenräume, Pausen-, Bereitschafts-, Liegeräume und Räume für körperliche Ausgleichsübungen, Umkleide-, Wasch- und Toilettenräume sowie Sanitätsräume. Der Arbeitgeber hat bezüglich der ArbStättV einige Anforderungen zu beachten.

Gemäß § 3 ArbStättV muss er die Arbeitsstätte nach der ArbStättV, den sonst geltenden Arbeitsschutz- und Unfallverhütungsvorschriften und nach den allgemein anerkannten sicherheitstechnischen, arbeitsmedizinischen und hygienischen Regeln sowie den sonstigen gesicherten arbeitswissenschaftlichen Erkenntnissen einrichten und betreiben. Des Weiteren hat er den in der Arbeitsstätte Beschäftigten die Räume und Einrichtungen zur Verfügung zu stellen, die die ArbStättV vorschreibt.

In den §§ 5 bis 22 ArbStättV hat der Arbeitgeber allgemeine technische Anforderungen bezüglich Lüftung, Raumtemperaturen, Beleuchtung, Fußböden, Wänden, Decken, Dächer, Fenster, Oberlichter, Türen, Toren, Schutz gegen Absturz und herabfallende Gegenstände, Schutz gegen Entstehungsbrände, Schutz gegen Gase, Dämpfe, Nebel und Stäube, Schutz gegen Lärm, Schutz gegen sonstige unzuträgliche Einwirkungen, Verkehrswegen, zusätzliche Anforderungen an Fahrtreppen und Fahrsteige, zusätzliche Anforderungen an Rettungswege, Steigleitern, Steigeisengängen, Laderampen und nicht allseits umschlossene Räume zu beachten.

Zum anderen müssen von Arbeitgeberseite in den §§ 23 bis 40a ArbStättV für bestimmte Räume zusätzliche Anforderungen beachtet werden. Die §§ 23 bis 28 ArbStättV regeln die besonderen Anforderungen für Arbeitsräume bezüglich Raumabmessungen, Luftraum, Bewegungsfläche am Arbeitsplatz, Ausstattung, Steuerständen und Steuerkabinen von maschinellen Anlagen, Pförtnerlogen, Arbeitsplätzen mit erhöhter Unfallgefahr und nicht allseits umschlossener Räume.

Für Pausen-, Bereitschafts-, und Liegeräume sowie für Räume für körperliche Ausgleichsübungen legen die §§ 29 bis 33 ArbStättV spezielle zusätzliche Anforderungen fest. Die zusätzlichen Anforderungen für Sanitärräume (Umkleideräume, Waschräume und Toilettenräume) bestimmen die §§ 34 bis 37 ArbStättV, für Sanitätsräume gelten die §§ 38 bis 39 ArbStättV.

Als besondere Anforderung an den Arbeitgeber soll auf den Nichtraucherschutz näher eingegangen werden, der erstmals im Jahr 2002 (3.10.2002) umfassend und explizit gesetzlich geregelt wurde. Nunmehr hat der Arbeitnehmer einen gesetzlich geregelten Anspruch auf einen rauchfreien Arbeitsplatz. Gemäß § 3a I ArbStättV muss der Arbeitgeber die erforderlichen Maßnahmen treffen, um die nichtrauchenden Beschäftigten wirksam vor den Gesundheitsgefahren durch Tabakrauch zu schützen. Damit ist der Nichtraucherschutz nach dem Willen des Gesetzgebers nicht mehr nur auf die Liege-, Bereitschafts- und Pausenräume beschränkt. Sondern der Nichtraucherschutz wird auf den gesamten Betrieb ausgedehnt. Eine Einschränkung bestimmt allerdings § 3a II ArbStättV: In Arbeitsstätten mit Publikumsverkehr hat der Arbeitgeber diese Schutzmaßnahmen nur insoweit zu treffen, als die Natur des Betriebes und die Art der Beschäftigung es zulassen.

Welche Maßnahmen der Arbeitgeber für den Nichtraucherschutz ergreift, ist grundsätzlich ihm überlassen, allerdings hat der Betriebsrat hierbei gemäß § 87 I Nr. 7 BetrVG ein Mitbestimmungsrecht. Denkbar sind hier generelle Rauchverbote im gesamten Betrieb oder die Einrichtung von besonders gekennzeichneten Raucherzonen oder Raucherzimmern. Wichtig hierbei ist eine besondere Abdichtung der Raucherzonen und Raucherzimmer. Möglich wäre auch der Einbau von klima- oder lüftungstechnischen Anlagen, diese Lösung ist aber sehr kostenintensiv.

7.2.3 Bildschirmarbeitsverordnung (BildscharbV)

Die BildscharbV vom 4. Dezember 1996 wurde geändert durch Verordnung vom 29. 10. 2001. Sie gilt für die Arbeit an Bildschirmgeräten. Bildschirmgerät im Sinne der BildscharbV ist ein Bildschirm zur Darstellung alphanumerischer Zeichen oder zur Graphikdarstellung, ungeachtet des Darstellungsverfahrens, § 2 I BildscharbV. Bildschirmarbeitsplatz im Sinne dieser Verordnung ist ein Arbeitsplatz mit einem Bildschirmgerät, der ausgestattet sein kann mit Einrichtungen zur Erfassung von Daten, mit Software, die den Beschäftigten bei der Ausführung ihrer Arbeitsaufgaben zur Verfügung steht, mit Zusatzgeräten und Elementen, die zum Betreiben oder Benutzen des Bildschirmgeräts gehören oder mit sonstigen Arbeitsmitteln sowie die unmittelbare Arbeitsumgebung (§ 2 II BildscharbV).

Beschäftigte im Sinne der Bildschirmarbeitsverordnung sind solche, die gewöhnlich bei einem nicht unwesentlichen Teil ihrer normalen Arbeit ein Bildschirmgerät benutzen (§ 2 III BildscharbV). Diese Verordnung gilt jedoch nicht für die Arbeit an Bedienerplätzen von Maschinen oder an Fahrerplätzen von Fahrzeugen mit Bildschirmgeräten, Bildschirmgeräten an Bord von Verkehrsmitteln, Datenverarbeitungsanlagen, die hauptsächlich zur Benutzung durch die Öffentlichkeit bestimmt sind, Bildschirmgeräten für den ortsveränderlichen Gebrauch, sofern sie nicht regelmäßig an einem Arbeitsplatz eingesetzt werden, Rechenmaschinen, Registrierkassen oder anderen Arbeitsmitteln mit einer kleinen Daten- oder Messwertanzeigevorrichtung, die zur unmittelbaren Benutzung des Arbeitsmittels erforderlich ist, sowie Schreibmaschinen klassischer Bauart mit einem Display, § 1 II BildscharbV.

Aus der BildscharbV ergeben sich einige Pflichten für den Arbeitgeber. Zum einen hat der Arbeitgeber gemäß § 4 I BildscharbV geeignete Maßnahmen zu treffen, damit die Bildschirmarbeitsplätze den Anforderungen des Anhangs (Anhang über an Bildschirmarbeitsplätze zu stellende Anforderungen) und sonstiger Rechtsvorschriften entsprechen. Zum anderen muss der Arbeitgeber die Tätigkeit der Beschäftigten so organisieren, dass die tägliche Arbeit an Bildschirmgeräten regelmäßig durch andere Tätigkeiten oder durch Pausen unterbrochen wird, die jeweils die Belastung durch die Arbeit am Bildschirm verringern, § 5 BildscharbV. Das bedeutet, der Arbeitgeber hat die Pflicht, die Arbeitsbedingungen der Beschäftigten zu beurteilen. Bei dieser Beurteilung der Arbeitsbedingungen hat er bei Bildschirmarbeitsplätzen die Sicherheits- und Gesundheitsbedingungen insbesondere hinsichtlich einer möglichen Gefährdung des Sehvermögens sowie körperlicher Probleme und psychischer Belastungen zu ermitteln und einzuschätzen, § 3 BildscharbV. Schließlich muss der Arbeitgeber den Beschäftigten vor Aufnahme ihrer Tätigkeit an Bildschirmgeräten, anschließend in regelmäßigen Zeitabständen sowie bei Auftreten von Sehbeschwerden, die auf die Arbeit am Bildschirmgerät zurückgeführt werden können, eine angemessene Untersuchung der Augen und des Sehvermögens durch eine fachkundige Person anbieten, § 6 I BildscharbV. Falls sich dabei herausstellt, dass eine Untersuchung durch einen Augenarzt erforderlich ist, muss diese ermöglicht werden. Falls diese Untersuchungen schuldhaft nicht oder nicht rechtzeitig angeboten werden, liegt eine Ordnungswidrigkeit vor (§ 7 BildscharbV).

7.2.4 Betriebssicherheitsverordnung (BetrSichV)

Die neue Betriebssicherheitsverordnung ist am 1.1.2003 in Kraft getreten. Die BetrSichV dient unter anderem der Umsetzung einiger EG-Richtlinien, beispielhaft sei hier die EG-Explosionsschutzrichtlinie 1999/92/EG genannt. Die Betriebssicherheitsverordnung betrifft Arbeitsmittel, Geräte- und Anlagensicherheit. Wesentlich ist jedoch, dass durch die neue Betriebssicherheitsverordnung ein einheitliches Vorschriftenwerk geschaffen wurde. Der gesamte Bereich bezüglich Sicherheit und Gesundheitsschutz bei der Bereitstellung und der Benutzung von Arbeitsmitteln inklusive des Betriebes überwachungsbedürftiger Anlagen wurde neu geordnet, die vormals geltenden Einzelverordnungen zu überwachungsbedürftigen Anlagen sind aufgehoben worden. Der Inhalt der Arbeitsmittelbenutzungsordnung wurde komplett in die BetrSichV integriert.

Die BetrSichV enthält im Wesentlichen zwei Leitgedanken: zum einen die sehr weit gehende Selbstverantwortung des Arbeitgebers bei Prüfungsfristen, Gefährdungsbeurteilungen und Eigenüberwachung, zum anderen die Stärkung des Grundgedankens der Prävention, gekoppelt mit der Einführung weitreichender Prüfungspflichten.

Gemäß § 1 I BetrSichV existiert ein sehr weiter Anwendungsbereich. Im persönlichen Anwendungsbereich sind sämtliche Betriebe betroffen, in denen Beschäftigte tätig sind oder überwachungsbedürftige Anlagen betrieben werden. Der sachliche Geltungsbereich umfasst die Bereitstellung von Arbeitsmitteln durch den Arbeitgeber sowie deren Benutzung durch die Beschäftigten bei der Arbeit.

Gemäß § 2 I BetrSichV sind unter Arbeitsmitteln Werkzeuge, Geräte, Maschinen und Anlagen zu verstehen. Der Gesetzgeber meint damit explizit auch die überwachungsbedürftigen Anlagen.

Nachfolgend sollen die wesentlichsten Punkte der BetrSichV kurz zusammengefasst werden.

Technische Beschaffenheitsanforderungen:

Hier stellt die BetrSichV Mindestanforderungen auf (vgl. § 7 BetrSichV).

Bereitstellung und Benutzung von Arbeitsmitteln:

Die Anforderungen für die Bereitstellung und die Benutzung von Arbeitsmitteln werden durch die BetrSichV geregelt. Wesentlich ist hierbei, dass vor der Bereitstellung und Benutzung der Arbeitsmittel eine Gefährdungsbeurteilung durch den Arbeitgeber notwendig ist.

Prüfungs- und Anzeigepflichten:

Der Arbeitgeber hat diverse Prüfungspflichten wahrzunehmen, beispielsweise bezüglich der Arbeitsmittel und bezüglich des Betreibens überwachungsbedürftiger Anlagen. Anzeigepflichten kommen auf den Arbeitgeber zu, wenn sich ein Unfall ereignet hat, bei dem ein Mensch getötet oder verletzt wurde. Außerdem hat er der zuständigen Behörde jeden Schadensfall zu melden, bei dem Bauteile oder sicherheitstechnische Einrichtungen versagt haben oder beschädigt worden sind.

Übergangsvorschriften:

Zulässig ist das Weiterbetreiben einer überwachungsbedürftigen Anlage, die bereits vor dem 1. 1. 2003 rechtmäßig betrieben wurde. Spätestens bis zum 31. 12. 2007 müssen aber die neuen Vorschriften der BetrSichV Anwendung finden. Eine Ausnahme gilt für Anlagen, welche nicht von einer Verordnung gemäß § 11 GSG erfasst wurden: Hier muss spätestens zum 31. 12. 2005 neues Recht angewendet werden.

7.3 Besonderer Schutz für spezielle Personengruppen

Die wichtigsten Vorschriften sind hier das Jugendarbeitsschutzgesetz, das Mutterschutzgesetz, das Bundeserziehungsgeldgesetz, die Verordnung zum Schutz der Mutter am Arbeitsplatz und das SGB IX (neuntes Buch Sozialgesetzbuch, Rehabilitation und Teilhabe behinderter Menschen). Interessant für den Grundgedanken der Work-Life-Balance ist hier besonders die so genannte „Elternzeit", früher als Erziehungsurlaub bekannt. Fortschrittlicherweise steht die Elternzeit nicht nur der Mutter des Kindes zu, sondern auch dem Vater sowie „sonstigen Personen". Interessant ist hierbei, dass nach neuem Recht Vater und Mutter gleichzeitig die Elternzeit beanspruchen können und sie dabei auch einen Anspruch auf Teilzeitarbeit haben. So ist gewährleistet, dass sich beide Elternteile in den ersten und für das Kind wichtigsten Lebensjahren intensiv um das Kind kümmern können.

Arbeitnehmerinnen und Arbeitnehmer haben Anspruch auf Elternzeit, wenn sie mit einem Kind,
- für das ihnen die Personensorge zusteht, oder
- des Ehegatten bzw. Lebenspartners, oder
- das sie mit dem Ziel der Annahme als Kind in ihre Obhut aufgenommen haben (Adoptionspflege), oder
- das zwar das leibliche Kind ist, für das aber kein Sorgerecht besteht

in einem Haushalt leben und dieses Kind selbst betreuen und erziehen (§ 15 I BErzGG).

Gemäß § 20 BErzGG gelten auch die zu ihrer Berufsbildung Beschäftigten als Arbeitnehmerinnen bzw. Arbeitnehmer. Auch die Heimarbeiterinnen und Heimarbeiter sowie die ihnen Gleichgestellten haben Anspruch auf Elternzeit, soweit sie am Stück mitarbeiten. Der Anspruch auf Elternzeit besteht bis zur Vollendung des dritten Lebensjahres des Kindes, allerdings kann mit Zustimmung des Arbeitgebers ein Anteil von bis zu zwölf Monaten auf die Zeit bis zur Vollendung des achten Lebensjahres des Kindes übertragen werden (§ 15 II BErzGG). Dieser Anspruch kann weder vertraglich ausgeschlossen noch beschränkt werden. Die Elternzeit kann voll oder anteilig von jedem Elternteil allein oder von beiden Elternteilen gemeinsam genommen werden. Allerdings ist sie auf bis zu drei Jahre für jedes Kind begrenzt (§ 15 III 1 BErzGG). Teilzeitarbeit ist gemäß § 15 IV BErzGG für jeden Elternteil zulässig, wenn die vereinbarte wöchentliche Arbeitszeit dreißig Stunden nicht übersteigt. Unter den Vorraussetzungen des § 15 VI und VII BErzGG hat die Arbeitnehmerin bzw. der Arbeitnehmer sogar einen Anspruch auf Teilzeitarbeit.

Sie können gegenüber dem Arbeitgeber während der Gesamtdauer der möglichen Elternzeit zweimal eine Verringerung der Arbeitszeit beanspruchen. Dafür gelten kumulativ folgende Voraussetzungen:

- der Arbeitgeber beschäftigt, unabhängig von der Anzahl der Personen in Berufsbildung, in der Regel mehr als 15 Arbeitnehmer,
- das Arbeitsverhältnis des Arbeitnehmers in demselben Betrieb oder Unternehmen besteht ohne Unterbrechung länger als sechs Monate,
- die vertraglich vereinbarte Regelarbeitszeit soll für mindestens drei Monate auf einen Umfang zwischen 15 und 30 Wochenstunden verringert werden,
- dem Anspruch stehen keine dringenden betrieblichen Gründe entgegen,
- der Anspruch wurde dem Arbeitgeber acht Wochen vorher schriftlich mitgeteilt.

Liegen für die Arbeitnehmerin bzw. für den Arbeitnehmer die Voraussetzungen des § 15 VI und VII BErzGG nicht vor, das heißt, besteht kein Anspruch auf Teilzeitarbeit, müssen sich Arbeitgeber- und Arbeitnehmerseite arrangieren. Näheres regelt § 15 V BErzGG: Über den Antrag auf eine Verringerung der Arbeitszeit und ihre Ausgestaltung sollen sich Arbeitnehmer und Arbeitgeber innerhalb von vier Wochen einigen. De facto heißt dies: Hat der Arbeitnehmer keinen Anspruch auf Teilzeitarbeit während der Elternzeit, benötigt er letztlich die Zustimmung des Arbeitgebers.

Allgemein ist zum Thema Elternteilzeit noch darauf hinzuweisen, dass während dieser Zeit das Arbeitsverhältnis zwar ruht, rechtlich gesehen aber weiter fortbesteht. Das bedeutet konkret:

Die Entgeltzahlung und die Arbeitsleistung als wichtige Hauptpflichten des Arbeitsverhältnisses werden für die Dauer der Elternzeit „außer Kraft gesetzt", während die Nebenpflichten, die sich aus dem Arbeitsverhältnis ergeben grundsätzlich aufrechterhalten werden. Beispiele für Nebenpflichten sind unter anderem die Verschwiegenheitspflicht sowie Wettbewerbsverbote.

7.4 Arbeitszeitschutz

Die wichtigste Vorschrift im Arbeitszeitschutz ist das Arbeitszeitgesetz (ArbZG) vom 6. Juni 1994, geändert durch Gesetz vom 21. 12. 2000. Das Arbeitszeitrecht ist grundsätzlich zwingend und nicht abdingbar. Ausnahmen sind im Einzelfall möglich, müssen aber entweder durch Gesetz oder durch Tarifvertrag zugelassen sein. Die Einhaltung der Bestimmungen wird in der Regel durch die Gewerbeaufsichtsämter kontrolliert. Verstöße können je nach deren Schwere entweder als bloße Ordnungswidrigkeiten oder sogar als Straftaten geahndet werden.

Zweck des Arbeitszeitgesetzes ist, die Sicherheit und den Gesundheitsschutz der Arbeitnehmer bei der Arbeitszeitgestaltung zu gewährleisten und die Rahmenbedingungen für flexible Arbeitszeiten zu gewährleisten sowie den Sonntag und die staatlich anerkannten Feiertage als Tage der Arbeitsruhe und der seelischen Erhebung der Arbeitnehmer zu schützen (§ 1 ArbZG). Zu klären ist, was das ArbZG unter den Begriffen „Arbeitszeit", „Arbeitnehmer", „Nachtzeit" und „Nachtarbeit" versteht. Diese Begriffe sind in § 2 ArbZG genau definiert. Arbeitszeit ist die Zeit vom Beginn bis zum Ende der Arbeit ohne die Ruhepausen, wobei die Arbeitszeiten bei mehreren verschiedenen Arbeitgebern zusammenzurechnen sind. Nur im Bergbau zählen die Ruhepausen zur Arbeitszeit.

Was alles zur Arbeitszeit gehört, sei an einigen Beispielen verdeutlicht: Aufräumen des Arbeitsplatzes, auch kurzfristige Arbeitsunterbrechungen, um eine Maschine zu reparieren oder das Warten auf für die weitere Arbeit benötigte Arbeitsmaterialien. Auch das Arbeiten zu Hause gehört zur Arbeitszeit im Sinne des § 2 ArbZG. Nicht zur Arbeitszeit gehört die Zeit für Fahrten zwischen Wohnung des Arbeitnehmers und dem Betrieb. Anders ist die Rechtslage, wenn der Arbeitnehmer zwischen dem Betrieb und einem auswärts gelegenen Arbeitsplatz pendelt; dies gehört zur Arbeitszeit, ebenso grundsätzlich Dienstreisen.

Arbeitnehmer im Sinne des ArbZG sind Arbeiter und Angestellte sowie Auszubildende, Fortzubildende und Umschüler. Keine Anwendung findet das ArbZG aber auf leitende Angestellte, Chefärzte und Leiter von öffentlichen Dienststellen und deren Vertreter sowie Arbeitnehmer im öffentlichen Dienst, die zu selbständigen Entscheidungen in Personalangelegenheiten befugt sind (§ 18 I ArbZG). Für die Beschäftigung von Arbeitnehmern unter 18 Jahren gilt nicht das Arbeitszeitgesetz, sondern das speziellere Jugendarbeitsschutzgesetz. Nachtzeit ist die Zeit von 23 bis 6 Uhr, eine Ausnahme gilt in Bäckereien und Konditoreien, nämlich von 22 bis 5 Uhr. Nachtarbeit ist jede Arbeit, die mehr als zwei Stunden der Nachtzeit umfasst.

Ein wichtiger Punkt im ArbZG sind die werktäglichen Arbeitszeiten und die arbeitsfreien Zeiten. Die werktägliche Arbeitszeit der Arbeitnehmer darf acht Stunden nicht überschreiten, sie kann aber auf bis zu zehn Stunden verlängert werden. Dies ist gemäß § 3 ArbZG aber nur dann möglich, wenn innerhalb von sechs Kalendermonaten oder innerhalb von 24 Wochen im Durchschnitt acht Stunden werktäglich nicht überschritten werden. Ausnahmen hiervon sind aber durch Tarifvertrag oder durch Betriebsvereinbarung regelbar (§ 7 I ArbZG). Generell ist zu beachten, dass das ArbZG nicht den Beginn und das Ende der Arbeitszeit bestimmt. Hier ist also Raum für kollektive Regelungen durch Betriebsvereinbarungen und Tarifverträge bzw. für individuelle Vereinbarungen im Arbeitsvertrag.

Der Arbeitnehmer hat Anspruch auf Ruhepausen. Diese sind im § 4 ArbZG gesetzlich festgeschrieben: Die Arbeit ist durch im Voraus feststehende Ruhepausen von mindestens 30 Minuten bei einer Arbeitszeit von mehr als sechs bis zu neun Stunden und 45 Minuten bei einer Arbeitszeit von mehr als neun Stunden insgesamt zu unterbrechen. Länger als sechs Stunden hintereinander dürfen Arbeitnehmer grundsätzlich nicht ohne Ruhepausen beschäftigt werden.

Abzugrenzen von den Ruhepausen sind die Ruhezeiten. Die Arbeitnehmer müssen nach Beendigung der täglichen Arbeitszeit eine ununterbrochene Ruhezeit von mindestens 11 Stunden haben (§ 5 I ArbZG). Ausnahmen hiervon gelten aber beispielsweise für die Arbeit in Krankenhäusern, in Gaststätten, in Verkehrsbetrieben, beim Rundfunk und in der Landwirtschaft. Die Nacht- und Schichtarbeit ist zwar gesetzlich geregelt. Es wird aber nur vorgeschrieben, dass die Arbeitszeit der Nacht- und Schichtarbeit nach den gesicherten arbeitswissenschaftlichen Erkenntnissen über die „menschengerechte Gestaltung" der Arbeit festzulegen ist (vgl. § 6 I ArbZG). Das bedeutet, der Arbeitgeber hat hier den Gesundheitsschutz (z. B. Schlafstörungen, Magenbeschwerden) seiner Arbeitnehmer zu beachten.

Die werktägliche Arbeitszeit der Nachtarbeitnehmer darf grundsätzlich acht Stunden nicht überschreiten, kann aber auf bis zu zehn Stunden erhöht werden, wenn innerhalb von einem Kalendermonat oder innerhalb von vier Wochen im Durchschnitt acht Stunden werktäglich nicht überschritten werden, § 6 II ArbZG. Nachtarbeitnehmer sind berechtigt, sich vor Beginn der Beschäftigung und danach in regelmäßigen Zeitabständen von nicht weniger als drei Jahren arbeitsmedizinisch untersuchen zu lassen, § 6 III ArbZG. Eine Ausnahme gilt für Arbeitnehmer ab Vollendung des 50. Lebensjahres: Hier werden die Zeitabstände der arbeitsmedizinischen Untersuchungen auf ein Jahr verkürzt. Die Kosten für diese Untersuchungen trägt grundsätzlich der Arbeitgeber. Etwas anderes gilt jedoch, wenn er die Untersuchungen den Nachtarbeitnehmern kostenlos durch einen Betriebsarzt anbietet.

Interessant ist auch § 6 IV ArbZG. Der Arbeitgeber hat den Nachtarbeitnehmer auf dessen Wunsch auf einen für ihn geeigneten Tagesarbeitsplatz umzusetzen, wenn

- nach arbeitsmedizinischer Feststellung die weitere Verrichtung von Nachtarbeit den Arbeitnehmer in seiner Gesundheit gefährdet oder
- im Haushalt des Arbeitnehmers ein Kind unter zwölf Jahren lebt, das nicht von einer anderen im Haushalt lebenden Person betreut werden kann, oder
- der Arbeitnehmer einen schwer pflegebedürftigten Angehörigen zu versorgen hat, der nicht von einem anderen im Haushalt lebenden Angehörigen versorgt werden kann.

Dieser Anspruch besteht aber nur, wenn keine dringende betrieblichen Erfordernisse dieser Umsetzung entgegenstehen.

Nachtarbeiter dürfen aufgrund ihrer Tätigkeit nicht benachteiligt werden, das bedeutet, sie müssen den gleichen Zugang zur betrieblichen Weiterbildung und zu aufstiegsfördernden Maßnahmen haben wie die übrigen Arbeitnehmer (§ 6 VI ArbZG). Besonderer Erwähnung bedarf auch die Sonn- und Feiertagsruhe. Hier gilt die gesetzliche Regelung des § 9 ArbZG. Arbeitnehmer dürfen grundsätzlich an Sonn- und gesetzlichen Feiertagen von 0 Uhr bis 24 Uhr nicht beschäftigt werden.

In mehrschichtigen Betrieben, das heißt in Betrieben mit regelmäßigen Tag- und Nachtschichten, kann der Beginn oder das Ende der Sonn- und Feiertagsruhe um bis zu sechs Stunden vor- oder zurückverlegt werden, wenn für die auf den Beginn der Ruhezeit folgenden 24 Stunden der Betrieb ruht. Eine Ausnahme hiervon gilt für Kraftfahrer. Für sie und deren Beifahrer kann der Beginn der vierundzwanzigstündigen Sonn- und Feiertagsruhe um bis zu zwei Stunden vorverlegt werden. Allerdings gibt es auch einige generelle Ausnahmen für verschiedene Branchen vom Beschäftigungsverbot an Sonn- und Feiertagen. Diese Ausnahmen regelt § 10 ArbZG.

Sofern die Arbeiten nicht an Werktagen vorgenommen werden

können, dürfen Arbeitnehmer an Sonn- und Feiertagen beschäftigt werden:
- in Not- und Rettungsdiensten sowie bei der Feuerwehr
- zur Aufrechterhaltung der öffentlichen Sicherheit und Ordnung sowie der Funktionsfähigkeit von Gerichten und Behörden und für Zwecke der Verteidigung
- in Krankenhäusern, Alten- und Pflegeheimen
- im Hotel- und Gaststättengewerbe
- bei Musikaufführungen, Theatervorstellungen, Filmvorführungen, Schaustellungen, Darbietungen und anderen ähnlichen Veranstaltungen
- bei nichtgewerblichen Veranstaltungen von Kirchen, Religionsgemeinschaften, Verbänden, Vereinen und Parteien
- beim Sport und in Freizeit-, Erholungs- und Vergnügungseinrichtungen (z. B. Vergnügungsparks), beim Fremdenverkehr (z. B. Stadtführungen) sowie in Museen und wissenschaftlichen Präsenzbibliotheken
- bei Rundfunk, Presse und Nachrichtenagenturen
- bei Messen, Ausstellungen und bei Volksfesten
- in Verkehrsbetrieben
- in den Energie- und Wasserversorgungsbetrieben sowie in Abfall- und Abwasserentsorgungsbetrieben
- in der Landwirtschaft, Tierhaltung und in Einrichtungen zur Behandlung und Pflege von Tieren (z. B. Tierheime und Tierkliniken)
- im Bewachungsgewerbe (z. B. Personenschutz) und bei der Bewachung von Betriebsanlagen (z. B. Werkschutz)
- bei der Reinigung und Instandhaltung von Betriebseinrichtungen
- zur Verhütung des Verderbens von Naturerzeugnissen oder Rohstoffen und zur Verhütung des Misslingens von Arbeitsergebnissen sowie bei kontinuierlich durchzuführenden Forschungsarbeiten
- zur Vermeidung einer Zerstörung oder erheblichen Beschädigung der Produktionseinrichtungen

Die zuständige Behörde, in der Regel das Gewerbeaufsichtsamt, kann im Einzelfall Ausnahmen genehmigen. § 11 ArbZG gewährt den Arbeitnehmerinnen und Arbeitnehmern jedoch einen Ausgleich für an Sonn- oder Feiertagen geleistete Arbeit. Zum einen müssen mindestens 15 Sonntage im Jahr beschäftigungsfrei bleiben. Zum anderen gilt: Werden Arbeitnehmer an einem Sonntag beschäftigt, müssen sie einen Ersatzruhetag haben, der innerhalb eines den Beschäftigungstag einschließenden Zeitraums von zwei Wochen zu gewähren ist. Werden Arbeitnehmer an einem auf einen Werktag fallenden Feiertag beschäftigt, müssen sie einen Ersatzruhetag haben, der innerhalb eines den Beschäftigungstag einschließenden Zeitraums von Acht Wochen zu gewähren ist. Gemäß § 12 ArbZG können in einem Tarifvertrag oder in einer Betriebsvereinbarung hiervon abweichende Regelungen zugelassen werden.

7.5 Derzeitige Bedeutung der Work-Life-Balance im Personalwesen unter rechtlichen Aspekten

Die derzeitige, nicht mehr wegzudenkende Bedeutung der in der Personalentwicklung praktisch anwendbaren Work-Life-Balance spiegelt sich anschaulich und plastisch in den facettenreichen Modellen der so genannten „flexiblen Arbeitszeit" wider. Während einige dieser Modelle, so beispielsweise die Gleitzeit, schon jahrelang in den Unternehmen erfolgreich implementiert sind, fristen die wirklich flexiblen Arbeitszeitmodelle, z. B. die Telearbeit, in Deutschland, genauer gesagt bei vielen deutschen Firmen, noch immer ein Schattendasein – und das völlig unbegründet. Die rechtlichen Rahmenbedingungen für die Arbeitszeitflexibilisierung existieren weitgehend (siehe die Ausführungen zu den rechtlichen Rahmenbedingungen). Den Schritt zu gehen lohnt sich, gelebte Work-Life-Balance im Unternehmen bedeutet mehr als „nur" zufriedene Arbeitnehmer.

Sowohl Arbeitgeber als auch Arbeitnehmer sind an einer Flexibilisierung der Arbeitszeiten interessiert. Mögen die Beweggründe im Einzelnen differieren – das Ziel ist dasselbe. Starre Rahmenbedingungen gehören der Vergangenheit an. Eine verstärkte Ergebnisorientiertheit, eine Abkehr von der Zeitorientierung und ein höheres Servicebedürfnis seitens der Kunden machen ein Festhalten an starr festgelegte Arbeitszeiten per se geradezu unmöglich. Um den hohen praktischen Nutzen der verschiedenen Arbeitszeitmodelle zu veranschaulichen, dient die folgende beschreibende Darstellung. Die verschiedenen Grundmodelle der flexiblen Arbeitszeit lassen sich im Wesentlichen auf acht reduzieren. Betrachtet man noch deren verschiedene Ausgestaltungs- und Variationsmöglichkeiten, käme man auf weit über hundert. Die gängigsten Grundmodelle sind Telearbeit, Arbeitszeitkonten, Schichtarbeit, amorphe (gestaltlose) Arbeitszeit, Teilzeitarbeit, Abrufarbeit, Arbeitsplatzteilung und Vertrauensarbeitszeit.

Auf den folgenden Seiten sollen Telearbeit, Arbeitszeitkonten und Vertrauensarbeitszeit näher dargestellt sowie deren Vor- und Nachteile erläutert werden.

7.5.1 Telearbeit

Eine Grundvoraussetzung der Telearbeit ist die räumliche Trennung von Arbeitsplatz und Betrieb. Der Arbeitsplatz kann sich dabei in der Privatwohnung des Arbeitnehmers, in so genannten Satellitenbüros oder in Nachbarschaftsbüros befinden. Die zweite Voraussetzung ist die Nutzung von technischen Geräten und Kommunikationsmitteln wie zum Beispiel Fax, Telefon und Internet.

Kurz und prägnant zusammengefasst: Telearbeit liegt vor, wenn Arbeitnehmer bzw. Auftragnehmer fest angestellt bzw. selbständig/in freier Mitarbeit wohnortnah, aber unabhängig vom Standort der Betriebsstätte, mindestens einen wöchentlichen Arbeitstag arbeiten. Dabei müssen sie durch eine Telekommunikationsverbindung mit dem Arbeitgeber/Auftraggeber Kontakt halten, um diesem ihre Arbeitsergebnisse übermitteln zu können. Die Arbeitszeit kann dabei äußerst flexibel gestaltet werden, eine Anpassung an die Bedürfnisse von Arbeitgeber/Auftraggeber, Arbeitnehmer/Auftragnehmer und Kunden ist somit gut möglich.

Bei der Telearbeit gibt es verschiedene Varianten bzw. Untergruppen. Zum einen ist hier die so genannte „mobile Telearbeit" zu nennen. Benötigt werden hier ein PC oder Notebook und ein Internetzugang. Die Arbeitsergebnisse können hier unabhängig vom Arbeitsort (vor Ort beim Kunden, in der Bahn, im Hotel) beispielsweise per E-Mail übermittelt werden. Diese Form der Telearbeit wird insbesondere von Führungskräften, Consultants und Außendienstmitarbeitern genutzt. Eine andere gängige Variante ist die „alternierende Telearbeit". Diese Form ist am weitesten verbreitet, wobei sich diese Aussage relativiert, wenn man bedenkt, dass in Deutschland überhaupt nur ca. 6 % der Arbeitnehmer/Auftragnehmer das Modell der Telearbeit nutzen.

Bei der „alternierenden Telearbeit" führt der Beschäftigte einen Teil der Aufgaben in seiner Privatwohnung, den anderen Teil im Büro aus. Bei dieser Form der Telearbeit behält der Telebeschäftigte weiterhin „seinen" Arbeitsplatz in der Betriebsstätte, teilt diesen aber zur besseren Ausnutzung mit Kolleginnen und Kollegen.

Davon abzugrenzen ist das Modell der „Teleheimarbeit". Hier arbeitet der Beschäftigte ausschließlich von zu Hause aus, ein eigener Arbeitsplatz in der Betriebsstätte existiert grundsätzlich nicht. Der Teleheimarbeiter bekommt die für seine Arbeit wichtigen Informationen und Unterlagen vom Arbeitgeber/Auftraggeber zugesandt, die er bearbeitet und dann als fertiges Arbeitsergebnis zurückleitet. Diese Form der Telearbeit wird gern im Pressebereich und bei Übersetzern eingesetzt, lässt sich aber auch auf andere Bereiche ausweiten.

Der Teleheimarbeiter kann rechtlich grundsätzlich als „arbeitnehmerähnliche Person" eingestuft werden. Damit entspricht sein Status hier in der Regel dem eines Selbständigen, auch wenn er in starker wirtschaftlicher Abhängigkeit zu seinem Auftraggeber steht. Das bedeutet konkret, dass für den Teleheimarbeiter beispielsweise die Vorschriften zum Kündigungsschutz grundsätzlich nicht gelten. Daneben gibt es noch die weniger bedeutsamen Varianten der Telearbeit in Telezentren und Telehäusern sowie die Telearbeit in Nachbarschafts- und Satellitenbüros.

Für die Telearbeit spricht eine Reihe von Gründen. Vorteilhaft für die Arbeitgeber ist eine deutliche Reduzierung oder die komplette Einsparung der Bürokosten, höhere Arbeitsproduktivität und rückläufiger Krankenstand durch steigende Motivation der Mitarbeiter. Nicht zuletzt kann der Unternehmer auch einen Imagegewinn durch die Einführung eines zeitgemäßen Arbeitszeitmodells für sich verbuchen. Die Vorteile der in Telearbeit Beschäftigten liegen auf der Hand: Beruf und Familie lassen sich auf diese Weise gut vereinbaren, die Fahrzeiten zwischen Wohnung und Arbeitsstätte werden deutlich reduziert oder fallen komplett weg, Gleiches gilt dementsprechend für die Fahrtkosten. Zum anderen kann der Telearbeiter seine Arbeitszeiten weitestgehend selbst bestimmen und eine private und entspannte Arbeitsatmosphäre nutzen.

Allerdings soll ein Nachteil der Telearbeit nicht verschwiegen werden. Die Kontroll- und Zutrittsrechte des Arbeitgebers im Hinblick auf den Telearbeitsplatz sind stark eingeschränkt. Arbeitet der Telearbeiter von seiner Privatwohnung aus, hat der Arbeitgeber aufgrund der im Grundgesetz verankerten Unverletzlichkeit der Wohnung (Art. 13 GG) kein allgemeines Zutrittsrecht. Dieses Manko kann allerdings in der Praxis leicht durch das Schließen einer Vereinbarung beseitigt werden, die jedoch nicht bis hin zu Gewährung unbegrenzter Zutrittsrechte des Arbeitgebers zu Lasten des Telebeschäftigten gehen darf.

7.5.2 Arbeitszeitkonten

Arbeitszeitkonten sind ebenfalls ein geeignetes Mittel der Arbeitszeitflexibilisierung. Dem Grunde nach funktioniert das Modell folgendermaßen: Die Mitarbeiter erhalten individuell ein persönliches Zeitkonto. Auf diesem Zeitkonto werden tagesbezogen die Unterschiede zwischen der tatsächlich geleisteten und der (arbeitsvertraglich) geschuldeten Arbeitszeit erfasst. So werden Zeitschulden bzw. Zeitguthaben gebildet. Diese müssen in einem bestimmten, von Arbeitgeber und Arbeitnehmer vorher festgelegten Zeitraum ausgeglichen werden.

Es gibt zwei Grundtypen von Arbeitszeitkonten: Langzeitkonten und Kurzzeitkonten. Unter Langzeitkonten versteht man gängigerweise Arbeitszeitkonten, deren Ausgleichszeit in der Regel länger als ein Jahr beträgt. Bei einem Langzeitkonto werden über einen langfristigen Zeitraum Arbeitszeitguthaben angespart. Dies ermöglicht nicht nur eine Anpassung an saisonale oder konjunkturelle Schwankungen des Arbeitsanfalls, sondern auch längere bezahlte Freistellungsphasen („Sabbatical") oder die Verwirklichung des Ziels, vorzeitig in Ruhestand gehen zu können („Lebensarbeitszeitvertrag").

Sabbatical

Unter dem Begriff Sabbatical versteht man eine längere, zwischen Arbeitgeber und Arbeitnehmer vereinbarte bezahlte Freistellungsphase. Wie der Arbeitnehmer diese Freistellungsphase nutzt, bleibt ihm überlassen. Beispiele hierfür sind Besuch von Qualifizierungsmaßnahmen, Aufnahme eines Fernstudiums, mehr Zeit für die Familie, Weltreise oder die Verwirklichung sonstiger berufsfremder Projekte. Am Ende dieses Sabbaticals kehrt der Arbeitnehmer wieder in das Unternehmen zurück.

Lebensarbeitszeitvertrag

Hier wird auf einem Lebensarbeitszeitkonto die Arbeitszeit, die nicht zeitnah ausgeglichen wird, dem Arbeitnehmer langfristig gutgeschrieben. Ziel ist oft der vorzeitige Ruhestand ohne finanzielle Einbußen.

Unter Kurzzeitkonten versteht man üblicherweise Arbeitszeitkonten, deren Ausgleichszeit in der Regel bis zu einem Jahr beträgt. Beispiele hierfür sind Gleitzeit, Arbeitszeitkorridor und Jahresarbeitszeitvertrag. Die Gleitzeit ist gleichsam die Mutter des Arbeitszeitkontos schlechthin. Man unterscheidet hierbei zwei Untermodelle, nämlich zum einen die Gleitzeit mit fester Kernzeit sowie zum anderen die Gleitzeit ohne Kernzeit. Innerhalb der Gleitzeit mit fester Kernzeit unterscheidet man weiter zwischen der einfachen Gleitzeit mit fester Kernzeit und der qualifizierten Gleitzeit mit fester Kernzeit. Bei der einfachen Gleitzeit mit fester Kernzeit kann der Arbeitnehmer unter Beachtung der so genannten Kernzeit den Beginn und das Ende der täglichen Arbeitszeit selbst bestimmen, wobei die Dauer der täglichen Arbeitszeit insgesamt geregelt ist. Bei der qualifizierten Gleitzeit mit fester Kernzeit kann der Arbeitnehmer innerhalb bestimmter Grenzen (Kernzeit, Pausen- und Höchstarbeitszeiten) sowohl die Dauer als auch die Lage der täglichen Arbeitszeit selbst bestimmen.

Bei der Gleitzeit ohne Kernzeit kann der Arbeitnehmer die Gestaltung seiner Arbeitszeit prinzipiell völlig frei vornehmen, wobei er allerdings als Vorgabe vom Arbeitgeber eine (täglich über- oder unterschreitbare) durchschnittliche Wochen- oder Monatsarbeitszeit erhält. Es muss jedoch mindestens eine so genannte Ansprechzeitregelung vorliegen, damit sichergestellt werden kann, dass alle Abteilungen und Bereiche des Betriebes handlungs- und funktionsfähig bleiben. Innerhalb dieser Ansprechzeit müssen die Arbeitnehmer die betrieblichen Funktionen durchgehend besetzen, wobei ihre jeweiligen Arbeitszeiten untereinander abzustimmen sind. Das Untermodell der Gleitzeit ohne feste Kernzeit ist relativ neu.

Der Arbeitszeitkorridor ist ein eher arbeitgeberfreundliches Arbeitszeitmodell, das dem Arbeitgeber die Möglichkeit verschafft, die vertraglich geschuldete Arbeitszeit innerhalb bestimmter Grenzen nach oben und nach unten je nach Arbeitsanfall festzusetzen. Bei einer vertraglich festgelegten Durchschnittsarbeitszeit von 37,5 Wochenstunden kann beispielsweise zwischen 35 und 40 Wochenstunden abgewechselt werden. Allerdings sollte dazu für den Arbeitnehmer ein Kurzzeitkonto eingerichtet werden, damit gewährleistet wird, dass dieser im Durchschnitt gesehen seine vertragsgemäße Arbeitszeit umsetzen kann.

Das Jahresarbeitszeitkonto umfasst in der Regel alle Arbeitszeitkontenmodelle, in denen der eher enge Monats- oder Wochenbezug durch einen weiter gefassten Jahresbezug ersetzt wird. Das bedeutet, der Ausgleichszeitraum wird verlängert. Dies wiederum heißt, das geschuldete Arbeitszeitvolumen wird flexibel auf einer Zeitachse von maximal zwölf Monaten verteilt. Der Jahresarbeitszeitsaldo muss dabei im Durchschnitt mit der tatsächlich geschuldeten Arbeitszeit deckungsgleich sein.

Die Vorteile der Arbeitszeitkonten liegen auf der Hand. Nicht umsonst sind sie das am weitesten verbreitete Arbeitszeitmodell. Für die Arbeitgeber sind sie ein wirksames Instrumentarium für die Anpassung an schwankende Auftragslagen, so dass in Krisenzeiten der Betrieb nicht gefährdet ist. Auf dem Dienstleistungssektor, wo im Gegensatz zu den produzierenden Unternehmen in der Regel nicht im Schichtbetrieb gearbeitet wird, ermöglichen Arbeitszeitkonten die unproblematische und flexible Ausdehnung der Servicezeiten zum Wohl der Kunden. Die Arbeitskräfte können effektiver, nämlich genau dort, wo nötig, eingesetzt werden, Leerzeiten können vermieden werden. Durch Arbeitszeitkonten können letztendlich auch „Überstundenzuschläge" und Kurzarbeit weitestgehend eingeschränkt werden.

Die Arbeitnehmer schätzen das Modell der Arbeitszeitkonten insbesondere wegen der Erhöhung ihrer Zeitsouveränität. Ihre Möglichkeiten, die Arbeitszeitgestaltung ihren individuellen Bedürfnissen anzupassen, steigen. Dadurch steigt letztlich auch die Zufriedenheit und die Leistungsmotivation der Arbeitnehmer.

Das Modell der Arbeitszeitkonten bringt nur wenige Nachteile mit sich. Auf Arbeitgeberseite ist durch die Einrichtung und Verwaltung der Arbeitszeitkonten der Mitarbeiter ein im Gegensatz zu pauschalen Arbeitszeitregelungen (relativ) geringer bürokratischer Mehraufwand zu verzeichnen. Für die Arbeitnehmer bedeuten Arbeitszeitkonten jedoch oft auch den Wegfall von „Lohn- und Gehaltsaufbesserungen" durch die so genannten Überstundenzuschläge.

7.5.3 Vertrauensarbeitszeit

Das Arbeitszeitmodell der Vertrauensarbeitszeit hat, wie der Name bereits aussagt, mit Vertrauen zu tun. Das bedeutet, es stellt sowohl an die Arbeitgeber- wie auch an die Arbeitnehmerseite hohe Anforderungen. Praktiziert wird diese Modell überwiegend in kleinen Unternehmen und so genannten „Start Up's". Das heißt konkret: Vertauensarbeitszeit wird häufig in (meist kleineren) Unternehmen favorisiert, wo man eine offene, lockere Unternehmenskultur mit schlanken Hierarchien und kurzen Entscheidungswegen unter hoher Selbst- und Mitverantwortung der Beschäftigten praktiziert. Vertrauensarbeitszeit gehört demnach per se bereits zur Unternehmensphilosophie. Positiv ist hierbei, dass man sich als Unternehmen mit der Einführung der Vertrauensarbeitszeit in der Einbettung in das gesamte Unternehmenskonzept ein positives modernes Image geben kann. Und das bei steigender Produktivität und Wettbewerbsfähigkeit.

Das Modell der Vertrauensarbeitszeit hat viele Varianten, auf die später noch im Einzelnen eingegangen wird. Allgemein lässt sich die Vertrauensarbeitszeit folgendermaßen beschreiben:

Der Arbeitgeber verzichtet grundsätzlich auf eine Kontrolle der von den Beschäftigten vertraglich geschuldeten Arbeitszeit. Er vertraut darauf, dass die Mitarbeiter selbstverantwortlich ihre Arbeitspflicht ohne Überprüfung erfüllen. Die Mitarbeiten haben im Rahmen der Gesetze sowie im Rahmen geltender Tarifverträge und Betriebsvereinbarungen bei voller Zeitsouveränität die Möglichkeit zu entscheiden, wann sie ihren betrieblichen Aufgaben nachkommen. Damit verhindert das Modell von vornherein ein „Absitzen der Arbeitszeit" und geht somit von einem „Minutendenken" zu einem rein ergebnisorientierten Arbeiten über. Allerdings sind die Anforderungen an Arbeitgeber und Beschäftigte sehr hoch: Die Arbeitnehmer müssen unternehmerisch denken, sich mit dem Unternehmen identifizieren können. Erforderlich ist deshalb auch ein hohes Maß an Disziplin und Selbstmanagement. Die Arbeitgeberseite muss den Beschäftigten in starkem Umfang Vertrauen entgegenbringen und selbst von hoher Sozialkompetenz geprägt sein. Das bedeutet konkret eine Abkehr von der Kontrolle hin zu einem neuen Rollenbewusstsein der Verantwortlichen zum Coach und Moderator.

Das Modell der Vertrauensarbeitszeit hat verschiedene Ausgestaltungsmöglichkeiten:

- Es existieren zwar dem Grunde nach festgelegte Arbeitszeiten. Ob diese aber konkret eingehalten werden, wird vom Arbeitgeber nicht überprüft.
- Auf jegliche Zeiterfassung wird verzichtet, also sowohl durch den Arbeitgeber als auch durch den Arbeitnehmer.
- Der Beschäftigte führt zur reinen Selbstkontrolle ein persönliches Zeitkonto.
- Es wird generell nur über Zielvereinbarungen geführt.
- Das Team regelt seine Arbeitszeiten intern. Dabei existieren grobe Zeitvorgaben durch den Arbeitgeber bezüglich Besetzungs- und Anwesenheitszeiten.
- Der Umfang der Arbeitszeit wird generell nicht vertraglich vereinbart.
- Es besteht keine Regelung über Kernanwesenheitsstunden.

Die Vertrauenszeitarbeit hat viele Vorteile, aber auch einige Nachteile für beide Seiten. Das heißt, die Implementierung dieses Arbeitszeitmodells birgt Chancen und Risiken. Die Vorteile für die Arbeitgeberseite sind, kurz zusammengefasst, folgende: Das Vertrauen, das den Beschäftigten durch dieses Modell entgegengebracht wird, stärkt deren Loyalität und Arbeitszufriedenheit. Die Arbeitnehmer fühlen sich verstanden und ernst genommen. Sie können sich als wichtigen Teil des Ganzen sehen. Das erhöht letztlich die Qualität der Arbeitsleistung. Vertrauen erzeugt wieder Vertrauen. Die Beschäftigten motivieren sich selbst und fühlen sich für „ihr" Unternehmen verantwortlich. Es wird eine offene freie Unternehmenskultur geschaffen. Die Kosten für eine aufwendige Zeiterfassung werden stark eingeschränkt oder entfallen ganz. Eine Wandlung von einer zeitorientierten zu einer ergebnisorientierten Arbeitsweise reduziert Zeitverschwendung und liefert Produktivität. Es kann bedarfsorientiert gearbeitet werden, das heißt, die Arbeitnehmer können ihre persönlichen Arbeitszeiten an die Interessen des Unternehmens anpassen.

Auch für die Beschäftigten ergeben sich eine Reihe von Vorteilen: Sie können Arbeit und Familie besser koordinieren, ihre Zeit freier einteilen. Ihre Entscheidungen im Betrieb sind von hoher Selbständigkeit geprägt, sie erhalten hohe Gestaltungsspielräume für ergebnisorientiertes Arbeiten. Die Arbeitnehmer fühlen sich in das Unternehmen integriert und können sich mit dem Betrieb gut identifizieren.

Die Nachteile bzw. Risiken lassen sich jedoch nicht übersehen. Die Nachteile auf Arbeitgeberseite: Der Vertrauensvorschuss des Arbeitgebers kann von den Beschäftigten leicht „missbraucht" werden, wenn auf Kontrollen beispielsweise hinsichtlich der Arbeitszeiten generell verzichtet wird. Das heißt zum einen, die Beschäftigten können relativ unbemerkt „zu wenig" arbeiten. Sie können aber auch „zu viel" arbeiten, was viele negative Folgen, zum Beispiel das „Burnout-Syndrom", nach sich ziehen kann. Ein rechtzeitiges Einschreiten von Arbeitgeberseite ist hier kaum möglich.

Die Nachteile für die Beschäftigten: Nicht alle Arbeitnehmer sind in der Lage, sich ausreichend selbst zu motivieren. Manche brauchen ein Leitbild sowie eine regelmäßige Kontrolle und klare Weisungen seitens des Arbeitgebers. Das bedeutet, hier kann es zu einer Überforderung des Beschäftigten kommen, was sich negativ auf dessen Psyche, Arbeitszufriedenheit und Arbeitsleistung auswirken kann. Er fühlt sich isoliert und sieht sich selbst als „Störfaktor". Es kommt damit letztendlich zu einer Erhöhung des sozialen Drucks, dem nicht jeder Arbeitnehmer gewachsen ist.

Literaturhinweise

Allmer, Henning: Erholen Sie sich richtig? In: Psychologie heute, Ausgabe Juli 1997
Bäker, B./Reisky, P.: Die verrückte Bandscheibe. München 2000
Beigel, K./Gruner, S./Gehrke, T.: Gymnastik falsch und richtig. 2. Auflage. Reinbek bei Hamburg 2000
Braun, I./Zacker, C.: Fatburner für Berufstätige. München 2000
Burisch, Matthias: Das Burnout-Syndrom. Theorie der inneren Erschöpfung. Berlin, Heidelberg, New York, London, Paris, Tokyo, Hongkong 1989
Cassano, G./Zoli, S.: Der Weg aus der Dunkelheit. Depression: Was sie ist und wie man sie heilen kann. Reinbek bei Hamburg 1996
Eberhard, Kurt und Gudrun: Typologie und Therapie der depressiven Verstimmungen. Göttingen 1997
Ehrich, D./Gebel, R.: Therapie und Aufbautraining nach Sportverletzungen. Münster 2000
Enz, Franz: Sport im Aufgabenfeld der Kirche. München 1970
Enzmann, D./Kleiber, D.: Helfer Leiden. Stress und Burnout in psychosozialen Berufen. Heidelberg 1989
Fatzer, G./Rappe-Giesecke, K./Looss, W.: Qualität und Leistung von Beratung. Köln 1999
Faust, Volker: Depressionen. Erkennen, Verstehen, Betreuen in Stichworten. München 1995
Freudenberger, H./North, G.: Burnout bei Frauen. Über das Gefühl des Ausgebranntseins. Frankfurt am Main 1992
Gabler: Wirtschaftslexikon. 14. Auflage 1997
Gasser, Robert: Balance für Herz und Kreislauf. Niedernhausen/Ts. 1999
Gastpar, M.T./Kasper, S./Linden, M. (Hrsg.): Psychiatrie. Berlin, New York 1996
Geiger, U./Schmid, C.: Muskeltraining mit dem Thera-Band. München 1998
Geiger, Ludwig: Gesundheitstraining. München 1999
Greist, J./Jefferson, J.W.: Depression. Was man darüber wissen sollte und was man dagegen tun kann. München 1995
Groos, E./Rothmaier, D.: Ausdauergymnastik. 2. Auflage. Reinbek bei Hamburg 1997

Gruber, Fredy: Mehr Power und Erfolg mit den Fünf „Tibetern". München 2000
Graf, S./Schmidt, K. H.: Mein mentales Fitnessprogramm. München 2000
Hinterhuber, H./Fleischhacker, W. W.: Lehrbuch der Psychiatrie. Stuttgart, New York 1997
Huber, Andreas: Stressmanagement. Auf der Suche nach einer neuen Entspannungskur. In: Psychologie heute, Ausgabe Oktober 1995
Johnen, Wilhelm: Muskelentspannung nach Jacobson. München 1999
Katholizismus der katholischen Kirche: München 1993
Kaufmann-Mall, K./Mall, G.: Wege aus der Depression. Reinbek bei Hamburg 1996
Kelder, Peter: Die Fünf „Tibeter". München 2002
Kiener, Franz: Das Wort als Waffe. Zur Psychologie der verbalen Aggression. Göttingen 1983
Kile S.: Helsefarlege leiarskap. Ein eksploreradnde studie. Rapport til Norge Almenvitenskapleige Forsknkngsgrad. Bergen (N) 1990
Kleiter, E. F.: Gender und Aggression. Männliche und weibliche Aggression im Rahmen der Sozialpersönlichkeit bei Jugendlichen und Erwachsenen. Weinheim 2002
Konopka, Peter: Sporternährung. München 2001
Kuchler, Walter: Sportethos. München 1969
Langen, Dietrich: Autogenes Training. München 1994
Lenhart, P./Seibert, W.: Funktionelles Bewegungstraining. München 1993
Leymann, Heinz: Mobbing. Psychoterror am Arbeitsplatz und wie man sich wehren kann. Reinbek bei Hamburg 1996
Luby, Sue: Hatha Yoga, Reinbek 1990
Materna, A./Westerkamp, R.: Bandscheibentraining mit dem Physioball. München 2000
Metz, J. B.: Caro Cardo salutis, Zum christlichen Verständnis des Leibes. Hochland 1962
Milz, Helmut: Ganzheitliche Medizin. Königstein/Ts. 1985
Münzing-Ruef, I./Latzin, S.: Gesund mit der Kreta-Diät. 5. Auflage München 1999
Ostermeier-Sitkowski, U.: Augentraining. So stärken Sie Ihre Sehkraft. Rombach 2000
Pikas, Anatol: The common concern method for the treatmant of mobbing. In: Roland/Ereling/Munthe/Elaine (eds.), Bullying: An international perspective, London 1989

Pschyrembel Klinisches Wörterbuch. Bearb. von der Wörterbuch-Red. des Verlags. 259. Auflage Berlin 2002

Rattner, Josef: Basiswissen Tiefenpsychologie. Augsburg 1999

Rauen, Christopher: Coaching. Göttingen 2003

Reichardt, Helmut: Rückenschule für jeden Tag. München 1998

Rosenstiel, Lutz v. : Grundlagen der Organisationspsychologie. Stuttgart 2000

Röthig (Hrsg.): Sportwissenschaftliches Lexikon. 6. Auflage Schorndorf 1992

Rückle, Horst: Coaching. Landsberg/Lech 2000

Samitz, G./Derka, I.: Das Power-Programm für den Rücken. Wien 2000

Schleicher, Peter: Die sensationelle Kreta-Diät. München 2002

Schmidt, U./Treasure, J. L.: Die Bulimie besiegen. Frankfurt 1996

Schutt, K.: 10 Minuten Augentraining. Niedernhausen 1998

Schwank, Willi: Kirche und Sport – Zur Geschichte einer Begegnung. Forum Kirche und Sport. Düsseldorf 1994

Steininger, K./Buchbauer, J.: Funktionelles Kraftaufbautraining in der Rehabilitation. Oberhaching 1994.

Taylor, S. E.: Health psychology. New York 1986

Temelie, B./Trebuth, B.: Das Fünf Elemente Kochbuch. Lavis (TN) 1999

Weineck, Jürgen: Optimales Training. 10. Auflage Balingen 1997

Weineck, Jürgen: Sportbiologie. 6. Auflage Balingen 1998

Zeitvogel, Margot: Aquatraining. Reinbek bei Hamburg 1992

Zimbardo, P. G./Gerrig, R. J. (Bearb. von S. Hoppe-Graf, I. Engel) (Hrsg.: Hoppe-Graf S.): Psychologie. 7. Auflage. Berlin, Heidelberg, New York, Barcelona, Hongkong, London, Mailand, Paris, Tokio 1999

Zuschlag, B.: Mobbing-Schikane am Arbeitsplatz. Göttingen 1994

Stichwortverzeichnis

Abendländisches Gesundheitsverständnis 9
Absolutismus 13
Affektive Resonanz 73
Agonisten 122
Akkupunktur 18, 78
Alternierende Telearbeit 188
Antikes Griechenland 10
Apathie 55
Analytische Kompetenz 157
Antagonisten 122
Arbeitsmedizinische Vorsorge 174
Arbeitsmittelbenutzungsordnung 178
Arbeitsschulbewegung 15
Arbeitsschutzrecht 165
Arbeitsstätte 174
Arbeitszeitgestaltung 181
Arbeitszeitkorridor 190
Arteriosklerose 92
Aufklärung 13
Authentizität 9
Autoaggression 52

Balance of Power 7
Ballaststoffe 140
Behaviorismus 32
Beschwerderechte 173
Betriebliche Belange 168
Betriebsvereinbarung 182f.
Bewegungsmangelkrankheiten 118
Beziehungsgeflecht 60

Bildungsreform 14
Biorhythmus 36
BMI-Methode 111
BIA-Methode 110
Brustschmerz 93
Buddhismus 78
Bullying 52
Burnout-Prozess 57
Burnout-Syndrom 194

Chinesische Medizin 17
Circadianer Rhythmus 39
Cristliche Anthropologie 21
Chronic-Fatigue-Syndrom 39
Cool-Down 136

Denkhemmungen 46
Desillusionierung 55
Degenerationssymptome 101
Diätik 11
Dienstweiser 182
Distress/Disstress 33
Doctor Shopping 57
Dokumentationspflicht 171

EEG 37
Effizienzkompetenz 157
EG-Richtlinien 167, 177
Elementargymnastik 14
Elternzeit 179
Enthemmungen 48
Entscheidungskompetenz 157
Epiphyse 36

Erholungsurlaub 167
Essattacken 41
Eustress 33

Fette 138
Flexible Arbeitszeiten 181, 186
Französische Revolution 14
Frustration 55

Ganzheitsmedizin 25 f.
Gemüse 145
Getreideprodukte 147
Gesundheitsmöbel 153
Gesundheitspsychologie 23 f.
Gesundheitssport 26 f.
Gleichbehandlungsgebot 165
Gleitzeit 190
Grundsatz der Vertragsfreiheit 166

Hartz-Reform 166
Hülsenfrüchte 145
Humanismus 13
Hypertonie 96

Ideologiegebäude 63
Integrationsfähigkeit 156

Jahresarbeitszeitkonto 191

Kartoffeln 147
Katholizismus 21
Klassisches Bildungsideal 11
Kleinbetriebe 171
Körperfettgewebe 110
Körperliche Aggression 52
Körperübungen, rituelle 76
Kohlehydrate 139
Kombinatorische Kompetenz 157
Kontaktfähigkeit 156
Konfuzianismus 78

Konstitutionstypen 110
Konzeptionelle Kompetenz 157
Kooperationsfähigkeit 156
Krebskrankheiten 97
Kunsterziehungsbewegung 15
Kurzzeitkranke 189, 190

Landerziehungsheime 15
Langzeitkonten 189
Laxantien, missbräuchliche 42
Lernerfolg 162
Lernprogramm 162
Lumbalgien 103

Medizinischer Materialismus 29
Melatonin 36
Meridiane 18, 78
Mineralstoffe 140
Mobile Telearbeit 187
Musikpsychologie 87 f.
Mykenische Zeit 10

Nachtangst (pavor nocturnus) 40
Nacht- und Schichtarbeit 183
Neuhumanismus 14
Nichtraucherschutz 175
Nitropräparate 94

Obst 144
Ökologische Ressourcen 149
Ökonomische Ressourcen 150
Organische Gesamtumschaltung 72
Organsegmente 115
Ostsysteme 63

Pathogene Lebensereignisse 46
Primärprävention 31
Proteine 139
Psychoanalyse 30

Psychohygiene 67 f.
Psychologische Stressreaktionen 35
Psychosomatik 30
Psychotherapie, kleine 72

Qi-Gong 77

Reaktanzaggression 52
Rededrang 49
Reformpädagogik 15
Reis 147
REM-Schlaf 37
Retrograde Amnesie 40
Ruhepausen 183
Ruhezeiten 183

Sachdurchsetzungsaggression 52
Sachlicher Grund (Befristung) 166
Schleimbeutel 98
Schutzbedürftige Beschäftigungsgruppen 170
Sehnen 98
Sekundärprävention 31
Selbstentspannung, konzentrative 72
Selbstkontrolle 156
Selbstreflexivität 156
Selbstüberschätzung 48
Selbstvervollkommnung 74
Sensibilität 156
Serotonin 37
Skelettmuskulatur 98
Sonn- und Feiertagsruhe 184

soziale Ressourcen 150
Stretching 135

Tai Ji Quan 78
Tarifvertrag 167, 181 f., 193
Taoismus 78
Teleheimarbeit 188
Tertiärprävention 31
Theraband 132 f.
Thromben 92
TIA 96
Tibetische Medizin 19
Tiefenpsychologie 30
Trainingsplan 119
Trainingsziel 120
Trainingszyklus 120
Turnen 14

Übersummativität 23
Unterbewusstsein 70
Unterstützungspflicht 172
Unterstützungspflichten 173
Urlaubsanspruch 167

Verordnungsermächtigungen 108
Vitamine 139

Wandlungsprozess 152
Wasser 138
Wirbelsäulenschule 105
Work-Life-Balance-Pentagramm 8

Zeitguthaben 183
Zeitkonto 189
Zeitschulden 183
Zeitsouveränität 192

Buchanzeigen

Beruf und Karriere

DIE RICHTIGEN BÜCHER FÜR IHREN ERFOLG

Arbeitsrecht

ArbG · Arbeitsgesetze

mit den wichtigsten Bestimmungen zum Arbeitsverhältnis, KündigungsR, ArbeitsschutzR, BerufsbildungsR, TarifR, BetriebsverfassungsR, MitbestimmungsR und VerfahrensR. Stand: 1.4.2003.

Textausgabe. 63.A. 2003. 848 S. € 6,50. dtv 5006

EU-ArbR · EU-Arbeitsrecht

Richtlinien und Verordnungen der Europäischen Union dominieren in zunehmendem Maße das nationale Arbeitsrecht. Dieser Band enthält alle einschlägigen Vorschriften mit Querverweisen auf die Textausgabe „ArbG", dtv 5006 (siehe oben).

Textausgabe. 1.A. 2001. 419 S. € 11,–. dtv 5751

v. Hoyningen-Huene
Arbeitsrecht kompakt

Ein Wegweiser, der das Arbeitsrecht in anschaulicher Weise erklärt. Die wichtigsten Eckpunkte von der Einstellung bis zur Entlassung werden knapp und leicht verständlich erörtert.

1.A. dtv 50625

In Vorbereitung

Schaub
Arbeitsrecht von A–Z

Rund 500 Stichwörter zur aktuellen Rechtslage. Aussperrung, Befristung von Arbeitsverträgen, Betriebsrat, Gewerkschaften, Jugendarbeitsschutz, Kündigung, Mitbestimmung, Elternzeit, Ruhegeld, Streik, Tarifvertrag, Teilzeitarbeit, Zeugnis u.a.m.

16.A. 2001. 1008 S.
€ 13,50. dtv 5041

Schaub/Rühle
Guter Rat im Arbeitsrecht

Für Arbeitgeber und Arbeitnehmer.
Eine praxisnahe Übersicht über das gesamte Arbeitsrecht mit zahlreichen Mustern und Beispielsfällen.

3.A. 2003. 889 S.
€ 14,–. dtv 5600

Neu im Oktober 2003

Schaub
Rechte und Pflichten als Arbeitnehmer

Anbahnung und Abschluss des Arbeitsvertrages sowie seine Beendigung, Rechte und Pflichten, der Einfluss des Betriebsrats, Betriebsnachfolge, Sonderrechte.

8.A. 2001. 576 S.
€ 13,50. dtv 5229

_____ Beruf und Karriere: Die richtigen Bücher für Ihren Erfolg _____

MitbestG · Mitbestimmungsgesetze

Mitbestimmung in den Unternehmen, mit den Wahlordnungen 2002 zum Mitbestimmungsgesetz.

Textausgabe.
7.A. 2003. 351 S.
€ 10,–. dtv 5524

Das Buch zur ZDF-Serie „Wie würden Sie entscheiden?"

Notter/Obenaus/Töpper
Meine Rechte am Arbeitsplatz

Vom Vorstellungsgespräch bis zum Kündigungsschutzprozess.

1.A.1997. 286 S. mit 6 Fotos
€ 8,13. dtv 5664

SGB III · Arbeitsförderung

mit LeistungsentgeltVO 2003, Tabellen Arbeitslosengeld 2003, Arbeitslosenhilfe 2003, AlterstzeitG und weiteren wichtigen Vorschriften. Mit Hartz-Reform.

Textausgabe.
8.A. 2003. 405 S.
€ 9,–. dtv 5597

Schaub/Kreft
Der Betriebsrat

Aufgaben – Rechte – Pflichten.
Mit der Reform der Betriebsverfassung. Wahl und Organisation des Betriebsrats, Mitbestimmung in sozialen und personellen Angelegenheiten, Beteiligung des Betriebsrats in wirtschaftlichen Angelegenheiten, Verfahren nach dem BetrVG.

7.A. 2002. 688 S.
€ 14,–. dtv 5202

Schulz
Kündigungsschutz im Arbeitsrecht von A–Z

Alle wesentlichen Fragen zum Thema „Kündigung und Kündigungsschutz" in rund 400 Stichwörtern erläutert.

3.A. 2002. 294 S.
€ 8,–. dtv 5070

Wetter
Der richtige Arbeitsvertrag

Die wichtigsten Rechtsfragen bei Vertragsabschluss und späteren Änderungen. Mit Vertragsmustern und Gesetzestexten im Anhang.

3.A. 2000. 117 S.
€ 5,88. dtv 50607

Schaub
Meine Rechte und Pflichten im Arbeitsgerichtsverfahren

Klagearten, Klageerhebung, Güteverhandlung, Vertretung durch Anwalt, Rechtsmittel, Vollstreckung, Einstweilige Verfügung, Beschlussverfahren, Kosten.

6.A.1997. 388 S.
€ 7,62. dtv 5205

Beruf und Karriere: Die richtigen Bücher für Ihren Erfolg

Schulz
Alles über Arbeitszeugnisse
Zeugnissprache, Haftung, Rechtsschutz.
Arbeitszeugnisse beeinflussen maßgeblich die Entscheidung über Erfolg oder Misserfolg einer Bewerbung. Der Ratgeber behandelt nicht nur Rechtsfragen, sondern gibt auch Einblick in die „Geheimsprachen" und die Möglichkeiten zu ihrer Entschlüsselung. Mit Zeugnismustern und Beispielen.

7.A. 2003. 189 S.
€ 9,50. dtv 5280

Neu im Oktober 2003

Gröner/Fuchs-Brüninghoff
Lexikon der Berufsausbildung
Über 1500 Begriffe für Führungskräfte, Ausbilder und Personalentwickler. Didaktik und Methodik, Rechtsgrundlagen, jugendpsychologische Fragen, Grundfragen der Berufsbildung.

1.A. 2003. Rd. 500 S.
Ca. € 12,50. dtv 50835

In Vorbereitung für Dezember 2003

Schmidt
Freie Mitarbeit – Nebentätigkeit von A–Z
Rechtslexikon zu den arbeits-, steuer- und sozialversicherungsrechtlichen Fragen bei der Ausübung eines Ehrenamtes, einer Nebentätigkeit, einer Tätigkeit als freier Mitarbeiter oder Ein-Personen-Unternehmer.

1.A. 2001. 389 S.
€ 11,50. dtv 5678

Rittweger
Altersteilzeit
Mit Beispielen, Faustformeln und Vertragsmustern.

1.A. 2001. 233 S.
€ 11,50. dtv 5636

Hansen/Kanstinger
Zeitarbeit von A–Z
Fachbegriffe, Zusammenhänge, Checklisten.
Die übersichtliche und handliche Informationsquelle zur Zeitarbeit in Deutschland, die das breite inhaltliche Spektrum sachlich, kurz, prägnant und verständlich wiedergibt.

1.A. 2001. 152 S.
€ 8,50. dtv 50850

BeamtR · Beamtenrecht
BundesbeamtenG, BeamtenrechtsrahmenG, BundesbesoldungsG, BeamtenversorgungsG, BundesdisziplinarG, Beihilfevorschriften und weitere Vorschriften des Beamtenrechts.

Textausgabe.
19.A. 2002. 478 S.
€ 8,50. dtv 5529

Beruf und Karriere: Die richtigen Bücher für Ihren Erfolg

Der Start in den Beruf

BAT · Bundes-Angestelltentarifvertrag

mit Vergütungstarifverträgen, Versorgungs-Tarifverträgen und anderen Tarifverträgen, BundespersonalvertretungsG mit Wahlordnung, Beihilfevorschriften.

Textausgabe.
15.A. 2003. 318 S.
€ 6,50. dtv 5553

Neu im Oktober 2003

Nasemann
Richtig bewerben

Praktische Hinweise für die Stellensuche, Inhalt und Form der Bewerbung, alle Rechtsfragen zu Vorstellungsgespräch und Einstellungstest.

5.A. 2002. 129 S.
€ 7,–. dtv 50608

Göpfert
Argumentative Bewerbung

Tipps für die Stellensuche, Bewerbung und Vorstellung.
Anschauliche Beschreibungen und Beispiele, Formulierungsvorschläge und praxisnahe Tipps helfen, ein individuelles Bewerbungskonzept zu entwickeln und in allen Phasen der Bewerbung überzeugend zu argumentieren.

5.A.2002. 190 S.
€ 9,–. dtv 5818

BAT-O · Bundes-Angestelltentarifvertrag – Ost

Tarifverträge für Angestellte und Auszubildende.

Textausgabe.
10.A. 2003. 252 S.
€ 8,–. dtv 5565

Neu im Oktober 2003

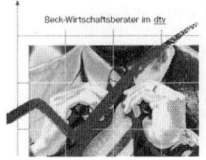

Lee
Jobsuche weltweit

1.A. 2004. Rd. 200 S.
Ca. € 10,–. dtv 50867

In Vorbereitung für Frühjahr 2004

Schabert/Lattke
Der Bewerbungsratgeber

Praktische Tipps für Wiedereinsteiger und Absolventen.

1.A. 2001. 145 S.
€ 8,50. dtv 50856

Beruf und Karriere: Die richtigen Bücher für Ihren Erfolg

Mensch und Beruf

Assig
Frauen in Führungspositionen
Die besten Erfolgskonzepte aus der Praxis.
„Warum Frauen in der Wirtschaft zunehmend gefragt sind – nein, besser: wären? Dorothea Assigs Buch führt eine ganze Reihe von Argumenten auf – nicht aus der Hüfte geschossen, sondern wissenschaftlich fundiert."
Süddeutsche Zeitung

1.A. 2001. 252 S.
€ 10,–. dtv 50849 €

Cassens
Work-Life-Balance
Wie Sie Ihr Berufs- und Privatleben in Einklang bringen. Möglichkeiten für ein System zur erfolgreichen Bewältigung Ihrer individuellen Aufgaben und zur Vermeidung von Zivilisationskrankheiten.

1.A. 2003. 214 S.
€ 9,50. dtv 50872 €

Neu im November 2003

Kneiß
Kreatives Arbeiten
Methoden und Übungen zur Kreativitätssteigerung.

1.A.1995. 228 S.
€ 8,64. dtv 5873 €

Hugo-Becker/Becker
Motivation
Neue Wege zum Erfolg.

1.A.1997. 419 S.
€ 10,17. dtv 5896 €

Haug
Erfolgreich im Team
Praxisnahe Anregungen für effiziente Team- und Projektarbeit.
Mit Diagnose von Erfolgsfaktoren und konkreten Hilfestellungen.

3.A. 2003. 187 S.
€ 9,–. dtv 5842 €

Neu im November 2003

Bender
Teamentwicklung
Der effektive Weg zum „Wir". Systematische Führung durch die Phasen der Teamentwicklung mit Anleitung für effiziente Teamleitung.

1.A. 2002. 284 S.
€ 12,50. dtv 50858 €

Fuchs-Brüninghoff/Gröner
Zusammenarbeit erfolgreich gestalten
Eine Anleitung mit Praxisbeispielen.

1.A.1999. 203 S.
€ 9,15. dtv 50834 €

Lang
Schlüsselqualifikationen
Handlungs- und Methodenkompetenz, personale und soziale Kompetenz.
Wie mehr Menschlichkeit am Arbeitsplatz zu mehr Wirtschaftlichkeit führt.

1.A. 2000. 600 S.
€ 15,08. dtv 50842 €

Drzyzga
Personalgespräche richtig führen
Ein Kommunikationsleitfaden.
Der rasche Überblick über die fachlichen und psychologischen Faktoren des Gesprächs mit Mitarbeitern.

1.A. 2000. 148 S.
€ 8,64. dtv 50840 €

Mentzel
Personalentwicklung
Erfolgreich motivieren, fördern und weiterbilden. Bedarfsfeststellung, Planung und Durchführung der Förder- und Bildungsmaßnahmen, Kosten- und Erfolgskontrolle.

1.A. 2001. 312 S.
€ 10,–. dtv 50854 €

Zander/Femppel
Praxis der Personalführung

Was Sie tun und lassen sollten. Das Was und Wie der Personalführung, 99 Tipps, Fallbeispiele, Führungsgrundsätze.

1.A. 2001. 129 S.
€ 8,50. dtv 50841

Lobscheid
Mitarbeiter einvernehmlich führen

Dieser Wirtschaftsberater zeigt, wie durch positives Führungsverhalten Zufriedenheit und Erfolgsorientierung entstehen und auch Verantwortungsbereitschaft.

2.A. 1998. 253 S.
€ 8,64. dtv 5848

Hugo-Becker/Becker
Psychologisches Konfliktmanagement

Menschenkenntnis – Konfliktfähigkeit – Kooperation.

3.A. 2000. 411 S.
€ 10,17. dtv 5829

Wetter
Ärger im Betrieb

Hilfestellung bei Abmahnung und Kündigung, Mobbing und allen weiteren Problemen am Arbeitsplatz.

2.A. 2004. Rd. 150 S.
Ca. € 7,–. dtv 50606

In Vorbereitung für 2004

Schanz/Gretz/Hanisch/Justus
Alkohol in der Arbeitswelt

Fakten – Hintergründe – Maßnahmen.

1.A. 1995. 281 S.
€ 8,64. dtv 5879

Zander/Femppel
Praxis der Mitarbeiter-Information

Effektiv integrieren und motivieren. Motivation von Mitarbeitern mit gezielter und empfängerorientierter Information.

1.A. 2002. 103 S.
€ 8,50. dtv 50860

Weisbach
Professionelle Gesprächsführung

Ein praxisnahes Lese- und Übungsbuch. Wie das Gespräch als Mittel der Führung zweckmäßig, zielorientiert und rationell genutzt werden kann. Für Führungskräfte und alle, die es werden wollen.

6.A. 2003. 494 S.
€ 12,–. dtv 5845

Neu im November 2003

Neuhäuser-Metternich
Kommunikation im Berufsalltag

Verstehen und verstanden werden.

1.A. 1994. 300 S.
€ 8,64. dtv 5869

Jeske
Erfolgreich verhandeln

Grundlagen der Verhandlungsführung.

1.A. 1998. 238 S.
€ 8,64. dtv 50824

Mensch und Beruf

Mentzel
Rhetorik
Sicher und erfolgreich sprechen.
Bausteinsystem für die Vorbereitung und Durchführung eines Vortrags. Zahlreiche Übungen, um die vorgestellten Regeln und Empfehlungen im Einzel- oder Gruppentraining zu vertiefen.
1.A. 2000. 228 S.
€ 8,44. dtv 50845

Klotzki
Wie halte ich eine gute Rede?
1.A. 2004. Rd. 120 S.
Ca. € 8,–. dtv 50873
In Vorbereitung für Anfang 2004

Haberzettl/Birkhahn
Moderation und Training
Ein praxisorientiertes Handbuch.
Das Buch zeigt eine Auswahl hocheffektiver Methoden des NLP und anderer Verfahren so, dass sie unmittelbar anwendbar und sofort umsetzbar sind.
1.A. 2004. Rd. 250 S.
Ca. € 12,50. dtv 50866
In Vorbereitung für Dezember 2003

Breger/Grob
Präsentieren und Visualisieren
... mit und ohne Multimedia. Die detaillierte Schilderung unterschiedlicher Präsentationsmöglichkeiten bis hin zur aufwendigen Multimediapräsentation zeigt, wie professionell kommuniziert werden kann.
1.A. 2003. 267 S.
€ 11,–. dtv 50855

Barth
Telefonieren mit Erfolg
Die Kunst des richtigen Telefonmarketing.
Dieser Berater betrachtet Telefonmarketing als Wirtschaftsfaktor und Marketing-Instrument und führt in die Grundlagen der Kommunikation ein. Bewährte Methoden und Tricks werden ebenso vorgestellt wie kluge Fragetechniken.
1.A. 2001. 143 S.
€ 7,50. dtv 50846

Briese-Neumann
Optimale Sekretariatsarbeit
Büroorganisation und Arbeitserfolg.
Ein Leitfaden für Chefs und Sekretariatsmitarbeiter. Mit Checklisten, Tipps und Beispielen.
1.A. 1998. 308 S.
€ 10,17. dtv 50804

Baumert
Professionell texten
Tipps und Techniken für den Berufsalltag.
1.A. 2003. 222 S.
€ 10,–. dtv 50868

Briese-Neumann
Erfolgreiche Geschäftskorrespondenz
Perfektion in Form und Stil. Dieser Ratgeber liefert das Handwerkszeug für professionelle Korrespondenz und für das Texten generell.
2.A. 2001. 303 S.
€ 10,–. dtv 5878